Nécroprocesseurs

DU MÊME AUTEUR
CHEZ LE MÊME ÉDITEUR

Tueuse sans gages
Le Rendez-vous de Barbuda
Juge et partie

CHEZ D'AUTRES ÉDITEURS

Les Feux de l'amour
in *Du lit au ciel*, (Editions Luce Wilquin)

La Petite marchande de doses
(Editions Baleine)

Avès Sotavento
(Largo Editions)

Sous les nuées vertes
(Editions Baleine)

La Langue de l'océan
in *Messagers du chaos*, (Orion Editions)

JACQUES VETTIER

Nécroprocesseurs

ÉDITIONS FRANCE LOISIRS

Édition du Club France Loisirs,
avec l'autorisation des Éditions Métaillé.

Éditions France Loisirs,
123, boulevard de Grenelle, Paris.
www.franceloisirs.com

ISBN : 2-7441-3619-0

1

La pluie qui tombait depuis le matin aurait rendu n'importe qui morose, Brenner n'avait pas besoin de ça.

D'une fenêtre de la section Répression de la Traite des Êtres Humains, il surveillait le parking des Offices Centraux. Une Peugeot aux vitres noires y pénétra, qui chercha une place dans les allées.

— Tu crois qu'il viendra ? demanda son collègue derrière lui.

— Il m'a dit que oui, et c'est la ponctualité même.

Frébault jeta un coup d'œil à sa montre.

— Tu le connais bien Wachter ? Moi j'ai affaire à lui de temps en temps, c'est pas un facile...

La Peugeot se dirigeait vers les emplacements visiteurs.

— Facile, on ne peut pas dire... Il était procureur de Nice quand j'étais aux stup là-bas. Les premiers contacts ont été rugueux, mais ensuite on a fait du bon boulot. Humeur de dogue perpétuelle, mais direct et droit comme un I, pas le genre à te lâcher quand il a donné son feu vert. Nous avons quitté Nice à quelques mois d'intervalle, tous les deux en promotion, depuis que je suis à Europol je ne l'ai pas revu, mais je suis content qu'il ait accepté de venir. Si Wachter ne nous suit pas, personne ne nous suivra.

Le commissaire Frébault, patron de l'OCRTEH, hocha la tête.

La Peugeot s'était immobilisée, l'échappement cessa d'exhaler un panache de vapeur grise.

— On ne va pas tarder à être fixés, conclut Brenner.

Il montra la silhouette qui émergea de la voiture pour traverser le parking à grands pas, imperméable sous le bras malgré le crachin qui transformait ce début juillet en fin novembre.

La porte de la pièce s'ouvrit dix minutes plus tard, sur un homme d'une cinquantaine d'années, grand, massif, vêtu d'un costume sombre, qui s'exclama d'une voix rogue :

— Pire qu'une banque ! Depuis le temps, je dois encore laisser ma carte d'identité pour obtenir un badge !

D'une pichenette, il fit tournoyer la carte plastique accrochée à sa chemise.

— Les badges ! C'est la grande mode ! Enfin... Bonjour Frébault, bonjour Brenner et bonjour...

Il connaissait les deux hommes, mais pas la jeune femme en tailleur gris à leurs côtés, une brunette aux cheveux bouclés d'environ trente-cinq ans. Elle s'avança pour se présenter.

— Polizeikommissar Ulrike Ghesberg, détachée de Bonn auprès d'Europol, je travaille avec le commissaire Brenner. Bonjour monsieur le Procureur.

— Enchanté, mademoiselle.

En lui serrant la main Wachter remarqua qu'elle avait de très jolis yeux, aux iris du même gris que son tailleur. Puis il serra celle de Frébault, et celle de Brenner, à deux mains et en souriant. Avant de reculer d'un pas comme pour mieux l'examiner.

Aussi grand que lui, Brenner était plus fin. La quarantaine passée l'avait peu changé ; même profil d'aigle, mêmes cheveux bruns presque noirs, ondulés, assez longs pour paraître décontracté, assez courts pour ne pas faire négligé, mêmes yeux verts, rieurs ou parfaitement glacials, selon les circonstances. À mieux regarder, un peu de blanc avait gagné les tempes, et quelques rides le coin des yeux. D'un âge voisin, Frébault souffrait la comparaison. Rançon d'une calvitie précoce et d'un embonpoint établi.

— Alors Brenner, dit enfin Wachter, ça fait combien de temps ? Trois ans ? Quatre ans ?

— Quelque chose comme ça, oui.

— Et vous êtes content d'Europol ? J'imagine de superbes bâtiments à La Haye, du matériel flambant neuf, et pas grand-chose à faire hormis théoriser sur le Troisième Pilier avec des commissions d'eurocrates imbuvables. Je me trompe ?

Ulrike Ghesberg eut un sourire amusé et Brenner une grimace d'approbation.

— Pas de beaucoup monsieur le Procureur. Et vous, satisfait de votre promotion ?

Wachter eut un geste ample et vague.

— Je suis désormais *hors hiérarchie*, alors... La vraie police ne vous manque pas Brenner ?

— Eh bien... La vraie police m'a rattrapé.

Le visage de Wachter redevint grave.

— Oui... Je suppose que vous n'êtes pas venu de La Haye simplement pour me donner rendez-vous à l'OCRTEH afin d'évoquer le bon vieux temps. De quoi s'agit-il ? Vous n'avez pas été très clair au téléphone.

— Ulrike et moi donnions une conférence à l'ENM de Paris ce matin, mais nous serions venus sans cela... Le mieux serait que vous regardiez, répondit Brenner en montrant un écran au fond de la pièce.

Lorsque tous furent assis, Ulrike engagea une cassette dans le magnétoscope.

La fille était une jeune Noire, au début elle avait eu l'air de trouver ça à son goût, d'y prendre plaisir en tout cas. Ensuite, ça c'était gâté. Rien de sensuel dans ses sursauts lorsque la batte de base-ball qu'on lui enfonçait dans l'anus lui déchirait l'intestin. Puis qu'un rasoir lui ouvrait le ventre. Que des larmes et du sang. Beaucoup de sang. Comme une autopsie « live ». Heureusement sans le son.

Mâchoires contractées, Wachter fixa durant trente secondes l'écran devenu neigeux avant de demander d'une voix sourde :

— Qu'est-ce que c'est que cette saloperie ?

— Les extraits d'un snuff-movie, répondit Brenner. Cette fille a été torturée et assassinée devant l'objectif d'une caméra.

— Où, quand, comment, par qui ?

— Êtes-vous familiarisé avec l'informatique et Internet, monsieur le Procureur ?

— Mon traitement de texte m'étonne chaque jour, grinça Wachter.

— Bon... Disons que parmi les fonctions d'Europol, celle qui marche le moins mal est la surveillance des réseaux informatiques. Parce qu'il suffit de quelques ordinateurs, et surtout parce que si Internet se fiche des conventions européennes, nous lui rendons la pareille. Mais surveiller est inexact, Internet est trop vaste et changeant. Nous ne pouvons que pratiquer des sondages, et nous poster près de certains relais, en planque virtuelle. Ulrike est tombée sur ces images de cette manière.

Brenner invita sa collègue à poursuivre en lui pressant l'épaule. Wachter nota le geste et l'usage du prénom, et se dit que ces deux-là étaient plus que collègues. Brenner n'avait pas non plus changé sur ce plan, et il avait toujours bon goût. La jeune femme toussota pour s'éclaircir la voix.

— Je vous prie d'excuser mon français, dit-elle avec un sourire.

Que lui rendit Wachter, sa pointe d'accent n'aurait pas situé sa nationalité, et si elle était capable de donner une conférence à l'ENM... Ulrike hésita, comme cherchant une explication simple à un problème complexe. Puis elle se lança.

— Les images que j'ai capturées sont des données parcellaires, ce qui explique l'absence de son, à moins que le son n'ait pas été expédié, difficile à dire. Je les ai trouvées près d'un IRC nommé ICK.

Devant la mine de Wachter, Ulrike précisa.

— Un Internet Relay Chat est un système de communication par écrit en temps réel qui couvre la planète. Il en existe beaucoup, ICK est un IRC un peu plus perfectionné que d'autres. On peut dialoguer en privé, à deux ou plus, transmettre des phrases, mais aussi des fichiers texte, des fichiers images, des fichiers son, des adresses Internet... On peut transmettre à peu près n'importe quoi de n'importe où. On peut savoir quand son correspondant est en ligne et le contacter à ce moment précis. Pas de traces, pas de risque.

— Mais vous avez trouvé des traces ?

— Lors de la fermeture d'une communication, il se produit parfois une sorte de... ricochet. Des données sont réfléchies. Des mots cherchent un correspondant qui n'est plus là. Je suppose qu'ils se lassent et finissent par s'évanouir dans le cyberespace... La réalité est certainement moins poétique, mais je ne vois pas comment vous l'expliquer autrement.

— Je crois que je comprends. En quelque sorte, vous avez capturé des reflets ?

— En quelque sorte... Ce que nous avons vu a été expédié via ICK, par qui, je l'ignore, à qui, je l'ignore aussi. Mais il s'agissait d'une proposition commerciale, le texte en anglais qui accompagne les images est incomplet mais suffisant, il mentionne le prix et demande confirmation. Je pense qu'un producteur de snuff-movies a envoyé un échantillon de sa marchandise à un client. Ce que j'ai récupéré est un échantillon de l'échantillon.

— Mais pourquoi ne s'agirait-il pas d'un film classique, bien fait si j'ose dire ? Pourquoi un producteur ordinaire n'utiliserait-il pas Internet ? C'est rapide, pratique et que sais-je encore.

— Nos experts n'ont pas décelé de trucages, même si la qualité des images ne leur permet pas d'être totalement affirmatifs. Rien n'empêche un producteur d'utiliser Internet, bien que le rendu y soit médiocre, mais passer par un IRC n'est pas la méthode la plus simple, sauf si l'on tient à l'anonymat. Et vous avez vu le prix ? C'est mille fois celui du plus infâme des films gore. Qui paierait une telle somme pour un trucage ?

— Une plaisanterie de mauvais goût ? Une blague de carabin ?

Ulrike secoua la tête de gauche à droite, irritée mais faisant l'effort de ne pas le montrer. Wachter songea que la patience n'était pas la qualité première de mademoiselle Ghesberg.

— Il y a autre chose monsieur le Procureur. J'ai bien observé cette fille, le mouvement de ses lèvres. Peut-être l'ai-je remarqué parce que je ne suis pas française, mais elle parle français. C'est pour cela que j'ai averti Éric.

— Et pour cela que j'ai creusé la question, enchaîna Brenner. Une fille Noire qui parle français n'est pas forcément française, mais elle peut l'être. Et outre que dans ce cas nous sommes directement concernés, il y a une chance que quelque part nous ayons quelque chose sur elle. J'ai transmis ce document à quelques-unes de mes relations.

— Et l'OCRTEH a trouvé un lien ?

— Oui, répondit Frébault. Elle parle français au début, ensuite elle utilise une autre langue, on a cherché un moment avant de comprendre. Elle parle créole, c'est une Antillaise. Nous avons une fiche sur elle. Sophie Marie-Pierre, une Guadeloupéenne de 21 ans qui poursuivait ses études à Montréal. Sa famille était sans nouvelles depuis un mois, elle a signalé sa disparition au commissariat de Pointe-à-Pitre qui l'a enregistrée à la rubrique *recherche dans l'intérêt des familles*. Nous avions récupéré cette fiche comme nous en récupérons d'autres, pour les stocker.

— La RIF a donné quelque chose ?

Frébault secoua la tête.

— Sa carte de crédit et son chéquier n'ont pas été utilisés. Ce sont à peu près les seules investigations menées dans ces cas-là. Sinon, elle était inconnue des services en Guadeloupe.

— Et au Canada ? Car je suppose que vous avec contacté les Canadiens de votre propre initiative ?

— Heu... oui. J'ai eu du mal à obtenir un renseignement. J'ai l'impression que les collègues de Montréal ont gentiment conseillé à monsieur Marie-Pierre de porter plainte en Guadeloupe. Ils ont assez de leurs disparus sans s'occuper des nôtres, comme nous ils ont des statistiques. Sans compter que chez eux aussi un adulte à le droit de fiche le camp sans laisser d'adresse et sans se retrouver avec la police sur le dos. Mais j'ai réussi à parler à l'agent du SPCUM qui a reçu le père. Il ne m'a pas caché qu'il n'avait pas creusé outre mesure. Sophie Marie-Pierre n'a commis aucun délit sur leur territoire, et si elle a reparu au Québec elle n'a pas fait parler d'elle, point.

— Vous lui avez exposé le pourquoi de vos recherches ?

— Non, j'ai dit que nous la recherchions activement mais sans donner de détails. Je ne voulais pas laisser entendre à ce type qu'il avait mal fait son boulot, au cas où nous serions appelés à travailler avec lui.

— Et c'est passé ?

— Ils connaissent notre procédure comme nous connaissons la leur... Et puis il n'a pas mal fait son boulot, il n'a pas fait de zèle. Parce qu'il n'avait aucune raison d'en faire.

Wachter hocha la tête, puis eut un claquement de langue agacé et s'adressa à Brenner.

— Et vous voulez que je fasse quoi ?

Sans attendre la réponse, il se leva et marcha dans la pièce, mains dans le dos, l'air furieux.

— Vous ne changerez jamais Brenner, hein ? Le droit, c'est comme vous voulez quand vous voulez ! Une Guadeloupéenne disparaît au Canada, un policier allemand d'Europol découvre grâce à un ordinateur de La Haye des images d'elle sur Internet, c'est-à-dire nulle part... *Critère de compétence:* lieu de commission des faits, résidence de l'auteur des faits, ou lieu de son interpellation ! Où voyez-vous un critère de compétence ?

Brenner s'attendait à l'attitude de Wachter, elle était logique, c'était celle du code pénal. Il s'attendait au ton aussi, celui d'un homme qui enrage de son impuissance. Un ton que tous les quatre connaissaient bien, pour le pratiquer souvent. Brenner alluma une cigarette et se concentra sur la fumée pour dire :

— Sophie Marie-Pierre a été torturée et assassinée, on l'a vu, on le sait. Et on va laisser tomber ? À cause d'un critère de compétence, on va permettre aux ordures qui ont fait ça de continuer ? On va retourner tranquillement dans nos bureaux respectifs comme si de rien n'était ?

Wachter lui lança un regard de travers qu'il ignora.

— Si oui, c'est qu'être passé hors hiérarchie vous a beaucoup changé, monsieur le Procureur.

Le visage de Wachter s'empourpra, il pivota brusquement vers la baie vitrée et demeura immobile à contempler l'extérieur, comme si Nanterre avait un intérêt.

— D'autres arguments de ce genre, Brenner ? demanda-t-il d'une voix blanche après quelques secondes sans se retourner.

— Non... enfin si... Vingt et un ans, c'est l'âge de votre fille.

Wachter ferma les yeux. Sophie ne ressemblait pas à Laurence, mais en la voyant il avait pensé à elle. Et Brenner connaissait bien Laurence. Il venait souvent dîner chez eux à Nice, et chaque fois les deux hommes évoquaient les temps forts de leurs carrières. La french connection pour l'un, les règlements de comptes du milieu niçois pour l'autre, les filières et les compromissions politiques du moment pour les deux. Ils avaient pris l'habitude d'établir au cours de ces soirées des stratégies aux airs de complots. Armes, drogue et casinos, polars authentiques que Laurence écoutait, fascinée toujours, effrayée parfois. Elle avait un jour confié qu'elle avait peur pour son père, mais qu'elle était rassurée que Brenner soit là pour le protéger. Wachter en avait été profondément vexé. Et l'avait été au moins autant lorsqu'elle lui avait dit qu'elle trouvait ce commissaire fort séduisant.

Wachter rouvrit les yeux. À quoi tenait qu'il ne soit pas monsieur Marie-Pierre. Il eut brusquement envie de se jeter sur le téléphone, d'entendre la voix de sa fille. Il se retint, elle avait appelé ce matin.

À quoi tenait qu'il n'y ait pas un autre monsieur Marie-Pierre, une autre Sophie.

Il soupira et se retourna.

— Laurence a vingt ans depuis deux mois.

Brenner hocha la tête.

— Comment va-t-elle ?

— Bien, elle est à Londres, pour perfectionner son anglais, elle en a besoin, elle tient de moi pour les langues. Je lui transmettrai votre bonjour.

Brenner hocha de nouveau la tête et écrasa son mégot.

— Excusez-moi de m'être serv...

— Ça va, c'était de bonne guerre. Vous savez ce que signifie une enquête dans un cas pareil ?

— Se débrouiller à trouver quelque chose, et ensuite construire le cadre légal dans lequel on prétend avoir cherché. Combien de fois l'a-t-on fait ?

— On l'a déjà fait *en France*. Là, je suppose qu'il va falloir commencer par le Québec.

Les trois policiers gardèrent le silence. Wachter poursuivit.

— Ce qui implique que je ne peux pas agir seul, je dois ouvrir une information, chez un juge d'instruction compréhensif.

Silence persistant des policiers qui attendaient la suite.

— Je sais, c'est mon problème, admit Wachter. Mais qu'obtiendra-t-on à la moindre erreur de procédure ?

— Rien de moins que si on ne tentait rien, risqua Frébault.

— Ça, Frébault, c'est ce qu'on dit avant. Après, il ne reste que *la grossière nullité de procédure qui a conduit à l'abandon des poursuites,* et beaucoup de regrets. Sans parler de la marque infamante dans vos dossiers. Ni des *questions* de nos ministères.

— Je veux bien courir le risque, déclara Brenner.

Frébault approuva son collègue.

— Très bien, fit Wachter, puisque vous êtes d'accord et que mademoiselle Ghesberg n'est pas directement concernée, allons-y... L'OCRTEH a une compétence nationale et semble donc tout indiqué, mais nous sommes d'emblée en international, et je pense que vous avez déjà prévu votre organisation, non ?

— En ce moment, commença Frébault, j'aurais du mal à dégager quelqu'un de mon service pour l'envoyer au Québec. Et puis, s'il est question d'informatique et d'Internet, Éric est plus qualifié que moi.

— Oui, si je me souviens bien, l'informatique a toujours été votre dada, Brenner.

Wachter eut un rire sans joie et ajouta.

— Saisir un commissaire d'Europol... Je n'aimerais pas être à la place du juge d'instruction qui va triturer la procédure...

— Je suis seulement détaché auprès d'Europol, précisa Brenner. Et puis on ne peut pas dire que je suis débordé. Il me suffira d'annuler quelques conférences, ce que personne ne remarquera, à part un ou deux délégués européens amateurs de cocktails. D'autre part, j'ai maintenant une certaine expérience des procédures internationales.

— Bien sûr... Mais je n'aimerais tout de même pas être à la place de Carpita.

— C'est le juge chez qui vous allez ouvrir l'info ?

— Oui, Romain Carpita, vous ne le connaissez pas, mais je ne vois que lui pour accepter notre... montage. Ne vous faites pas d'illusions, Carpita est tout sauf marrant. Une fois que j'aurai engagé la procédure, il sera votre seul interlocuteur, alors je vous conseille de le soigner, de ne pas lésiner sur les rapports circonstanciés. S'il pense que vous piétinez, il ne lui faudra pas quinze jours pour tout stopper. Carpita est compréhensif, mais pas fou. Il est aussi très bon au jeu de l'anguille.

2

Luc Savoie inspira à fond, pas mécontent. La voiture du SPCUM fleurait bon la violette, le parfum de sa partenaire. Sans comparaison avec l'eau de cologne rance de son précédent collègue. Et puis Johanne se débrouillait avec un volant, depuis le début de la patrouille elle n'avait commis aucune erreur.

De plus, sans avoir le physique de Carole Laure, elle était plutôt agréable à regarder. Et elle l'écoutait comme la bleusaille de vingt-six ans qu'elle était se devait d'écouter le vétéran que lui était du haut de ses quarante-huit.

Que des qualités, cette fille.

Oui, l'enquêtrice Johanne Desjardin et le sergent enquêteur Luc Savoie formeraient une bonne équipe.

La voiture grimpait lentement la Saint-Denis, où Montréal se donne un air de San Francisco. Luc jeta un bref coup d'œil à un groupe de punks qui zonait devant un bistrot alternatif en attendant l'ouverture.

— Bande de connards...

— Ils sont jeunes, dit Johanne en haussant les épaules.

— Ben ce que je dis !

— Tu me niaises là, Luc !

Dans le rétro les punks y allèrent de leurs majeurs brandis.

— Stoppe le char !

Johanne freina d'abord et questionna ensuite.

— Qu'est-ce qui se passe ?

Luc observa dans le rétroviseur la dispersion des punks.

— Rien, juste pour faire décoller les moineaux. Continue.

La nuit n'avait pas encore évacué la chaleur de l'après-midi. À quatorze heures le thermomètre de Berri-UQAM avait affiché 30°. Savoie baissa un peu la clim. Pas qu'elle lâche.

Au-delà de la Sherbrooke, la foule sur les trottoirs se fit plus clairsemée, jusqu'à devenir quasi inexistante.

— On continue jusqu'où ? demanda Johanne.

— Jusqu'à Bourrassa. Ensuite on ira traîner du côté de la zone industrielle. Pas d'objection, agente Desjardin ?

— Pas d'objection.

— Bon, ben arrête-toi au prochain dépanneur. Criss de soif que j'ai là !

Lionel Spowart traversa la place encombrée de bateleurs et de chanteurs de rue. L'air portait des odeurs de grillades, la musique et les chants, Brel ou Frehel. Bruant et Vigneault aussi. Une fille en robe rouge vif posa un baiser dans sa paume ouverte et le souffla dans sa direction. Avant de disparaître sur une volte gracieuse et un éclat de rire.

Nuit d'été à Montréal. Comme un printemps d'Antarctique, dont il faut profiter vite et fort.

Lionel poursuivit son chemin vers l'ouest. Il tourna l'angle de la rue Saint-Sulpice et longea l'imposante façade de pierre du Café Électronique jusqu'à l'entrée.

Une poignée de dîneurs dans la partie café-restaurant, quasiment personne dans la salle des ordinateurs. Lionel loua une heure d'Internet au comptoir de la boutique, sans e-mail. Le responsable encaissa ses 8,5 $ et lui proposa de choisir un écran.

Spowart choisit comme un joueur de poker. Dos au mur, œil sur l'entrée.

Dès que le responsable fut de nouveau derrière le comptoir, Lionel introduisit une disquette dans le lecteur. Puis tapa une adresse dans la fenêtre du navigateur. La connexion prit de longues secondes, beaucoup d'usagers en ligne. Le serveur lui demanda un nom puis un mot de passe, il tapa l'un et l'autre. L'écran annonça qu'un message l'attendait. Spowart l'enregistra sur sa disquette sans en prendre connaissance, le supprima du serveur et ferma le navigateur. Pour le rouvrir peu après.

L'écran afficha une lourde porte de chêne clouté à la serrure barrée de deux lignes, l'une pour un nom l'autre pour un numéro de carte de crédit. Lionel appela le programme de sa disquette. *Card Generator.* Qui lui demanda de choisir un patronyme dans une liste et une banque dans une autre. Il opta pour Dinner's Club. L'image de la carte de crédit virtuelle apparut, il la fit glisser dans un coin de l'écran. Et en entra les données dans la serrure. La porte pivota en grinçant.

L'algorithme bidon n'aurait pas trompé les sécurités d'une banque. Ni celles d'un grand web-store. Mais pour les petits sites payants du Net, aucun problème.

Un couloir sombre, des portes surmontées de lanternes rouges, le nom des filles inscrit en relief. Pour tous les goûts, de tous horizons, de toutes couleurs. Spowart baguenauda de fille en fille. Les poses, si obscènes soient-elles, finirent par le lasser. Il quitta le café avant le terme de son heure de location.

Claire cherchait un pseudo parmi les phrases qui défilaient à toute allure sur l'écran. Un en particulier. Elle aspira une gorgée de Coca, posa la boîte sur le bureau et joua un instant avec la paille. Enfin le pseudo fit une apparition.

Claire sélectionna la couleur de son texte, un joli mauve, tapa *COUCOU !* dans la fenêtre et envoya d'un clic de souris. Son texte s'afficha dans la seconde.

Sweety-C : COUCOU !

Une série de *salut* et *bonjour* firent écho. Des habitués, auxquels elle répondit. Et un inconnu qui demanda :

Jonas : Sweety-C> Salut ! A/S/V stp !

Claire hoche la tête.

Sweety-C : Jonas> 20 Fille Montréal, et toi ?

Une dizaine de phrases passèrent avant la réponse.

Jonas : Sweety-C > 32 Gars Strasbourg. Explique ton pseudo ?

Sweety-C : Jonas > C, c'est l'initiale de mon prénom !

Jonas : Sweety-C> et Sweety ?

Sweety-C : Jonas> parce que je suis sweet ! hi hi hi ! :-)

Jonas : Sweety-C > Tout un programme !

Claire soupira.

CoolWebeur : Sweety-C> Salut toi ! Scuze, je ne t'avais pas vue, il y a du monde ce soir...

Sweety-C : CoolW> Moi je t'avais vu ! Mais c'est vrai qu'il y a du monde. Ça va toi ?

Un écran complet défila avant la réponse.

CoolWebeur : Sweety-C> ça va, un peu claqué par une journée de boulot, mais en forme. Et toi ?

Sweety-C : CoolW> bof... comme d'habitude :-(

Le modem clignota longuement et plusieurs écrans passèrent.

CoolWebeur : Sweety-C> que c'est lent ce soir ! Ça n'a pas marché pour ton job ?

Jonas : Sweety-C/CoolWebeur> bon, ben je vous laisse, hein !

Sweety-C : CoolW> non, ça n'a pas marché. Oui, c'est lent ! Jonas> Okay, A + !

CoolWebeur : Sweety-C> Tu veux en parler ? Jonas> :-)

Sweety-C : CoolW> Je sais pas... Oui... mais pas ici...

CoolWebeur : Sweety-C> Sur ICK ? Je ne te vois pas « online », tu n'es pas connectée ?

Sweety-C : CoolW> si, mais en « privacy ». Je ne t'y vois pas non plus.

CoolWebeur : Sweety-C> « privacy » aussi ! On s'y rejoint ?

Sweety-C : CoolW> Okay, j'attends ton appel.

Claire coupa le navigateur. L'ordinateur cliqueta un instant. Puis émit un avertissement sonore : *Chat request.* Une icône en forme de bulle de B.D. clignota devant le pseudo *CoolWebeur* du panneau de contrôle ICK. Claire cliqua sur la bulle. Puis sur *accept.* Le tableau de chat s'ouvrit après quelques secondes. Les deux correspondants pouvaient dialoguer en privé, leurs phrases s'affichant au fur et à mesure de leur frappe.

— *Hop là ! C'est mieux comme ça !*

— *Tu as raison !*

— *Alors, ce boulot ?*

— *Je n'ai pas été prise...*

— *Tu avais une autre possibilité je crois ?*

— *Oui oui. Mais je n'ai plus trop le moral.*

— *Te laisse pas abattre ! Pourquoi le dernier ne serait pas le bon ?*

— *Je ne sais pas... Je... Je me demande comment ça va finir...*

— *Tu es allée voir la pièce de théâtre dont tu m'avais parlé ?*

— *Non, il n'y avait plus de place.*

— *Pas de chance... La prochaine ne te plaît pas ?*

— *Je... Enfin si, il y avait de la place, mais le billet était trop cher. Je suis obligée de compter, même ça.*

— Je vois... Et ton chum, pas de nouvelles ?

— Si... Je l'ai rencontré dans la rue, il était avec sa nouvelle. C'est tout juste s'il m'a reconnue ! Quel salaud quand même. Enfin... c'est peut-être de ma faute... En tout cas, c'est pas sur lui que je peux compter.

— Tu n'as pas une copine avec qui sortir pour te changer les idées ?

— Ben... la nouvelle en question c'est ma copine, enfin c'était... Non, je suis seule, et je ne veux pas retourner chez mes parents. Ça jamais. Jamais. Je n'ai que toi en fait, c'est idiot hein... Tu ne viendrais pas à MTL des fois ? :-)

— J'aimerai bien. Peut-être l'année prochaine.

— Dommage...

— Ne dis pas ça. Tu me trouves sympa à huit mille kilomètres. Qui sait si en chair et en os CoolWebeur ne t'ennuierais pas au bout de dix minutes ?

— Possible... Mais j'aurais quoi à perdre ?

— Claire, j'ai reçu ton mail, tu es jolie comme un cœur sur cette photo. Je ne peux pas croire que personne ne s'intéresse à toi.

— Ce n'est peut-être pas ma photo...

— Peut-être... Mais je crois que si. Il y a la même tristesse dans tes yeux que... sur ton clavier.

Claire pivota sur son fauteuil et croisa son regard dans le miroir accroché au mur. L'écran se reflétait dans le coin de ses yeux. Elle eut envie de pleurer, et revint au clavier.

— Tu as raison, c'est bien ma photo. Je ne dis pas que personne ne s'intéresse à moi... Je pense que... que j'ai peur des autres, tout simplement.

— Essaie d'avoir confiance en toi. Tu fais quoi demain ?

— Eh bien je vais à un entretien. Ensuite j'irai au Cedar, c'est un café près du parc Mont-Royal, j'y vais souvent, il y a une belle vue sur le parc. Si mon entretien a marché je prendrai une Cedar Spéciale, un grosse glace avec de la chantilly. S'il n'a pas marché... un café.

— Pense à ta glace pendant l'entretien ! Avec plein de chantilly !

— :-))

— Claire, je suis désolé, mais je tombe de sommeil... Il est quatre heures du matin ici...

— *Oh ! Excuse moi ! J'oublie toujours le décalage... Bientôt le jour à Paris ?*

— *Pas encore, mais de ma fenêtre je vois comme une petite lueur au-dessus de la Seine. Et chez toi, la nuit est belle ?*

— *Oui, il y a des bateaux sur le Saint-Laurent, c'est joli.*

— *Bonne chance pour demain alors.*

— *Merci. On se rappelle demain soir ?*

— *Bien sûr. Bonne nuit Claire. Fais de beaux rêves.*

— *Je vais essayer ! Gros bisous !*

— *Smac !*

Le panneau indiqua *l'autre utilisateur a quitté le chat*, Claire demeura une minute immobile devant l'écran. Puis éteignit l'ordinateur. Il n'y avait plus de bulles dans le Coca, elle vida la boîte dans l'évier avant de la jeter.

Elle s'accouda à sa fenêtre, derrière la moustiquaire la vue s'arrêtait sur un mur de brique. Plus bas, dans la cour, un groupe d'adolescents jouait au base-ball à la lueur de l'éclairage public.

— Le Saint-Laurent..., murmura-t-elle.

Claire se déshabilla et rangea ses vêtements sur la chaise de l'ordinateur sans avoir allumé la lumière du studio. Puis elle passa dans la salle de bains et prit une douche.

De retour dans la pièce, elle s'allongea sur le lit et attendit le sommeil.

CoolWebeur acheva de taper un texte dans la fenêtre courrier de son navigateur. Il y joignit deux fichiers, texte et image, et envoya le tout à une adresse *freemail.com*. Après quoi lui aussi éteignit son ordinateur. Puis quitta son fauteuil et s'étira en soupirant.

3

Brenner se tourna vers sa collègue.

— Viens voir Ulrike, c'est lui !

Elle s'approcha, posa une main sur son épaule et se pencha vers l'écran.

— Luc Savoie ? Tu es sur quel serveur ?

— L'Association Canadienne des Policiers, rubrique *L'élite policière.*

— C'est marrant ça, on n'en a pas en Allemagne en tout cas.

— L'élite ou le site ?

— Andouille ! Vous c'est ni l'un ni l'autre !

— Tss...

— Toi excepté ! Alors, qu'a-t-il fait de beau Luc Savoie ?

— L'agent Savoie venait d'interpeller un type qui conduisait une voiture volée. Quand il s'est approché, le type a foncé et lui a écrasé les jambes contre sa propre voiture. Il s'apprêtait à lui en remettre un coup, Savoie a réussi à sortir son arme et à tirer. Il a touché le type sans le tuer.

— C'est peut-être le hasard...

— Surtout qu'il a touché la tête... Mais bon, il n'a pas vidé son chargeur non plus.

— Oui, approuva Ulrike, avec deux jambes brisées... sacré sang-froid.

— Le type était un récidiviste en conditionnelle. Savoie a repris du service après des mois de rééducation. Il a été promu à la Brigade Moralité avec le grade de sergent enquêteur.

— C'était quand ?

— Mmm... un peu plus d'un an.

— Toi qui craignais de tomber sur un jeunot sans expérience...

— Je ne vais pas me plaindre. En plus il a une bonne tête.

— C'est vrai.

Avec ses cheveux plus sel que poivre, sa moustache et son visage de vrai bon bûcheron, Savoie avait sans doute une bonne tête, mais pas du genre qu'Ulrike affectionnait d'ordinaire. Brenner lui lança un regard de biais.

— Avoue que tu avais peur que j'aie affaire à une belle Québécoise ?

— J'avoue. Surtout qu'à les voir sur le Web, elles ne m'ont pas l'air farouche, les Québécoises !

— C'est un peu *toutes les Françaises sont rousses* ça, non ?

— Ouais...

Elle montra une enveloppe posée près de l'ordinateur.

— Tout est réglé ?

— Carpita m'a transmis les derniers documents, signés parafés et tout et tout. Et même traduits en anglais, c'est le Québec, mais on ne sait jamais... Wachter ne s'était pas trompé, Carpita joue le jeu.

— Wachter a aussi dit qu'il ne prendrait aucun risque.

— Là non plus il ne s'était pas trompé. Quand j'ai rencontré Carpita, je n'ai pas eu l'impression que l'histoire le faisait bondir de joie. Anguille, ça lui va bien.

Brenner haussa les épaules et ajouta.

— Il suffira que l'affaire l'excite un peu. Entre toi, Frébault et moi, on l'abreuvera de *rapports circonstanciés*, ça devrait aller.

— Tu files directement à Montréal ?

— Je fais un crochet par Pointe-à-Pitre.

Luc et Johanne descendaient les marches de l'immeuble du SPCUM.

— Trop tôt pour rentrer..., soupira Savoie. C'est toujours comme ça les fins de services, trop tôt pour tout, trop tard pour le reste. T'as rien de spécial à faire ? Je t'offre une *Bleue ?*

— Avec plaisir.

— Tiens, on va aller au Bar du Coin. La moitié de la clientèle c'est des collègues. Il y a des juges et des avocats parfois. Pour le dépaysement, c'est raté, mais c'est calme.

— Bonsoir Luc ! fit le garçon en lui tendant la main. Ta nouvelle équipière ?

— Salut Gaétan. Oui, Johanne Desjardin, et on fait une bonne équipe ! Johanne, je te présente Gaétan Bonneville, le garçon le plus cruiseur de Montréal. Fais attention...

Bonneville éclata de rire.

— Bah, l'écoute pas Johanne, y nous niaise là !

Johanne lui serra la main.

— Oh, je commence à avoir l'habitude !

— Et tu n'as pas fini ! Qu'est-ce que je vous sers comme breuvage ?

— Une *Bleue*, répondit Johanne.

— Et une *Fin du monde.*

Après que Gaétan eut servi les bières, Luc sortit une cigarette de sa poche.

— La première de la journée !

— Tu arrêtes de fumer ?

— J'arrête souvent...

Il haussa les épaules, alluma sa cigarette, aspira la fumée et la garda longtemps.

— J'ai discuté avec Hicks tout à l'heure, dit-il en la soufflant.

— J'ai vu que tu étais resté dans son bureau. Mauvaises nouvelles ?

— Le commandant Hicks n'annonce pas que des mauvaises nouvelles. En fait, je ne sais pas si c'est une bonne ou une mauvaise, on va avoir la visite d'un flic français.

— Pourquoi ?

— Une Française qui a disparu, une Guadeloupéenne, elle étudiait à l'UQAM. J'avais reçu son père à l'époque, il y a un mois et demi environ.

— Elle a disparu chez nous ?

Luc eut un geste d'ignorance.

— La dernière fois qu'on l'a vue c'est à l'université. Mais savoir où elle est passée... Son nom ne figure sur aucune liste de passagers, pour les Antilles ou ailleurs. C'est tout ce que je sais. Et puis elle est majeure...

— Et ils envoient quelqu'un pour ça ?

— Curieux, hein ? J'avais déjà eu un coup de fil il y a une quinzaine, d'un flic de France, pas de Guadeloupe. Il ne m'avait pas donné beaucoup de détails. J'avais trouvé ça bizarre. Preuve que j'avais raison. En plus ça a l'air d'être une huile qui arrive, un commissaire d'Europol.

— Europol, c'est comme Interpol mais pour l'Europe ?

— Je suppose. Mais Interpol ne fait pas d'enquêtes de terrain... Hicks m'a dit qu'on devait se mettre à sa disposition, mais qu'il aimerait que ça ne dure pas trop longtemps. Moi j'ai l'impression que la petite n'a pas fait que disparaître. Ou alors pas seule.

— Bah, ça nous fera de la compagnie, ça nous changera de la routine.

— Peut-être... Une autre *Bleue ?*

Lionel envoya le dernier fichier sur l'imprimante, puis fit pivoter son fauteuil d'un coup de talon et décrocha le téléphone.

— Oui ? fit son correspondant après trois sonneries.

— Lionel à l'appareil. Je voulais être sûr que l'hydravion était prêt.

— Il l'est. Tu vas faire un tour ?

— On verra. J'espère que j'aurai le temps, j'aimerais bien venir à la pourvoirie, histoire de me changer les idées.

— Ben je comprends. En tout cas de notre côté tout est okay.

— Parfait, merci. Bye !

— Bye !

L'imprimante avait terminé son travail, Lionel pêcha une poignée de feuilles dans le bac et s'installa dans le canapé du salon. Avant d'examiner les documents, il s'offrit un verre et engagea un CD dans la chaîne.

4

Dans l'avion en approche de Mirabel, Brenner songeait qu'il aurait pu s'épargner le détour par Pointe-à-Pitre.

Il attendait peu d'une famille éplorée, et n'en avait rien obtenu. Pour monsieur et madame Marie-Pierre, Sophie était une fille courageuse, studieuse et réservée. Sa disparition demeurait inexplicable. Ils ne voulaient entendre parler ni de fugue ni de coup de foudre, avaient sorti les photos de famille, raconté des anecdotes. Brenner avait conservé quelques clichés, et ne leur avait pas appris la vérité. Ce que lui tenait pour la vérité.

Le choc du train d'atterrissage sur la piste le tira de ses pensées. Quelques jours en Guadeloupe auraient au moins absorbé le décalage horaire. Avec un peu de chance il serait à l'hôtel avant la nuit.

Calcul correct. Il poussa la porte du Travelodge entre chien et loup, vers vingt heures.

Bien qu'usager convaincu de l'informatique, Brenner avait toujours un pincement au cœur lorsqu'un employé d'hôtel vérifiait ses réservations... Mais Martine – c'était inscrit sur sa poche poitrine – releva la tête avec un grand sourire et lui tendit une pochette.

— Chambre 823. Bienvenue au Québec, commissaire Brenner.

Pendant que le café passait, Brenner se débattit avec les adaptateurs et le transformateur de son portable. Trois heures du matin à La Haye, le pseudo d'Ulrike apparaissait *offline* sur le panneau ICK. Il ouvrit un navigateur, appela sa *hotmail*, et expédia un message dans la boîte aux lettres de sa collègue.

Toutes les Québécoises sont rousses ! A+ !

Puis il but un café debout devant la fenêtre. Sur le boulevard René Lévesque on pouvait compter les voitures. L'antenne de la tour de Radio Canada était illuminée, il ne parvenait pas à en distinguer l'extrémité. Le faisceau d'un projecteur balayait la nuit avec la régularité et la puissance d'un phare. Par instants sa lumière accrochait les façades vitrées des plus hauts buildings. De l'autre côté, les bâtiments de brique brune n'avaient que trois ou quatre étages, et des enseignes couvertes d'idéogrammes au néon. Et des réservoirs d'eau sur les toits.

Sa tasse vidée, Brenner vérifia sur un plan la position de l'immeuble du SPCUM.

Dix minutes à pied, une petite promenade matinale.

— Bonjour commissaire ! Bienvenue au SPCUM ! s'exclama l'agente Maude Pontonier lorsque Brenner présenta sa carte professionnelle.

— Bonjour, et merci... Heu, j'ai rendez-vous avec...

— Oui, on m'a prévenue de ton arrivée. Tiens, si tu veux bien clipper ce badge, je vais te conduire dans le bureau du sergent Savoie.

Brenner accrocha la plaquette *accrédité* au revers de sa chemise et suivit la jeune femme jusqu'aux ascenseurs.

Spowart remercia la guichetière, récupéra ses deux billets et quitta le Théâtre Saint-Denis. Il rejoignit l'UQAM et s'engouffra dans le métro côté Angrignon.

Claire regardait sans la voir la tasse de café posée sur la table.

Spowart émergea du métro à la station Atwater et poursuivit à pied en direction de l'avenue Cédar.

La terrasse du Cedar n'était pas trop encombrée. Lionel s'installa à la table voisine de Claire et se plongea dans un livre, en jetant de fréquents coups d'œil à sa montre.

Claire touillait son café. Elle avait mis beaucoup de sucre. Tout en buvant elle tenta de deviner ce que lisait son voisin. Un livre de Marie Laberge, mais elle ne parvenait pas à déchiffrer le titre. La main de l'homme le dissimulait. Claire ferma les yeux. Faire quoi maintenant. C'était l'Aide Sociale ou... le retour chez les parents. La peste ou le choléra. Elle rouvrit les yeux comme son voisin consultait une fois de plus sa montre. Elle parvint à lire le titre : *Juillet*. Un livre qu'elle avait beaucoup aimé.

— Il est toujours au téléphone ? demanda Johanne qui revenait portant un plateau chargé de trois gobelets.

— J'ai l'impression que son correspondant est bavard, répliqua Brenner en prenant un gobelet.

Savoie hochait la tête et répondait par onomatopées, comme quelqu'un qui souhaite couper court sans y parvenir.

— Alors commissaire, reprit Johanne, comment trouvez-vous nos locaux ?

Brenner balaya la pièce des yeux. Spacieuse, lumineuse, propre, climatisée...

— Je crois que beaucoup de policiers vous les envieraient.

— Même ceux d'Europol ?

— Mmm non, pas eux. Mais je n'ai pas toujours été à Europol. Avant j'appartenais à la police judiciaire, brigade des stupéfiants. J'en fais toujours partie d'une certaine manière.

— Oh, vous étiez un agent double.

Devant son air surpris, elle ajouta en riant :

— Les agents des stupéfiants, on les appelle agents doubles.

— Pas mal trouvé... J'étais donc un agent double !

Savoie raccrocha à cet instant.

— Criss de jaseur ce gaillard-là ! dit il en posant l'appareil sur le bureau.

Puis se tournant vers Brenner :

— Mais asseyez-vous donc commissaire, je vous en prie.

Les mimiques désolées de son voisin lorgnant sa montre parvinrent à arracher un sourire à Claire. Finalement, l'homme décrocha le cellulaire suspendu à sa ceinture.

— Allô Karine ? C'est moi ! Je t'attends depuis une heure... Comment ?

Il secoua la tête et reprit un ton plus bas. Claire dut tendre l'oreille.

— Mais j'ai les billets de *Juste pour en rire*, pour ce soir ! Karine... ça fait deux fois que tu me fais ce coup-là, qu'est-ce qui se passe ?

L'homme sembla se tasser, d'un revers de manche il s'essuya le front.

Savoie examina les documents que venait de lui remettre Brenner. Commissions rogatoires, fax, contrefax, accords nationaux et internationaux... Deux bons centimètres, en tassant bien.

— Je pensais les transmettre au commandant Hicks, mais comme il n'est pas là...

— Oui... c'est un homme très occupé. Beaucoup de réunions, de représentation.

— Je connais ça, je *représente* beaucoup moi-même !

Savoie rangea les papiers dans un tiroir de son bureau.

— Je les lui ferai passer. En attendant, si vous nous expliquiez de vive voix les raisons de votre mission. Je suppose que la simple *disparition* d'une jeune femme n'est pas suffisante.

Brenner hoche la tête.

— En effet, une *simple* disparition ne justifierait pas ma présence. Avez-vous un ordinateur sous la main ? Sinon je peux utiliser mon portable. Je préfère vous montrer, ce sera plus facile.

Lionel poursuivait d'une voix étranglée.

— Fini... Et tu m'annonces ça par téléphone... Oui oui, je comprends... Mais c'est pas très propre de m'annoncer ça par téléphone... C'est ça Karine, on reste amis.

Il pressa un bouton, laissa tomber l'appareil sur la table plus qu'il ne le posa, et s'appuya contre le dossier de son fauteuil en soupirant. Puis il fouilla dans sa poche, d'où il retira deux billets qu'il prit entre les doigts comme pour les déchirer. Claire fixait les billets, elle en aurait pleuré. L'homme tourna la tête et accrocha son regard. Claire se sentit rougir.

— Vous aimez le théâtre, mademoiselle ?

Il avait de beaux yeux, tristes et bleus.

— Heu... oui... un peu, bafouilla Claire.

— Eh bien, si le cœur vous en dit...

Il se pencha et posa un billet sur la table devant elle.

— Ce serait bête de le jeter, ajouta-t-il en se levant.

Sans un mot il régla ses consommations et quitta la terrasse. Claire regarda le billet, puis la silhouette qui s'éloignait, et de nouveau le billet. Qu'elle défroissa du plat de la main.

Le silence du bureau rappela à Brenner celui de l'OCRTEH le jour du visionnage. Johanne était livide.

— C'est cette fille qui vivait à Montréal ? demanda-t-elle d'une voix sans timbre.

Bien que la question ne s'adressait pas plus à Brenner qu'à Savoie, ce fut ce dernier qui répondit. En approchant de sa collègue un dossier posé sur le bureau. Johanne ouvrit la chemise et en compara la photo à celle de l'écran, et aux clichés de Brenner.

— Vous êtes sûr qu'il ne s'agit pas d'un montage ?

Cette fois elle s'adressait à Brenner.

— Nos experts pensent que ce n'en est pas un. Mais vous pouvez demander l'avis des vôtres, j'ai plusieurs copies.

— Dans quelles circonstances avez-vous obtenu ces images ? intervint Savoie.

Brenner raconta.

— Okay... soupira Savoie au terme de l'exposé. Internet, les ordinateurs, ce n'est pas mon truc, mais je suppose que c'est le vôtre et qu'on peut vous faire confiance.

— Plus celui d'Ulrike Ghesberg que le mien en fait, mais je vous remercie de votre confiance.

Johanne referma brusquement le dossier.

— Pourquoi pensez-vous que ce... cette merde a été tournée au Québec ? demande-t-elle d'un ton rogue.

— Je n'en suis pas sûr. Mais je vous l'ai dit, elle parle en français, et au début elle fait l'amour. Si là elle parle français c'est a priori à quelqu'un qui le comprend.

Comme Johanne allait pour objecter il la coupa d'un geste.

— Je sais ce que vous allez me dire. Mais c'est au Québec

qu'on l'a vu vivante pour la dernière fois. Et on n'a pas de trace d'elle en France, ni dans les Dom-Tom, ni en Suisse ni en Belgique. On a vérifié, croyez-moi.

— D'accord commissaire, excusez-moi... Mais comme cette horreur a été commise, eh bien... j'aurais préféré qu'elle l'ait été ailleurs que chez moi.

Savoie alluma une cigarette.

— Qu'attendez-vous de nous commissaire ?

Brenner décroisa les jambes.

— Beaucoup... dit-il avec un sourire. Et en premier lieu, je crois que vous avez saisi une grosse quantité de cassettes vidéo pornographiques, y avait-il quelque chose de ce genre dans le lot ?

— La Brigade Moralité a saisi une centaine de cassettes, c'est vrai, mais aucune ne ressemblait à ça. C'était des porno classiques je dirais, qui n'auraient rien eu de prohibé si des mineurs n'avaient pas été filmés.

Savoie souffla la fumée, secoua la tête et poursuivit.

— Je ne suis jamais tombé sur des snuff. Et vous ?

— Moi non plus. J'en ai entendu parler, j'ai vu des cadavres dans un triste état, mais des films, jamais. Mes collègues de l'OCRTEH oui, mais jusqu'à présent tous avaient été tournés dans le Sud-est asiatique. Je ne parle que des films saisis, bien sûr. Vous n'avez aucune idée d'où nous pourrions chercher ?

— De but en blanc non. Les snuff sont des trucs qui se manipulent encore plus discrètement que le reste. Et nous ne pouvons pas perquisitionner comme chez vous ici, à chaque fois il faut trouver un juge, le convaincre, etc. Si le type n'a pas déjà tout balancé dans le Saint-Laurent quand on arrive, c'est que c'est un maudit connard...

— Oui, je connais un peu votre système. De plus, le film a pu être tourné ici et vendu ailleurs.

— On pourrait peut-être s'axer sur la vie de Sophie à Montréal, non ? proposa Johanne.

Qui ajouta en voyant le sourire en coin de Savoie :

— Quoi, j'ai dit une bêtise ?

— Pas du tout, au contraire. C'est plutôt nous qui nous égarions...

— En effet, renchérit Brenner, même si nous trouvions un snuff chez quelqu'un, ça ne le relierait pas à Sophie Marie-Pierre.

— Alors on y va ?

— Où ?

Johanne rouvrit le dossier et pointa une adresse du doigt.

— Là. Elle habitait dans une résidence pour étudiants.

5

Le concierge écarta les mains.

— Moi j'y vois pas d'inconvénient, elle était plutôt gentille cette petite, pis ça rime à rien qu'elle soit partie juste avant sa fin d'année. Vous me rendrez les clefs en sortant. Mais pour ce qui est d'interroger ses voisins, vous aurez du mal, c'est les vacances, il ne reste qu'un étudiant. Au deuxième, Eugène Riobé, un Haïtien. Il n'y avait pratiquement que des étudiants étrangers ici.

Il tendit le trousseau à Savoie qui le saisit.

— Est-ce que quelqu'un est entré depuis sa disparition ?

— Ben non tiens ! Sa famille a toujours payé le loyer, pas de raison de faire visiter. Pis pour faire visiter maintenant, c'est pas les studios vides qui manquent.

— Vous non plus n'êtes pas entré ?

— Ah moi si, une fois ou deux, pour voir si elle était revenue.

— Et vous n'avez touché à rien ?

— Dieu non ! J'ai juste ouvert la porte et jeté un œil !

— Vous n'avez rien remarqué de particulier ?

— Ma foi... non... Rien n'a bougé, c'est comme c'était quand elle est partie.

Savoie agita les clefs.

— C'est son trousseau ou le vôtre ?

— Le mien. Elle a pas déposé le sien.

— Personne n'est venu faire le ménage ?

— Non, ça c'est au locataire de le faire. Y en a qui font venir des femmes de ménage, mais pas elle.

— Parfait, merci beaucoup. On en aura pour un moment, ne nous attendez pas.

— Le ménage, c'est parce que tu veux faire un bertillonage ? demanda Johanne comme ils grimpaient l'escalier.

— Oui, on ne sait jamais.

Un lit avec deux tables de chevet, un bureau, un bloc cuisine, une salle de bains. L'ensemble était en ordre et propret. Sans luxe excessif, ni mauvais goût flagrant.

— Attendez que j'ai bertilloné avant de toucher, prévint Savoie.

Tandis que Luc ouvrait une mallette, Johanne et Brenner observèrent la pièce sans bouger.

— Qui est-ce ? demanda Brenner en désignant un poster au-dessus du lit.

— Un chanteur Québécois.

— Vous aimez aussi ?

— C'est pas pire. Mais bon, je l'ai pas accroché au-dessus de mon lit. En plus, je crois pas qu'il aime beaucoup les filles !

— C'est bon, on peut y aller, déclara Savoie. Prenez un chiffon, ça colle ce produit-là !

Johanne se dirigea vers le placard mural, Luc dans la cuisine et Brenner s'approcha de l'ordinateur. Il décrocha le téléphone. La ligne fonctionnait. Il pressa le bouton principal.

L'écran afficha l'image d'un carnet répertoire, avec un programme sur chaque onglet. Brenner en ouvrit certains. Puis cliqua sur le gestionnaire de fichier.

— Bon, ben rien d'extraordinaire dans la cuisine. Ce qu'il y a dans le frigo est hors limite.

— Le placard est presque plein, il y a une valise et un sac de voyage, et des produits de toilette et de maquillage dans la salle de bain.

— Mmm... et vous commissaire ?

Brenner manœuvrait la souris.

— Elle a ses cours là-dessus, son courrier, ses comptes, de la documentation... tout lire demanderait des heures. Et je suppose qu'on ne peut pas emmener l'ordinateur ?

— On peut, avec l'autorisation d'un juge.

— Oui...

Brenner examina la façade de l'unité centrale.

— Est-ce que vous avez un tournevis cruciforme ?

— Pour quoi faire ?

— Démonter le disque dur. Le reste on peut le laisser.

— Batince ! Tu vois Johanne, ça fait pas la matinée qu'on est avec un français et déjà on bafoue la loi !

— Ben oui, renchérit Johanne en tendant un tournevis qu'elle avait récupéré dans la mallette, c'est pas Dieu possible des choses pareilles...

Brenner glissa le disque dans sa poche puis ouvrit les tiroirs du bureau. Quelques cahiers et carnets, qu'il feuilleta.

— Vous cherchez quelque chose de particulier ? s'enquit Johanne.

— Elle avait une connexion Internet, alors je cherche un pseudo et un mot de passe. Souvent les gens les notent quelque part, parfois sur le disque même, mais le plus souvent sur un carnet. Tenez ! Comme ça.

Johanne s'approcha, Brenner tourna les pages du carnet.

— Ben elle en avait pas mal ! constata Johanne.

— Je ne pense pas. Elle devait noter les renseignements des pseudo rencontrés sur les Chat'. Regardez: *menani F/38/Sherbrooke,* et là: *Termig H/25/Strasbourg (marrant).* Par contre ça c'est sûrement elle, *malika zAy61*, juste le nick et le pass, pas d'asv ni de commentaire.

— Heureusement qu'on parle la même langue, ricana Savoie.

Brenner rangea le carnet avec le disque dur. Il examina encore quelques feuilles et un cahier, qu'il reposa dans le tiroir.

— Pour moi ce sera tout.

— Bon, si on jasait avec monsieur Riobé ?

— Europol ? Ça existe ça ?

— Eh oui monsieur Riobé, ça existe même de plus en plus.

— Eh ben on en apprend tous les jours !

De ce que Brenner pouvait en apercevoir du couloir, ce studio semblait la copie conforme de celui de Sophie. Sauf qu'une chaîne y diffusait du reggae.

Savoie se racla la gorge.

— Nous aimerions simplement savoir si vous connaissez votre voisine de deux étages au-dessus, Sophie Marie-Pierre ?

— La Guadeloupéenne ? Qu'est-ce qu'elle a fait la sainte nitouche ? Crack, PCP ?

— Elle avait l'habitude de consommer des stupéfiants ? demanda Johanne.

Riobé éclata de rire.

— Elle ? Ça risque ! Même les Marlboro elle y touche pas ! Une vraie pimbêche. Nous les Antillais, on est plutôt festifs, hein, zouc, biguine, reggae, tout ça. Mais elle non. Je ne l'ai jamais vu dans une fête. Alors comment voulez-vous que je la connaisse ? Je dis pas que je lui ai jamais adressé la parole, elle est bien roulée, ça on peut pas dire, alors forcément... Mais dès qu'on lui dit un mot, hop ! une huître. Et pas qu'avec moi, avec tout le monde. Si vous voulez mon avis, elle a un petit grain cette fille.

— Et à l'université ?

— Ben elle est en lettre et moi en physique, alors... Pis y a rien que quarante mille étudiants à l'UQAM ! Mais qu'est-ce qu'elle a fait pour que vous la recherchiez ? Qu'Europol la recherche.

Les trois policiers se consultèrent du regard.

— Elle a disparu, dit Johanne.

— Ah bon... Ben vous voyez, j'avais même pas remarqué...

Riobé réfléchit un instant et ajouta.

— Y a peut-être quelqu'un qui pourrait vous renseigner. Une fille avec qui je l'ai aperçue deux ou trois fois. Elena... je sais plus comment, mais son nom doit être sur la porte, même étage que Marie-Pierre mais de l'autre côté du couloir. Seulement elle est rentrée chez elle, en Belgique, et je crois que c'était sa dernière année.

— Merci monsieur Riobé.

— Bienvenue ! J'espère que ça pourra vous aider.

— Dites-moi monsieur Riobé, vous êtes en vacances vous aussi ?

Riobé considéra Brenner avec surprise, et méfiance aussi.

— Oui, pourquoi ?

— Vous ne passez pas vos vacances en Haïti ?

Riobé plissa les yeux une seconde puis hocha la tête.

— Vous connaissez Haïti ?

— Non.

— Voyez-vous, dans mon village, quand j'ai envie de prendre une douche je dois faire un mille à pied pour trouver un robinet, qui n'est pas destiné à ce que je prenne une douche. Alors non, je ne passe pas mes vacances en Haïti. Il n'y a que les touristes pour passer leurs vacances en Haïti.

Quand je retournerai chez moi, ce sera pour installer des douches. Est-ce que ça vous convient comme réponse ?

À son tour Brenner hocha la tête.

— Alors, si vous n'avez plus rien à me demander...

— Ça ira monsieur Riobé, merci encore, répondit Savoie.

L'Haïtien les salua d'un signe de tête, commença à refermer la porte et se ravisa.

— Attendez, dit-il en prenant quelque chose sur une étagère. Si vous aimez les ambiances antillaises, ajouta-t-il en tendant une carte. C'est un café, avec de la musique, j'y joue de temps en temps. Pour le plaisir.

Savoie empocha la carte.

— Elena Uttebroek, lut à haute voix Johanne.

— Vous pourrez retrouver sa trace ? demanda Brenner.

Savoie referma son carnet.

— Certainement. Pourquoi cette question tout à l'heure, à propos des vacances ?

— Je ne sais pas... Ce type seul dans ce bâtiment vide, j'ai trouvé ça curieux. Et puis son air détendu me paraissait factice, pas à vous ?

— Si. Il l'était, son statut d'étudiant lui interdit de travailler au Québec. Et comme il doit le faire malgré tout, logique qu'il n'ait pas été enchanté de nous voir. On se renseignera sur lui auprès de l'immigration. Mais bon, qu'il reste ici n'a rien d'étonnant, la communauté haïtienne est importante à Montréal.

Savoie suspendit sa veste au dossier de son fauteuil et attrapa la mallette qu'il avait posée sur son bureau.

— Je vais développer le bertillonage, je n'en ai pas pour longtemps.

— Vous voulez boire quelque chose commissaire ? demanda Johanne qui rangeait une pile de rapport.

— Non merci, mais je vous en prie, laissez le *vous* et le *commissaire*, je m'appelle Éric.

— D'accord, Éric, dit-elle en s'asseyant derrière le bureau. Pour le vous ce sera facile, il n'est pas très naturel au Québec.

— J'avais remarqué, dit Brenner en sortant le disque dur et

le carnet de sa poche pour les déposer sur la table. J'espère que ma venue ne perturbe pas trop vos enquêtes.

— Les miennes non ! Je suis enquêtrice depuis peu, vous n'avez encore pas grand chose à perturber.

— Et le travail v... te plaît ?

Johanne pencha la tête de coté avec une petite moue.

— Oui, il ne ressemble pas exactement à ce que j'imaginais, mais il me plaît.

— Tu as toujours voulu être policier ?

Johanne rit en silence.

— Non non ! J'étais en droit à l'université, et à la sortie j'ai commencé par être avocate, mais là ça ne correspondait pas du tout à ce que j'avais imaginé... J'ai cherché autre chose, j'ai fait une demande à l'école de police, elle l'a retenue. Et depuis quelques semaines je suis enquêtrice au SPCUM. Ce n'est pas ce qu'on peut appeler une vocation, plutôt un heureux hasard. Et toi Éric ?

— Un tout petit peu plus de vocation, un peu moins de hasard... Fac de droit, puis concours. Celui de la magistrature et celui de commissaire. J'ai échoué l'un réussi l'autre. J'aurais pu être juge je suis flic. Les deux me convenaient.

— Commissaire, ça correspond bien à commandant chez nous ?

— Je connais mal vos grades, mais je pense que oui.

— Oh... Mais je n'appellerais jamais un commandant par son prénom ! Même si toi... enfin excuse-moi, mais tu as l'air jeune pour un commandant.

— 41 ans, c'est dans la moyenne

— Je t'en donnais moins.

Savoie entra dans le bureau, une enveloppe à la main.

— Voilà, on peut aller aux Renseignements.

Une quinzaine de consoles occupaient la pièce sans la combler, chaque console supportant trois moniteurs d'ordinateur. Au fond de la salle, des stores bleus masquaient des bureaux vitrés.

Savoie s'approcha d'une des opératrices.

— Salut Nath, tu peux t'occuper de ça ?

Elle ouvrit l'enveloppe, en sortit un calque et l'examina en grimaçant.

— Batince, Luc ! T'es pas doué comme bertillonneur, tu devrais laisser ça aux spécialistes ! Je te promets rien.

Elle déposa les calques sur le scanner de la console, et engagea le processus de numérisation.

— Ça devrait aller, dit-elle après avoir visualisé la première empreinte à l'écran.

La console émit une série de bips. Nath pressa une combinaison de touches.

Un des moniteurs afficha un fond bleu pastel où plusieurs icones apparurent.

— On a des réponses, traduisit Nath en cliquant une icône.

— La fiche d'immigration de Sophie Marie-Pierre, constata Savoie.

— Il y a quelque chose sur elle chez nous, précisa Nath en montrant une référence.

— C'est le dossier que j'ai rempli, pas la peine d'ouvrir. Autre chose ?

Nath cliqua une seconde icône. La fiche d'Elena Uttebroek.

— Parfait ! s'exclame Brenner. Elles se connaissaient, et on a ses coordonnées en Belgique.

— Apparemment elle a quitté le Québec depuis un mois, remarqua Savoie. Rien d'autres avec les empreintes, Nath ?

— Une qui ne sort pas. Je la joins à ton dossier ?

Savoie hocha la tête. Nath déplaça le pointeur vers la référence.

— D'autres renseignements ? demanda-t-elle après avoir relâché le bouton.

— Qu'est-ce que tu as sur Eugène Riobé ?

Savoie épela. Une fiche similaire aux deux autres apparut.

— Rien d'autre sur lui nulle part.

— Bon, envoie dans mon dossier quand même et puis ce sera tout.

— Mmm, intervint Brenner, disposez-vous d'une connexion Internet ?

— Nous venons de changer de serveur, nous disposons présentement d'un maxi-ordinateur IBM Multiprise 2000-115, il est relié directement à l'Internet par Rnis, expliqua Nath avec un sourire amusé.

Brenner eut une moue admirative.

— Ça devrait aller...
— Pourquoi ?
— Expédier ces renseignements à La Haye.
Nath fronça les sourcils.
— À La Haye... Techniquement, c'est sûr. Mais je ne suis pas certaine que nos accords l'autorisent. Il me faudrait au moins l'aval du SCRC. Vous ne disposez pas des empreintes de votre ressortissante ?
— Nous n'avons jamais eu de raison de les lui prendre, ce n'est pas une criminelle. Pourriez-vous effectuer une copie de ces données sur disquette, et remettre la disquette à... Luc Savoie ?
— S'il me le demandait...
— Nath, tu peux me faire...
Elle pressa une touche, puis une autre. Et après quelques secondes éjecta une disquette du lecteur.
— Une dernière chose, dit Brenner en extrayant le disque dur de sa poche. Pouvez-vous monter ce truc-là sur un de vos appareils ?
— C'est un modèle courant. On vous le branche en parallèle ?
— Si c'est possible.
— Sans problème. Vous voulez travailler ici ?
— Eh bien, j'aurai besoin d'une connexion Internet.
— Vous l'avez dans tous les bureaux, ici ça peut devenir très bruyant, pas l'idéal pour se concentrer.
— Tu seras plus tranquille dans notre bureau, dit Johanne.
Nath se leva et appela un agent à l'autre bout de la salle.
— Thierry, viens t'en !
Elle lui donna le disque dur.
— Monte-le en parallèle sur une UC, pis prends un moniteur et un clavier et installe tout dans le bureau de Luc.
— Si vous aviez un clavier Azerty, ça m'arrangerait, dit Brenner.
— Ah désolé, je crois pas qu'on en aura..., s'excusa Thierry. Je vous mets le reste prêt pour demain matin, ça ira ?
— Ce sera parfait.

6

Snake : Sweety> Tu suces ?

Claire ignora la phrase, fréquente, mais qui cette fois avait plutôt tendance à la faire rire. Elle guettait la réponse de CoolWebeur.

Snake : Sweety> alors salope, tu réponds pas ? T'as la bouche pleine ?

Elle s'apprêtait à une répartie cinglante lorsque qu'apparut le pseudo attendu.

CoolWebeur : Sweety> bonjour ! Comment vas-tu ?

Sweety-C : CoolW> à merveille ! Si tu savais !...

CoolWebeur : Sweety> ça fait du bien de te voir heureuse ! Raconte !

Snake : CoolWebeur> eh ? elle est bonne sous l'homme la Sweety ?

Sweety-C : CoolW> okay, sur ICK.

CoolWebeur : Sweety> okay. Snake>te fais pas d'ampoules à la main mon lapin !

Le tableau de Chat ICK s'ouvrit, fond noir et lettres jaunes pour CoolWebeur, lettres blanches et fond bleu pour Claire.

— *Même ta couleur fond est gaie aujourd'hui ! Tu as obtenu ton job ?*

— *Non, mais... Écoute, je n'ose encore pas y croire...*

Elle raconta son aventure, qui occupa plus d'un tableau.

— *Tu te rends compte ? C'est comme un rêve... Tu crois que je dois y aller ?*

— *Mais c'est génial ! Pourquoi tu n'irais pas ?*

— *Eh bien... je ne sais pas... il y sera peut-être.*

— *Et alors ? Il t'a donné ce billet, tu ne l'as pas volé ? C'est pas de ta faute si Karine l'a laissé tomber. Tu mourais d'envie d'aller voir ce spectacle, ne rate pas ta chance. Et il est mignon ce jeune homme en plus ?*

— Eh bien... oui ! Il est un peu plus vieux que moi mais... oui ! Et puis il lisait ce livre de Marie Laberge dont je t'avais parlé, tu sais, Juillet.

— Et tu hésites ! Au lieu de me parler tu devrais être en train de te préparer ! Et d'espérer qu'il aura décidé de venir.

— Mmm... en fait j'ai passé l'après-midi à me préparer... Et j'espère que je le reverrai...

— :-) J'ai juste un avis consultatif alors !

— : -)) Je voulais savoir si je faisais une bêtise.

— Mais non ! J'aimerais bien que quelque chose comme ça m'arrive ! Allez ! Ne te mets pas en retard !

— Au revoir Cool. Bisous.

— Bisous Claire. Tu me raconteras ?

— Promis. À demain.

Claire coupa l'ordinateur et regarda le gros réveil près du lit. Largement le temps. Elle fila dans la salle de bains pour vérifier de nouveau sa coiffure et son maquillage.

Assis sur le coin du bureau, Savoie observait Brenner penché sur son portable.

— Ce ne sera plus très long, murmura ce dernier.

D'un mouvement de souris il attacha le fichier extrait de la disquette au message qu'il venait de rédiger. Puis cliqua sur envoi. Une fenêtre afficha le taux de transfert tandis que l'ordinateur cliquetait.

— Et voilà, dit Brenner comme la fenêtre indiquait cent pour cent. Qui sait, peut-être aurons-nous quelque chose au Fichier. J'espère aussi qu'on pourra entendre Elena Uttebroek rapidement.

Brenner attendit la confirmation de réception et referma le portable.

— Moi, dit Savoie, j'espère surtout qu'elle nous apprendra quelque chose, parce que là...

Le ton était embarrassé et sombre. Brenner tourna la tête dans sa direction. Ainsi que Johanne.

— Un problème, Luc ?

— Pas vraiment... Sauf que nous n'avons rien qui permette l'ouverture d'une enquête criminelle. Des images venues d'on ne sait où, découvertes à La Haye, qui montrent une Française majeure, qui peut-être aurait disparu au Québec... Inutile d'aller trouver un juge avec ça.

Brenner hocha la tête.

— Le problème était le même en France, nous avons fait avec.

— Il y a la plainte de monsieur Marie-Pierre, objecta Johanne. Et rien ne nous interdit de faire du zèle.

Savoie se fendit d'un sourire.

— Non, rien, en effet, mais dès qu'on aura besoin d'un juge...

— Eh bien on fera en sorte de ne pas en avoir besoin, dit Brenner.

Savoie écarta les bras, comme pour se rendre.

— Si nous sommes tous d'accord... Je vous propose une soirée aux *Foufounes électriques.*

Brenner haussa les sourcils.

— Électriques ?...

— Oui oui, confirma Luc, électriques.

— C'est un bar discothèque de la rue Sainte-Catherine, précisa Johanne.

— Un lieu de rencontre aussi, poursuivit Savoie. J'ai un indic qui y *travaille.* Son truc c'est la coke et le PCP, et les pornos. Je ne pense pas qu'il touche aux snuff, mais on peut lui demander de se renseigner. Il ne connaît ni vous ni Johanne. Je vous présenterai comme des amis qui aimez les trucs spéciaux. Avec votre accent français ça devrait passer. On peut s'y retrouver vers 22 heures, tu sais où c'est Johanne ?

— Bien sûr, répondit-elle en se tournant vers Brenner. Je passe te prendre à ton hôtel vers 21 heures 30.

L'ouvreuse vérifia le numéro de siège inscrit sur le billet et lui indiqua la travée. Les lumières de la salle du Théâtre Saint-Denis venaient de baisser d'intensité, Claire se repéra dans la demi-obscurité. Elle ne fut certaine d'avoir reconnu l'homme que lorsqu'elle s'installa dans le siège libre à ses côtés. Il lui accorda un coup d'œil suivi d'une brève inclination de tête. Claire se sentit mal à l'aise. Elle prenait la place d'une autre.

— J'espère que je ne vous dérange pas, dit-elle en pliant sa veste sur ses genoux.

Il tourna de nouveau la tête vers elle et la considéra un instant en silence.

— Vous ne me dérangez pas – il haussa imperceptiblement les épaules. J'aurais très bien pu ne pas venir. J'ai failli d'ailleurs, mais je me suis dit que rire était le meilleur remède.

Son regard revint à la scène où s'achevaient les derniers préparatifs, le rideau bougeait par moments. Claire l'observa de profil. Elle eut l'impression qu'il avait pleuré.

— Vous avez terminé *Juillet?* demanda-t-elle sans trop savoir pourquoi.

Cette fois il sourit en la regardant.

— Vous l'avez lu ?

— Oui, j'ai beaucoup aimé. Même si j'aurais voulu que la fin soit différente.

— C'est peut-être que les grandes histoires d'amour ne peuvent que finir mal.

Claire se traita d'idiote. Vraiment, c'était le sujet à aborder... Mais l'homme eu un rire silencieux et ajouta.

— Je dis ça parce que la mienne vient de finir. Mais elle ne s'est pas terminée si mal que ça, et puis elle n'était pas particulièrement grande. Au mieux très ordinaire.

Claire faillit répondre quelque chose mais les lumières s'éteignirent et le rideau s'écarta.

Brenner manqua de ne pas la reconnaître. Une robe saumon, courte et ajustée avait remplacé le jean et le tee-shirt de la journée. Ses cheveux châtain très clair maintenant détachés couvraient ses épaules. Occupée à lire une affiche dans le hall, elle lui tournait le dos, un sac à main suspendu à l'épaule, une veste légère dans la saignée du coude. Il avait quitté une fille solide quoique bien proportionnée. Il en retrouvait une nettement plus bien proportionnée que solide. Sans doute l'effet des talons qui allongeaient ses jambes. Johanne pivota. Si elle remarqua sa surprise et son intérêt, elle n'en laissa rien paraître.

— On y va ?

— Je te suis, répondit Brenner en s'avançant.

Il nota aussi qu'elle avait changé de parfum. Quelque chose de plus lourd et moins naïf que la violette.

— Je me suis garée dans le stationnement de l'hôtel, mais on peut y aller à pied ce n'est pas loin.

— Ça me convient.

Ils franchirent le boulevard René Lévesque et remontèrent Saint-Laurent jusqu'à la rue Sainte-Catherine. Le début du quartier chaud, qui se poursuit rue Saint-Denis, autour de Berri-UQUAM. La foule se fit d'un coup plus dense sur les trottoirs, empiétant sur la rue.

Savoie les repéra le premier et leur fit signe. Ils traversèrent la terrasse grillagée et s'installèrent dans les fauteuils à ses côtés. Loin des enceintes, le volume du rock alternatif restait supportable.

— Mon zèbre vient d'arriver, dit Savoie en se penchant vers eux, je vais le laisser bosser un peu et j'irai le chercher. Vous prenez quoi ? Bière ?

Johanne et Brenner approuvèrent. Savoie se leva et contourna les danseurs pour gagner le long comptoir qui coupait la salle.

Brenner tenta de déchiffrer les graffitis qui couvraient le mur d'en face. Sans succès, les flashs des spots rendaient mouvants et incertains un lettrage trop complexe, ils conféraient aussi des spasmes de vie à des sculptures métalliques non moins hermétiques que les tags. L'ensemble était curieux, hétéroclite mais pas déplaisant.

Brenner s'intéressa aux danseurs. Du punk au costume trois pièces, en passant par le short et la chemise à carreaux. Savoie revint porteur de trois bouteilles de Bud au moment où la sono montait le volume et envoyait de la techno.

Ils burent sans un mot. La musique rendait toute conversation suivie impossible, les fauteuils vibraient sous les coups des basses.

— J'y vais, dit Savoie en se levant d'un coup de rein.

Ils devinèrent plus qu'ils ne comprirent.

— Tu es un Français pervers, n'oublie pas ! souffla Johanne à l'oreille de Brenner.

— Tu n'imagines pas à quel point ! répondit-il de la même manière.

Elle cacha ses lèvres derrière sa main pour rire.

Luc émergea de la foule, poussant plus qu'accompagnant un type d'environ vingt-cinq ans. Cheveux orange avec mèche verte, blouson de cuir noir et short en jean effrangé, deux Bud dans chaque main. Il grogna un vague bonjour, s'assit dans le fauteuil que lui désignait Savoie et posa les bières sur la table.

Les spots n'arrangeaient pas son teint, entre livide et blafard. Un diamant scintillait à la base de sa narine, trop gros pour être vrai. La sono diffusa un vieux tube des Doors, doux après la techno.

Savoie posa une main sur l'épaule de son indic.

— Voilà, Chris, c'est mon ami là qui cherche quelque chose de spécial.

Chris renifla, les phares d'une voiture qui tournait dans la Sainte-Catherine l'éclairèrent un instant, révélant une larme tatouée au coin de l'œil gauche. Son regard oscilla entre Johanne et Brenner, avant de se fixer sur ce dernier.

— Tu cherches quoi au juste ?

— Des trucs hard, genre gore, mais pas bidon. Est-ce que je me fais bien comprendre ?

Chris jeta un coup d'œil à Savoie qui hocha la tête.

— T'es Français ? demanda le jeune homme.

— Oui et alors ? fit Brenner d'un ton sec.

— Alors rien, répondit Chris en haussant les épaules. Je peux te trouver tous les pornos que tu veux, mais des snuff – il secoua la tête – je sais pas.

— Si tu m'en trouves, je les paye. À toi de voir.

Johanne murmura à l'oreille d'Éric.

— Une seule chose, reprit Brenner, que des femmes, okay ? Les hommes je ne suis pas preneur.

Johanne pressa la main d'Éric, de manière assez ostentatoire pour que Chris remarque le geste.

Une fille arriva derrière lui, les yeux exorbités. Guère plus de dix-huit ans, tee shirt moulant et déchiré, micro jupe sur cuisses grassouillettes, Cat sans lacets aux pieds, un anneau dans le nombril. Elle se mordillait les lèvres et secoua l'épaule du jeune homme.

— Qu'est-ce tu fous, merde, j't'attends !

Chris arracha la main et se retourna dans le même mouvement.

— Tasse-toi Tyna ! Je suis en affaire ! cracha-t-il d'une voix mauvaise.

La fille gloussa, puis s'éloigna en titubant. Chris revint à Brenner, avec un geste de la main, comme pour le prier d'excuser l'interruption.

— Je vais voir ce que je peux faire. Mais je te promets rien. Si je trouve quelque chose je peux te joindre où ?

— Tu me joins moi, répondit Savoie.

Chris approuva d'une grimace, puis débarrassa le plancher en emmenant la *Bud* qu'il n'avait pas touchée.

— Que lui avez-vous dit sur moi pour qu'il gobe l'histoire ? demanda Brenner.

— Que vous aviez des renseignements qui m'intéressaient, et que je tenais à vous faire plaisir. C'est la meilleure méthode avec ces connards, on leur donne quelques mots et ils remplissent les vides eux-mêmes.

Jim Morrison céda la place à la techno. Johanne montra la piste à Brenner.

— Danses-tu un peu ?

Les applaudissements furent longs à s'éteindre. Bien après l'ultime salut des comédiens. La lumière revint d'un coup. Claire se protégea les yeux de la main. Son voisin applaudissait encore, hilare.

— Bon sang ! dit-il enfin. J'ai bien fait de venir, j'en ai mal aux côtes.

— Moi aussi, renchérit Claire.

Son voisin laissa le gros du flot des spectateurs quitter la salle, puis se leva et replia l'assise de son siège.

— J'espère que vous avez passé une bonne soirée mademoiselle.

Il lui tendait la main. Elle la serra.

— Oui... bien sûr... heu... je ne sais pas comment vous remercier.

Il tint sa main une seconde plus que nécessaire, mais Claire ne le remarqua pas, en tout cas ne s'en offusqua pas. Au contraire. Elle aurait aimé... qu'il l'invite, qu'il fasse quelque chose, que ça ne s'arrête pas comme ça.

— C'est plutôt Karine que vous devriez remercier, mademoiselle...

Il eut un sourire, comme navré de ne pas connaître son prénom.

— Claire ! dit elle aussitôt.

— Claire, ça vous va bien, vous êtes lumineuse. Moi c'est Lionel. Alors au revoir, Claire.

— Au revoir Lionel.

Il pivota et s'engagea dans l'allée. Elle le suivit après quelques secondes.

Malgré la bousculade ils sortirent presque ensemble du théâtre. Lionel s'arrêta sur le trottoir pour allumer une cigarette. Elle le dépassa d'une dizaine mètres, puis stoppa à son tour et chercha un ticket de métro dans son sac.

— Vous prenez le métro à cette heure ?

Claire sursauta, elle ne l'avait pas entendu approcher.

— Eh bien oui, je n'ai pas le choix.

— Vous habitez loin ?

Elle donna l'adresse. Lionel réfléchit un instant.

— En effet, ce n'est pas la porte à côté... Et vous aurez encore à marcher après. Écoutez, je suis venu en voiture, je peux vous raccompagner si vous voulez.

— Vraiment ?

La sono rembraya de l'alternatif. Johanne laissa retomber ses bras et cessa de danser. Brenner l'imita. Tous deux étaient en sueur, le souffle court. Par-dessus l'épaule de Johanne, Brenner remarqua la fille de tout à l'heure, Tyna, appuyée au comptoir. Ses yeux semblaient avoir retrouvé leurs orbites. Même s'ils restaient étrangement brillants. Elle riait aux éclats chaque fois qu'un type à ses côtés tripotait l'anneau de son nombril. PCP, songea Brenner en suivant Johanne à leur table.

— Vivaldi, vous aimez ? demanda Lionel en lui montrant un CD.

— Vivaldi ? J'adore ! s'exclama Claire. J'ai une cassette que j'ai usée à force d'écouter...

— Vous avez une saison préférée ?
— *L'été.*
Les premières notes emplirent l'habitacle comme la voiture s'engageait sur l'autoroute Ville-Marie.

Brenner cherchait le titre. *Child in time*, oui, c'était ça. En version revisitée, méconnaissable. Mais le slow de Deep Purple restait un slow. Il se pencha vers Johanne.
— Et ça, tu le danses aussi ?
— Bien sûr ! dit-elle en se levant.
Savoie les suivit du regard, sourire en coin.
Brenner enlaça sa cavalière. Son regard croisa celui de Tyna, toujours pendue au comptoir. Elle détourna immédiatement les yeux, mais il ne put s'empêcher de penser qu'elle était en train de les observer.
— Tyna, l'amie de Chris, elle est toujours au comptoir, dit-il à Johanne.
— Je sais, je l'ai vue.
— Mmm... Elle doit nous prendre pour deux pervers. C'était pas mal ton petit geste tout à l'heure, quand tu m'as serré le poignet. Bien dans le ton.
— Un moyen de joindre l'utile à l'agréable.
Le rythme de la musique changea. Brenner modifia sa position. Sa main toucha le dos nu de sa cavalière. Il la serra plus fort. Elle n'opposa pas de résistance, ni n'amplifia le mouvement. Sa poitrine effleurait sa chemise.
— Elle nous observe toujours ? demanda Johanne.
— Oui oui, répondit Brenner sans vérifier.
— Alors il ne faut pas la décevoir.

La voiture stoppa le long du trottoir. Lionel se tourna vers elle.
— Voilà, vous êtes chez vous.
Claire lui sourit, puis chercha son sac à ses pieds.
— Je... heu... merci... Ah, est-ce que j'ai mes clefs.
Elle fouilla le sac. Il la regardait en silence, une main sur le volant l'autre sur l'accoudoir.
— Les voilà ! dit-elle comme si elle avait réellement douté de les trouver.

Lionel demeurait toujours immobile, elle faillit se résoudre à ouvrir la portière mais se ravisa au dernier instant.

— Je pourrais écouter la fin ? demanda-t-elle en montrant le lecteur de CD.

— Bien sûr.

Il avait répondu du tac au tac, comme soulagé. Claire reposa son sac. Ils écoutèrent quelques mesures, paupières mi-closes. Puis Lionel s'appuya contre le dossier de son siège, se massa les yeux comme pour en effacer une douleur, et posa ses mains à plat sur le volant. Avant de lâcher dans un soupir.

— Écoute Claire... Je... c'est idiot mais... j'ai encore l'impression de tromper Karine.

Il était au bord des larmes.

— Aide-moi à l'oublier, ajouta-t-il.

Claire effleura sa main du bout des doigts. Lionel se pencha sur elle.

Savoie posa quelques dollars sur la table.

— Notre ami Chris vient de filer. Je vais y aller aussi, vous restez un moment ?

— Je vais rentrer, dit Brenner. À moins que Johanne ait envie d'une nouvelle danse ?

— Non non, ça va, je ne suis pas une grande danseuse tu sais.

— Bon, reprit Savoie, j'ai promis à ma femme de passer la fin de semaine avec elle, je ne serai pas au bureau demain. Vous voulez que je vous laisse les clefs pour consulter l'ordinateur ? Vous n'aurez qu'à les déposer à l'accueil en partant.

— Volontiers.

Lionel l'avait senti vibrer de désir lorsqu'elle avait entrouvert les lèvres. Elle gémit quand sa main enveloppa son sein. Et plus encore lorsque sa bouche en pressa la pointe dressée. Il écouta résonner son cœur et revint à ses lèvres. Elle avait le souffle court et les yeux clos, avec entre les sourcils un pli de plaisir attendu, retenu. Il écarta un pan de sa jupe. Sa poitrine se souleva plus vite. Il caressa l'intérieur de sa cuisse, qu'elle écarta en étouffant une plainte. Il effleura la couture de son slip, puis cessa tout mouvement et l'observa. Elle était superbe ainsi, offerte sans provocation. Parfaite. Le pli entre les sourcils se creusa.

— Continue, s'il te plaît continue, murmura-t-elle.

— Pas ici, dit Lionel en embrassant ses paupières.

Claire ouvrit lentement les yeux.

— Chez moi, allons chez moi.

Lionel sourit de sa voix rauque et lui caressa la joue.

— Si on allait chez moi ? J'ai un chalet au bord d'un lac, on pourrait y passer la fin de semaine.

Sa main caressait son ventre. Claire ferma de nouveau les yeux.

— Ça ne peut pas être vrai, soupira-t-elle.

— Pourquoi tu dis ça ? J'ai une pourvoirie au bord du lac Obedjiwan.

Claire se blottit contre lui.

— Si tu savais comme j'ai envie d'être avec toi ! Cette fin de semaine, les autres, tout le temps...

— Alors on y va ?

Incapable de répondre, elle acquiesça d'un hochement de tête. Puis après quelques secondes ajouta :

— Mais c'est très loin Obedjiwan, presque à Chibougamau...

Lionel mis le contact.

— Oui, mais j'ai un hydravion. Je vais prévenir le gardien du chalet, qu'un feu soit prêt à notre arrivée.

Lionel composa un numéro sur son cellulaire. Claire cala sa joue au creux de son épaule tandis que la voiture se dégageait du trottoir.

La nuit extérieure leur parut presque fraîche, Brenner aida Johanne à enfiler sa veste. Ils marchèrent côte à côte à pas lents. La foule était moins dense qu'en début de soirée.

— Tyna nous suit, dit Brenner après une centaine de mètres.

— J'ai vu, répliqua Johanne en se rapprochant de lui.

— Les putes c'est dans quel coin ?

— Viens, fit-elle en l'entraînant de l'autre côté de la rue.

Ils poursuivirent jusqu'à la Saint-Denis, détaillant sans se cacher les femmes appuyées contre les murs et les réverbères.

— Elle suit toujours ?

— Oui oui.

Brenner s'approcha d'une fille assise sur le capot d'une voiture. Une Noire dont la tenue et la pose ne laissaient aucun doute. Elle les regarda venir sans bouger.

— À trois c'est possible ? demanda Brenner.

— Je fais pas dans le spécial, tasse-toi !

Son français avait des résonances espagnoles.

— Même si je paye ?

— Tu comprends rien ou quoi ? dit-elle un ton plus haut. Tasse-toi je te dis !

Un homme calé dans l'encoignure d'une porte cochère se redressa d'un coup de rein. Une armoire à glace, qui écarta les pans de son blouson de cuir. De manière à ce que tous comprennent que sa poche contenait quelque chose de lourd. Brenner enregistra la présence d'un type du même acabit, un peu plus loin, assis sur une moto.

— Un problème ? demanda l'armoire sans regarder Brenner.

— Non, répliqua la fille. Je crois qu'il a compris.

Brenner hocha la tête et entraîna Johanne plus bas dans la rue.

— Toujours là ?

— Je ne la vois plus, mais elle nous regardait quand on était avec la fille.

— Bon, j'espère qu'elle sera convaincue.

— Tu aurais fait quoi si elle avait dit oui ?

— J'aurais discuté le prix ! C'était qui le service de sécurité ?

— Des Rock Machine, un gang de motards.

— Dangereux ?

— Pas mal ! Armés jusqu'aux yeux... Ils contrôlent la prostitution, la drogue, en partie du moins. Il y a eu une opération contre eux récemment, menée par six cents policiers de la Gendarmerie Royale et de la Sûreté du Québec. Résultats, une vingtaine d'arrestations, le blocage de quelques immeubles, l'expulsion des Rock Machine d'un de leurs locaux fortifiés et plusieurs millions de dollars saisis. Mais tu vois, ils sont toujours là...

— Tyna aussi ! Elle est devant. Une finaude...

— Elle a vu qu'on l'avait repérée ?

— Je ne pense pas. Sinon, elle se montrerait franchement, ou elle ne se montrerait plus du tout. Finaude, mais pas pro.

Ils accélérèrent le pas jusqu'au Travelodge. Tyna suivit. À travers les baies vitrées du hall ils la virent passer sur le trottoir. Elle donna un rapide coup d'œil dans leur direction.

— Ce n'est pas le moment que tu ressortes. On peut aller boire un verre au bar de l'hôtel.

L'ascenseur les déposa à l'étage du bar. Le couloir était sombre, éclairé seulement par les blocs de secours et la lumière de l'ascenseur.

— Zut, grogna Brenner, c'est fermé.

La porte de l'ascenseur coulissa, l'obscurité s'accrut.

— Le bar ferme à 23h30. Tu ne le savais pas ? C'est écrit dans le hall.

— Si tu le savais, pourquoi ne me l'as-tu pas dit ?

— Devine.

Brenner devina son regard, et l'arrondi de ses lèvres. Il glissa ses mains sous ses cheveux et l'attira à lui.

L'hydravion courut sur son ère et aborda le ponton sans heurt. L'homme qui attendait amarra aussitôt le flotteur au quai, à distance raisonnable du cabin-cruiser de 30 pieds qui oscillait sous l'effet de la vague de sillage.

— Bonsoir monsieur, bonsoir mademoiselle, dit-il lorsque Lionel fit pivoter la porte de l'appareil.

— Bonsoir Roger, tout est prêt ?

— Tout est prêt monsieur.

Lionel aida Claire à rejoindre le quai, puis à ôter sa veste de vol qu'il jeta dans le cockpit. Après quoi il la prit par l'épaule et lui montra le chalet.

— Il te plaît ?

Ce n'était pas un chalet mais une vraie maison en dur, avec une terrasse et un étage. À travers une fenêtre du rez-de-chaussée, Claire devinait la lueur du feu dont le vent portait l'odeur jusqu'à eux. Elle dut se retenir de battre des mains.

— C'est mon père qui l'a construit, expliqua Lionel en se dirigeant vers la maison. Il y venait souvent, moi je regrette de ne pas pouvoir y vivre. Tu verras, c'est encore plus beau à l'intérieur.

Roger disparut comme par enchantement dès qu'ils parvinrent à la porte d'entrée.

Claire avait quitté ses chaussures. Le contact de ses pieds nus sur la fourrure d'ours polaire la faisait frissonner de plaisir. À moins que ce ne fût la présence de Lionel, derrière elle, tout près. Il posa ses mains sur ses épaules. Elle se laissa aller contre lui. Il caressa son cou, ses paupières, ses lèvres. Elle ferma les yeux et sourit. Lionel glissa la paume sous son menton et le releva, elle accompagna le mouvement en inclinant la tête en arrière.

Une caméra zooma sur son visage. Une autre la garda de plein pied.

Claire entrouvrit les lèvres, il s'attarda sur ses dents puis lentement enfonça un doigt dans sa bouche. Elle le caressa du bout de la langue tandis qu'il dégrafait son chemisier. Sa poitrine devint presque douloureuse. Lionel libéra sa bouche. Elle essayait de retenir son plaisir. Il pinça la pointe de ses seins jusqu'à ce qu'elle gémisse.

La caméra enregistrait les contractions de son visage. Le frémissement de ses muscles.

Elle sentit une pression dans le creux des reins, obéit et se cambra. Lionel releva sa jupe. Elle ne put retenir un cri lorsqu'il massa son pubis. Ni lorsqu'il en écarta les lèvres.

Ses genoux fléchirent, elle ne cherchait plus à se retenir, au contraire, elle accompagnait les mouvements de Lionel. Sans avoir conscience qu'ils n'étaient plus seuls dans la pièce.

Elle ne réagit pas quand deux mains saisirent ses chevilles. Mais se sentant soulevée et tirée en avant, elle ouvrit brusquement les yeux. Pour découvrir deux hommes cagoulés.

Claire hurla et se débattit lorsqu'ils l'emmenèrent. Elle eut le temps d'apercevoir Lionel, qui souriait en allumant une cigarette.

Les caméras du salon s'éteignirent.

7

Johanne dormait sur le côté, ses cheveux lui couvraient le visage. Brenner les écarta et lui caressa l'épaule. Elle ouvrit un œil et soupira.

— Je m'étais rendormie...

— Oui ! Et les petits dej' sont là.

Johanne s'étira, ramena un oreiller contre la tête de lit et s'y appuya.

— J'ai faim !

Brenner posa un plateau sur ses genoux.

Entre les œufs au plat et les muffins aux bleuets, l'ordinateur posé sur la table de chevet émit un appel synthétisé.

— Qu'est-ce qu'il a dit ? demanda Johanne.

— *Chat request*, répondit Brenner.

Il saisit le portable et le faisceau de fils qui le prolongeait pour le déposer sur le lit.

— Polizeikommissar Ghesberg, fit-il en cliquant sur *accept*.

Johanne le regarda en fronçant les sourcils.

— Oui je sais, prononcé comme ça, ça fait toujours un drôle d'effet ! Ulrike Ghesberg est ma collègue d'Europol.

Machinalement il consulta sa montre et fit le calcul, 15 heures à La Haye. L'écran afficha le double tableau de chat, et aussitôt une ligne du côté d'Ulrike.

— *Bonjour, ça va ? Je ne te réveille pas ?*

— *Bonjour, ça va, j'étais en train de petit-déjeuner.*

— *Okay, je vais faire vite, pas que ça refroidisse... Les empreintes ne donnent rien. J'ai imprimé et transmis ton rapport à Carpita. Il est d'accord pour faire entendre Elena.*

— *Les formalités sont en cours ?*

— *Tu sais le nombre de paperasses et de démarches que ça représente, alors on a décidé autre chose. J'ai une conférence à Bruxelles, j'en profiterai pour aller voir Elena. Si elle accepte de me parler, on fera régulariser par les Belges, si elle refuse, il sera toujours temps d'utiliser les voies officielles.*

— *Tu y vas quand ?*

— *La conférence a lieu lundi matin, j'irai après. Tu as du nouveau de ton côté ?*

— *Non, rien.*

— *Et les collègues Québécois, comment sont-ils ?*

— *Disponibles et efficaces. S'il y a quelque chose à trouver, on devrait le trouver.*

Johanne approuva d'un hochement de tête.

— *Tant mieux, j'ai bossé avec des flics US, j'ai toujours eu l'impression qu'ils ne me montraient que ce qu'ils voulaient. Un rien frustrant...*

— Normal, commenta Johanne, les américains savent prendre mais pas donner !

— *Là ça va, les échanges fonctionnent.*

Johanne approuva de nouveau, tout en terminant un muffin.

— *Parfait. Et les Québécoises, vraiment toutes rousses ?*

Johanne avança un doigt au-dessus du clavier, et le promena au hasard sur les touches.

— *werghjkl, : !**

Brenner lui prit la main, elle lui tira la langue.

— *Tu as fait tomber ta tasse ?* écrivit Ulrike.

— *C'est ça ! Heu... pas toutes, il y en a des châtain clair aussi.*

— *Châtain clair...*

— *Oui. Avec de petites taches de rousseur sur le haut des joues.*

— *Je vois... J'espère que ces créatures exotiques ne te détournent pas de ton enquête.*

— *Tu me connais !*

— *Hélas !*

— *Mauvaise langue !*

— *Tu parles ! Dis, ton café n'est pas froid ?*

Brenner vérifia.

— *Tiède.*

— *Alors je te laisse. J'envoie les résultats de mon entretien au plus vite. A+*

— *Merci Ulrike. A+*

Il coupa le chat, referma le portable et le reposa sur la table de chevet.

— Sympathique ce *polizeikommissar*, fit Johanne en portant un verre de jus d'orange à ses lèvres.

— Très. Et une bonne collègue aussi.

— Juste une *collègue ?*

— Une collègue et une amie, rien de plus rien de moins. Qu'est-ce que tu imagines ?

— Je n'imagine rien, je lis. Alors comme ça tu serais une espèce de Français dragueur ?

— Faut pas croire tout ce qui s'écrit. Tu ne vas pas me dire que tu es jalouse ?

Johanne eut une petit rire et secoua la tête.

— Il y a trois jours je ne te connaissais pas, alors de quoi je pourrais être jalouse... Mais tu m'as dit des choses gentilles cette nuit, j'aimerais savoir si tu étais sincère ou si ce n'était que des paroles de... spécialiste.

Brenner lui prit la tête entre les mains.

— Ce que je t'ai dit je le pensais, et je le pense toujours. N'empêche que dans quinze jours, trois semaines, peut-être plus peut-être moins, je partirai. Ça tu le savais.

— Oui. Mais je préférerais trois semaines ou plus que quinze jours ou moins.

— Moi aussi. Mais que veux-tu que je te dise d'autre ?

— Rien. Comme ça les choses sont claires.

Elle se pencha, posa un baiser sur ses lèvres et appuya sa joue contre son épaule.

— Très claires.

Brenner la serra contre lui.

— Remarque, il y a une solution. Le Québec obtient son indépendance, adhère à l'Europe, et tu pourras être détachée auprès d'Europol.

— Bonne idée ça, je suis sûre que les Péquistes n'y ont jamais pensé. Faudra leur proposer.

Lionel se sentait brumeux. Trop de cigarettes trop trempées dans le PCP. Il se passa une main dans les cheveux et poussa la porte. Le salon donnait dans le garage, un homme en bleu de travail qui déroulait un tuyau d'arrosage le salua.

— Bien dormi Lionel ?

— Ouais, sur la corde à linge... Et toi ?

— Tu fumes trop. Moi ça va, je m'en lasse pas.

Du menton il désigna le corps de Claire ramassé au-dessus d'une grille d'écoulement. Les restes de ses vêtements étaient entassés à proximité, au pied d'un fût métallique de deux cents litres frappé du sigle *Can-Am.*

— Moi non plus, mais comme tu dis je fume trop. Bon, je vais déjeuner.

Lionel retraversa le salon pour gagner la terrasse, au passage il rafla le sac de Claire qui traînait sur un fauteuil.

Une brume légère flottait encore à la surface du lac Obédjiwan. Lionel s'assit à la table, Roger sauçait ses œufs miroir.

— Tu repars tout de suite ? demanda-t-il.

— Non, dit Lionel en se servant une assiette de haricots, un peu de repos me fera du bien.

— J'ai repéré un banc de dorés au sondeur. Des balèzes ! À une dizaine de miles par là, ça te dit ?

Il pointa le doigt sur le côté nord du lac.

— Ah ça me dirait bien de pogner un doré. Tu pourras les retrouver ?

— Sûr ! J'ai rentré le point dans le GPS. Pis en passant on jettera le fût dans la fosse.

— Okay, on montera le film après. Ça ressortait comment ? Moi j'ai du mal à me rendre compte.

— Génial, y plaira bien celui-là. Juste que tu étais trop dans le champ au début, difficile de ne pas te prendre sans rien perdre. Ça demandera des retouches d'images.

— Je sais, mais j'aime bien commencer comme ça.

— C'est pas grave, c'est juste que les retouches c'est toujours long.

— Oui... On peut cogiter à autre chose remarque. Mais j'ai le sentiment que ce passage du plaisir à l'horreur est intéressant. Et qu'il compte pour beaucoup dans le succès des films.

Lionel réfléchit une seconde et haussa les épaules.

— Bah, on verra à l'occasion.

Il se servit une tasse de café, puis ouvrit le sac de Claire et le renversa sur la table. Des clefs, un stylo, un petit miroir, un bâton de rouge à lèvres et des papiers. Dont une carte d'abonnement à la bibliothèque centrale de Montréal sur laquelle figurait une photo. Lionel prit la carte entre deux doigts et en approcha la flamme de son briquet.

— Pourquoi tu fourres pas tout dans le fût ? demanda Roger.

Lionel fit la moue.

— Je sais pas.

La photo se gondola, s'enflamma, et disparut. Lionel lâcha le coin de bristol qui finit de brûler avant de toucher le sol.

— Il doit y avoir quelque chose de symbolique la-dessous. Qu'est-ce que tu en dis ?

— Sûrement, approuva Roger en répandant du sirop d'érable sur ses pancakes.

Un transpalette déboucha de l'arrière de la maison et se dirigea vers le ponton. Le fût *Can-Am* se balançait, suspendu aux griffes de charge par une chaîne.

Johanne attrapa sa veste et son sac.

— Je passe chez moi me changer et je te rejoins au bureau, d'accord ?

— D'accord, répondit Brenner de la salle de bains.

Quelques minutes plus tard, il quitta la chambre à son tour. Et au sortir de l'ascenseur parvint à ne pas marquer de temps d'arrêt en apercevant Chris appuyé contre un pilier du hall. Brenner marcha droit sur lui, l'accrocha par le bras et l'entraîna dans le couloir des toilettes. Il le plaqua contre le mur près d'un distributeur de boisson, lui bloqua la gorge d'une main et arma le poing.

— Qu'est-ce que tu fous là et comment tu m'as trouvé ?

En même temps il pensait à Johanne. Elle avait dû descendre directement au parking, sans voir ni être vue. Chris avait peur, mais il essaya de crâner.

— Cool mec, cool ! T'es pas fun là ! Je suis pas tombé de la dernière pluie, c'est tout. Et je veux juste te parler.

Brenner lui envoya son poing dans l'estomac. Chris se plia en deux. Il le releva par les cheveux.

— Eh ben parle.

Chris toussa plusieurs fois avant de reprendre son souffle. Brenner le tenait toujours par les cheveux. Un homme sortit des toilettes, leur jeta un coup d'œil et se dépêcha de filer.

— Il paraît que tu es en affaire avec Savoie, articula Chris.

— C'est pas tes oignons, coupa Brenner.

— Non, mais Savoie est un flic, j'ai pas tellement envie de lui faire plaisir, et je me suis dit que tu n'avais peut-être pas envie de lui devoir quelque chose.

Brenner lâcha ses cheveux.

— C'est vrai que tu n'es pas tombé de la dernière pluie.

Chris reprit un peu d'assurance.

— Eh oui, alors je me suis dit que si je trouvais quelque chose, je pourrais traiter en direct.

Brenner eut un sourire mauvais, qui finit en rire.

— J'avoue que ça me plairait assez.

— C'est ce que je pensais. Je pensais aussi que dans ces conditions mon prix pourrait être le tien.

Brenner le fixa droit dans les yeux.

— N'exagère pas tout de même.

— Non non, je te jure. Alors on marche comme ça ?

— Okay.

Chris fit demi-tour, Brenner le rattrapa par l'épaule.

— Encore une chose.

— Oui ?

— J'ai dit que je voulais pas du bidon, alors n'essaie pas de m'en refiler. Je sais faire la différence entre un vrai snuff et un faux. Savoie trouverait peut-être ça drôle, moi pas. Si tu traites en direct, tu traites tout en direct, et mes méthodes ne sont pas celles des flics, c'est bien compris ?

— Oui oui, ne vous inquiétez pas.

— Je ne m'inquiète pas.

Chris hocha la tête et fila dans le couloir. Brenner entra dans les toilettes pour se laver les mains.

Johanne le trouva penché sur le moniteur d'où il n'avait pas levé pas le nez à son entrée.

— J'ai été plus longue que prévu, j'ai dû remplir le frigo. Ça va toi ?

Brenner se contenta d'un grognement.

— Quelque chose d'intéressant ? insista Johanne.

Il daigna enfin relever la tête, se frotta les yeux, s'étira contre le dossier du fauteuil et regarda sa montre.

— Ah oui en effet... Mmm... Tu connais les ordinateurs, Internet ?

— Les ordinateurs, ça va. Internet, j'ai essayé mais ça ne m'a pas transcendé.

Johanne s'assit sur son siège, le fit rouler près de Brenner et jeta un coup d'œil à l'écran.

— C'est quoi, un chat' ?

— Oui, il y a d'autres adresses de chat' dans sa liste, mais c'est de celui-là dont elle se servait, le navigateur garde les accès en mémoire. Et puis nick malika pass zAy61, ça marche.

Brenner montra le carnet de Sophie ouvert sur le bureau.

— J'ai déjà vu passer un ou deux de ces pseudo. Ils ne sont pas notés par ordre alphabétique, sans doute au hasard des rencontres.

Johanne feuilleta le carnet tandis que Brenner pianotait le clavier.

— Tu as vu les commentaires ? *Marrant, sympa, sans-intérêt, gamin*... Certains ont droit à des petits cœurs.

— Et d'autres ont un cœur rayé.

— Peines de cœur...

— Cyber-peines de cœur !

— Cyber ?

— Oui, cyber. Cyber-copain, cyber-amour, cyber-mari, cyber-famille... Cyber-scène de ménage et cyber-divorce aussi, je suppose, la preuve.

Il pointa du doigt un petit cœur rayé, le stylo avait marqué le papier. Johanne haussa les sourcils.

— Et ça peut aller jusqu'où ces cyber-affaires là ?

— Les gens viennent sur les chat' pour des tas de raisons, tu peux imaginer n'importe quel cas de figure. Absolument n'importe lequel.

Brenner tapa de nouveau sur le clavier. Johanne observa l'écran où le pseudo *Gaspard* venait de s'afficher.

— Tu participes ? C'est toi *Gaspard ?*

— Je prends la température.

— Et alors ?

Brenner fit la moue.

— Une majorité d'étudiants et quelques gamins, pour autant qu'on puisse se fier à ce qui s'écrit sur un chat'. Ambiance bon enfant, disons.

— Et toi tu es quoi ?

— Un jeune homme de vingt-cinq ans qui travaille dans les assurances.

— À Montréal ?

— À Nice ! j'ai été *agent double* à Nice, je connais.

Johanne secoua la tête.

— C'est complètement dingue... Et je suppose qu'il y en a qui passent des heures là-dessus.

En guise de réponse Brenner reprit le clavier.

Gaspard : *faut que je coupe. Ciao à tous ! A+*

Quelques *A plus* et *salut* firent suite. Et un *à demain.*

— Des heures voire des jours, conclut Brenner avant d'ajouter : J'ai examiné sa boîte aux lettres. Elle faisait souvent le ménage de son disque dur pour éviter la saturation, mais il reste des messages envoyés et reçus.

— Quel genre ?

— Elle a envoyé sa photo.

— Quoi ? Elle envoyait sa photo comme ça ? À Dieu sait qui Dieu sait où ?

— Elle en a reçu aussi.

Brenner attrapa quelques feuillets posés à sa droite.

— Je les ai imprimées, je te présente *Kaa*, *Worm*, *Zombi*, *Mille-pates* et *MiniLili.*

Johanne étala les clichés sur le bureau. Quatre garçons entre 18 et 25 ans et une fille du même âge.

— Bonnes têtes d'enfants sages.

— Tous ont des petits cœurs, sauf *MiniLili* qualifiée de *comme moi*, précisa Brenner.

Johanne examina la photo de *MiniLili.* Elle avait des cheveux blonds cendrés et souriait tête inclinée de côté.

— Comme moi... murmura Johanne.

— Le sourire peut-être. Il a quelque chose de triste.

— Non, pas de triste... Je dirais... d'inachevé. Comme si elle n'osait pas aller au bout.

— Mmm... mais ces photos sont les leurs, ou celles de leurs petits frères ou de leur grande sœur, ou celles d'un magazine, à moins qu'elles n'aient été pêchées quelque part sur le Web.

Johanne reposa MiniLili, prit le carnet et recommença à le feuilleter.

— Quatre Français et une Suissesse, l'interrompit Brenner. Selon ses renseignements bien sûr.

— On peut vérifier ? demanda Johanne en refermant le calepin.

— Pour *Kaa* et *Zombi* ça doit être possible, leurs adresses e-mail correspondent à leurs fournisseurs d'accès Internet qui se terminent par *.fr*, donc en France. Les autres utilisent des hotmails, alors...

— Hotmails ?

— Rien de « hot », hotmails ou freemails sont des systèmes de courrier électronique rattachés au Web et non pas au fournisseur d'accès. Pour t'inscrire on te demande des renseignements qui ne sont pas vérifiés. L'anonymat total. Exemple : *gaspard@hotmail.com...*

— Et ces freemails sont situées où, physiquement ?

— Va savoir... Quelque part sur la Terre. Encore que techniquement elles peuvent être sur mer ou dans les airs.

— Alors on fait quoi là ? demanda Johanne d'un ton excédé.

— On se fait une idée. De qui était Sophie Marie-Pierre, de ses relations. Il n'y a pas que des photos, il y a aussi quelques textes – il lui passa d'autres feuillets. Rien que de très anodins. Avec l'un elle parle cinéma, avec l'autre bouquins. Avec *MiniLili* ce sont de petites confidences. Et le ton change à chaque fois. Il y a un texte intéressant, avec *CoolWebeur*. On n'a pas sa photo à celui-là, mais on dirait qu'elle lui parlait souvent. Il a droit à un gros cœur.

Johanne parcourut les lettres.

— Et tu en déduis quoi ? demanda-t-elle.

— Que c'était une jolie fille timide dont les difficultés relationnelles s'évanouissaient sur le Web. Quand elle parle livres et films elle est drôle et mordante, voire pertinente.

— Quand elle dit que *Contact* est un *navet américain de plus ?*

— Par exemple. À *MiniLili* elle donne des conseils sur la manière de renouer avec son petit ami.

— Et à *CoolWebeur* c'est elle qui demande et reçoit des conseils...

— Voilà. Dommage qu'elle ait été une fille ordonnée, si elle n'avait pas nettoyé son disque on aurait eu davantage de renseignements.

— Oui... mais quand est-elle sincère ?

— Elle est toujours sincère. Elle exprime là ce qu'elle n'ose pas exprimer ailleurs, c'est tout.

— À des gens qui n'existent pas, ou qui ne sont peut-être pas ce qu'ils prétendent !

— Et alors ? Est-ce que c'est ce qui importe ?

— Il me semble !

— Pas pour elle.

Johanne haussa les épaules et reprit la lettre de *CoolWebeur.*

Salut Sophie,

Il ne fait pas très beau à Paris aujourd'hui. J'espère qu'à Montréal c'est mieux. Et que tu es en forme !

Je suis content que Trainspotting t'ait plu. C'est un bon film, hein ? Et puis tu vois, il est des vies plus difficiles que la tienne !

Je n'arrive pas à croire que tu n'as pas d'amis. Tu as tout pour en avoir, jolie, intelligente... Tu n'oses pas, c'est tout. Et ce n'est pas grave. Il suffirait que tu te lances un tout petit peu. Ne me dis pas qu'à Montréal il n'y a personne avec qui tu puisses te sentir bien. Je ne crois pas non plus que tu sois trop difficile. Tu manques simplement de confiance en toi. Et peut-être aussi en la chance. Ça existe, tu sais. Mais il faut savoir la saisir !

Il se fait tard. Je te laisse. On reparlera de tout ça sur ICK.

A +

Amitié.

J.-P.

— Plein de bon sens ce J P.., murmura Johanne. Un Parisien ?

— Possible, il utilise une hotmail.

— En tout cas ce n'est pas un Québécois, il n'y a aucune formule québécoise. Ils étaient assez intimes pour se servir de leurs prénoms au lieu des pseudo. ICK, c'est par là que vous avez retrouvé le film ?

— Oui, c'est aussi le système que j'utilise avec Ulrike. On peut y adjoindre la phonie et la vidéo, mais elle n'avait pas les logiciels pour.

— Et ICK ne laisse pas de trace ?

— Non. Enfin, si, parfois. Mais dans des fichiers qui ne sont pas toujours définis et souvent incomplets. Là je n'ai cherché que dans les répertoires les plus logiques. Même si son disque dur n'est pas très grand, le visiter en totalité prendra des heures. Et je te répète, elle nettoyait scrupuleusement son disque...

— Bon... Et si on allait manger ?

— Excellente idée ! fit Brenner en se levant. Ah tiens, devine qui j'ai trouvé dans le hall du Travelodge tout à l'heure ? Notre ami Chris.

8

Stracey Layne regardait par la fenêtre, le lac Obédjiwan, l'hydravion qui l'avait menée là, le feu de bois où les dorés grillaient sous l'œil de Roger. Ou peut-être ne regardait-elle rien, cherchant une attitude. Près d'un mètre quatre-vingts sans les talons, un tailleur pêche ajusté, des jambes sans fin, sa présence suffisait à capter l'attention, elle n'avait pas besoin d'en rajouter. Stracey ôta l'épingle qui maintenait son chignon et secoua la tête. Ses cheveux blonds cascadèrent jusqu'au creux de ses reins. Elle s'était décidée pour le charme. Après quoi elle se retourna.

— Pourquoi, Lionel ? Ça te gêne ?

Si le ton dissimulait l'agacement, le regard non. Stracey n'aimait pas les refus.

Calé dans le fauteuil, Lionel prit le temps d'allumer un Montecristo et d'en tirer quelques bouffées. Les yeux verts de Stracey se rétrécirent d'un cran, Lionel fit la grimace.

— Gêné, moi ?

Stracey eut un rire bref.

— Eh bien alors ?

— Alors quoi ? Il n'est pas bon ce film ? demanda Lionel en désignant du menton la cassette posée sur la table basse devant lui.

— Il est parfait, nous n'aurons aucun mal à le vendre.

Sûr qu'il était bien, et qu'elle avait aimé. Spowart l'avait observée lors du visionnage, sa respiration saccadée, les perles de sueur sur sa lèvre ; il savait qu'elle prendrait. Elle avait toujours acheté ses productions. Heureusement, puisqu'elle était sa seule cliente. Il souffla la fumée très haut et attendit la suite. Face à lui sur le canapé, Thomas Layne sirotait un whisky, comme indifférent à la conversation. Chacun avait son rôle dans le couple, les négociations c'était Stracey, Thomas, lui... la distribution peut-être, et la protection ; Lionel n'avait jamais vraiment posé la question.

— J'ai des demandes avec des enfants, reprit Stracey. Beaucoup de demandes. Ça ne te gêne pas, alors où est le problème ?

Lionel secoua la tête.

— La sécurité. Mon système...

Stracey l'arrêta d'un geste.

— Je ne tiens pas à connaître ton organisation.

— Je n'allais pas en donner le détail. Simplement, les filles dont je me sers sont majeures, sans attache ou presque, leur disparition n'inquiète personne. Les gamins, ça a des familles. Les gamins, c'est des centaines de flics qui cherchent, sans compter les journaux, la télé et le reste. Voilà le problème. Tu peux faire tourner ça ailleurs, non ?

— Évidemment ! Mais toi tu ne tournes pas en vidéo dans une cave merdique. Tes films sont les meilleurs, c'est pour ça que j'aimerais que tu le fasses.

Elle faillit ajouter quelque chose mais s'abstint.

Lionel secoua de nouveau la tête.

— Non. Trop dangereux.

Stracey soupira et visiblement se retint de taper du pied. Elle sortit un paquet de la poche de son tailleur et en tira une cigarette. Longue et fine, couleur fuchsia. Elle les achetait en Suisse où le couple avait une résidence ; principale ou secondaire, Lionel n'avait jamais su. Ils étaient Anglais. Le tabac avait un parfum de rose. Stracey fit signe à son mari et retourna se planter devant la fenêtre. Thomas toussota pour s'éclaircir la gorge.

— Si nous vous fournissions les enfants ? S'ils n'étaient pas Canadiens ?

Lionel haussa les épaules.

— Ça change peu de choses en terme d'années de prison.

En deux enjambés Stracey fut près de la table. De l'ongle elle tapota la cassette puis présenta son index sous le nez de Lionel.

— Pour *un* film avec un enfant, c'est *cinq* fois le prix de celui-là.

Elle écartait les doigts de la main gauche.

Lionel fit la moue, et ouvrit les deux mains.

— Dix fois.

Stracey éclata de rire, joua avec ses cheveux, et finit par joindre les mains comme pour une prière.

— Ah Spowart, Spowart... D'accord, dix fois !

— Et vous me les livrez loin d'Obédjiwan, je me chargerai du transfert final. Désolé, je ne fais confiance à personne.

— Aucun problème, dit Thomas. À la limite, je préfère.

— Reste à ce que mes gars soient okay, ajouta Lionel.

— Tu les paies assez cher, non ? répliqua Stracey.

— Je ne vais pas t'apprendre que dans ce domaine l'argent n'est qu'une donnée de la sécurité, et pas la principale. Il faut aimer ce genre de truc pour le faire, l'avoir dans le sang. Sinon... remords, conscience... problèmes.

— Ça c'est le tien, Spowart.

Lionel hocha la tête.

En songeant que Roger et Simon n'en poseraient pas. Une série de séances *spéciales* les avait conduits en prison, puis en centre psychiatrique. *Réadaptés*, avaient décrété les médecins après quelques années. Mais ils aimaient toujours ça, ils étaient juste devenus prudents. C'est pour cela qu'il les avait recrutés. Ils auraient fait le boulot gratuitement. L'argent n'était que la cerise sur le gâteau. Comme pour lui d'ailleurs. Comme pour tous ici. Encore que Stracey aimait l'un et l'autre d'un amour égal.

— Je le réglerai, conclut Lionel en remplissant les verres.

Ils trinquèrent. Puis se dirigèrent vers la fenêtre. La table était dressée sur la terrasse.

— Vous restez longtemps à Montréal ? demanda Lionel.

— Quelques semaines, répondit Thomas. Ensuite nous descendrons au sud, Bahamas ou Caymans.

Une fille en maillot de bain remontait l'échelle du ponton. Elle secoua la tête pour éliminer l'eau de ses cheveux noirs taillés courts, puis, remarquant Stracey derrière la vitre, lui adressa un signe de la main.

— N'est-elle pas délicieuse mon invitée ? murmura Stracey en lui répondant de la même façon.

La fille s'allongea face au soleil couchant. Fine, presque maigre, peu de formes, un rien masculine.

— Joli dessert, dit Stracey en portant son verre à ses lèvres.

9

La femme qui lui avait ouvert la considérait maintenant avec des yeux ronds. Ulrike se fendit d'un nouveau sourire, mélange d'excuse et de compréhension, et rempocha sa carte professionnelle.

— Ma visite n'a rien d'officielle, madame Uttebroeck. J'aimerais simplement m'entretenir avec votre fille. Une de ses amies étudiantes au Québec a disparu, nous disposons de très peu de renseignements sur elle et nous pensons qu'Élena peut nous en fournir.

— Au Québec... et vous êtes Allemande ?

— Oui, et la jeune fille disparue est Française. Europol est un service Européen. Un simple entretien madame, qui pourrait beaucoup nous aider.

Madame Uttebroeck hocha la tête.

— Bon, d'accord, mais je veux être présente.

— Je n'y vois aucun inconvénient.

— Sophie a disparu ! s'exclama Élena avec surprise. Que lui est-il arrivé ?

— Elle n'est pas rentrée chez elle et n'a semble-t-il jamais quitté le Québec, c'est tout ce que nous savons. Vous paraissez étonnée ?

— Eh bien oui... Sophie est la dernière personne... enfin... je veux dire... elle est tellement réservée que je l'imagine mal... enlevée.

— Je n'ai pas dit qu'elle a été enlevée. Elle a pu partir avec un ami, sans rien dire. Une fugue. Elle est majeure bien sûr, mais sa famille semble très stricte. Qu'en pensez-vous ?

Élena secoua la tête.

— Fuguer... ça lui correspond tellement peu... Je ne l'ai jamais vue avec un garçon. Et elle sortait rarement. Pratiquement qu'au cinéma. Deux ou trois fois je l'ai accompagnée, à peine la séance finie elle voulait rentrer. Ce n'est vraiment pas une fille liante. Dans la vie du moins.

— Comment ça *dans la vie ?*

— Elle passait des heures en chat' sur Internet. Et là elle était aussi bavarde qu'elle est taciturne dans la vie. Je l'ai vue taper des nuits entières sur son clavier. Je dois dire que c'était sympa ses chat', mais moi ça ne m'emballait pas, je préfère les vrais contacts.

Elle donna un coup d'œil à sa mère qui fronça les sourcils.

— Quel genre de chat' était-ce ? demanda Ulrike.

Élena eut un sourire en coin.

— Oh, pas des chat' roses ! De simples discussions, entre gens qui finissent par se connaître à force de se retrouver sur l'écran. C'est sympa, mais moi je préfère les bistrots.

— Et pas elle ?

— Non, pas elle.

Élena fit la moue et ajouta :

— Vous savez quoi ? J'ai côtoyé Sophie près d'un an, et je ne sais toujours pas pourquoi elle m'a acceptée pour amie. Nous n'avions pas les mêmes cours, nous ne vivions pas de la même manière... J'ai appris plus sur elle en la regardant taper qu'en l'écoutant parler.

— Vous la regardiez taper ?

— Parfois. Il y avait pas mal de fêtes à la résidence, et souvent beaucoup de bruit...

Nouveau coup d'œil, nouveau froncement de sourcils maternels.

— ...sauf dans la chambre de Sophie. Là c'était le grand calme. Quand j'avais des trucs à réviser et que je voulais être tranquille, j'allais chez elle. Je révisais et elle, elle tapait. Je crois que c'est ce qu'elle voulait. Une présence, qui ne lui pose pas de question, qui la prenne comme elle est. C'est aussi ce qu'elle cherchait sur Internet, la sécurité de la distance. Quelques minutes lui suffisaient à se lier sur le Web. Fallait la voir rigoler devant son écran, elle qui ne riait jamais. Je me souviens m'être dit qu'à force elle finirait bien par trouver un mec sur ce truc.

— Ça ne s'est jamais produit ?

— Pas à ma connaissance. Mais elle évitait les Québécois, elle discutait plutôt avec les Français, les Belges ou les Suisses.

Elle disait que les Québécois étaient lourdingues, mais en fait je crois qu'elle fuyait toute possibilité de contact. Ou alors elle cherchait... la perle rare... le prince charmant.

— Elle l'a peut-être trouvé ?

— Ça m'étonnerait, mais bon, elle s'est peut-être décidée. Je lui disais souvent de bouger, et je n'étais pas la seule. Quand je lui conseillais de sortir la tête de son écran, de venir avec moi en ville, que ça lui ferait du bien, elle répondait : *Je sais, c'est aussi ce que me dit Cool, mais pas maintenant, j'ai pas envie, un autre jour.* C'était toujours un autre jour.

— Cool ?

— CoolWebeur, le pseudo d'un type avec qui elle chattait. Ils discutaient de ciné, de bouquins, elle lui racontait sa vie aussi. J'ai assisté à une de leurs conversations, il lui donnait de bons conseils, mais elle ne les suivait pas plus que les miens. Sauf pour les films, Sophie est une mordue de ciné, et les films américains sortent au Québec avant l'Europe, ça lui faisait des sujets. Elle avait la critique acide !

— Vous connaissez les pseudo d'autres correspondants ?

— Non..., je me souviens de CoolWebeur parce qu'elle en parlait tout le temps, *Cool m'a dit ceci, Cool m'a dit cela, Cool m'a conseillé ce livre, ce film...*

— Elle était amoureuse de lui ?

Élena eut un sourire.

— C'est drôle, je lui avais posé la même question... Elle s'était un peu fâchée : *Pour qui tu me prends ? Il est vieux Cool, et puis il est déjà marié ! C'est juste un bon copain, c'est tout !*

— *Vieux*, ça se situe où pour vous ?

— Eh bien... heu... quarante ans, répondit Élena avec une mimique d'excuse.

— Ce n'est rien, je n'en ai que trente-six, dit Ulrike en notant une nouvelle phrase en sténo sur son bloc. Donc, juste un bon copain... Il est Français ?

— Oui, Parisien je crois. J'avais pensé un moment que c'était un gourou, un type qui cherchait à l'embobiner pour une secte ou un truc du genre, mais ce que j'ai vu de leurs conversations ne correspondait pas à ça. C'était les propos que tiennent des amis, autour d'une table et devant un verre.

— Oh ! s'exclama madame Uttebroek. Et moi qui ne vous ai rien proposé ! Voulez-vous du thé, un café ?

— Un thé, très volontiers, répondit Ulrike.

— Et toi Élena ?

— Un café, merci.

Madame Uttebroek quitta le salon. Peu après des bruits de vaisselle leur parvinrent de la cuisine.

— Bon, reprit Ulrike, ce CoolWebeur, il n'a jamais cherché à la rencontrer ?

— Pas que je sache.

— Relations purement virtuelles, donc.

— C'est ce que je pense.

— Et vous ?

— Quoi moi ?

— Quelle était votre vie au Québec ?

Élena ramena ses cheveux en arrière, réfléchit un instant et sourit.

— Moi, je vivais au Québec comme une jeune femme du vingtième siècle, et je vis en Belgique comme une jeune fille de bonne famille. Ça vous va ?

— Je m'en contenterai, faute de mieux.

— Oui... La famille de Sophie est très stricte, la mienne l'est tout autant. Et pourtant elle et moi sommes aussi différentes qu'il est possible de l'être. Curieux, n'est-ce pas ?

— Mais vous passiez beaucoup de temps ensemble ?

— Non. J'avais d'autres *centres d'intérêts* que Sophie. Si vous croyez que je vous cache quelque chose parce que ma mère est ici...

— C'est un peu là où je voulais en venir, en effet.

— Eh bien vous vous trompez. Je n'étais pas exactement une sainte-nitouche à Montréal, Sophie l'était, elle ne m'a jamais accompagnée dans aucune soirée, pourtant ça ne manquait pas. Ce que je vous ai dit correspond à un an de notre vie au même étage, ça ne fait pas beaucoup de temps passé ensemble. Sophie n'était pas ma meilleure amie, mais j'étais sûrement sa seule amie, alors je ne vous ai rien caché, je ne cacherais rien qui puisse vous aider. Si vous voulez tout savoir de mes soirées, de mes nuits et de mes *fins de semaines*, pas de problème, mais Sophie n'en faisait pas partie. D'accord ?

— D'accord, fit Ulrike en dévisageant la jeune fille.

Qui soutint son regard sans ciller, puis dit d'une voix blanche :

— Vous êtes en train de penser que ce n'est pas juste, que c'est moi qui aurait dû disparaître plutôt qu'elle ?

Ulrike sursauta.

— Pas du tout ! Je cherchais une question à vous poser.

— Ah bon, parce que moi c'est ce que j'étais en train de penser.

Madame Uttebroek revint avec un plateau.

10

Savoie avait remarqué que le tutoiement québécois était devenu plus que le tutoiement québécois. Le tutoiement français... Et aussi que la main de Johanne s'était attardée une seconde plus que nécessaire sur l'épaule de Brenner. Ce n'était même pas nécessaire, du reste.

Savoie avait soupiré, et adressé à Johanne une mimique complice que la jeune femme avait superbement ignorée.

Johanne reprenait place derrière le bureau.

— Bon, grinça Savoie, alors ce connard de Chris veut jouer double jeu ?

— On dirait, confirma Brenner. Je l'ai encouragé, ça peut nous servir.

— Il ne sait pas que Johanne est du SPCUM ?

— Je ne pense pas.

— J'avais ma voiture personnelle, précisa Johanne.

— Okay, on verra bien. En tout cas il faudra être discret tous les deux.

— On le sera, dit Johanne sans la moindre trace de gêne ou d'émotion.

— Vous avez appris quoi avec le disque dur ?

Ils résumèrent leur travail du samedi, et allaient résumer celui du dimanche lorsque l'ordinateur émit un appel. Une icone clignota sur le panneau ICK.

— Ulrike, traduisit Brenner, sûrement son rapport.

Il ouvrit le fichier, confirma d'un hochement de tête, et l'expédia sur l'imprimante en trois exemplaires.

Qu'ils lurent. Outre l'entretien avec Élena, figuraient les commentaires d'Ulrike, brefs et précis. Brenner lui renvoya un message de remerciement.

— Ce serait bien d'interroger ce CoolWebeur, dit Savoie. C'est un Parisien, ça ne devrait pas être difficile pour vous.

Éric et Johanne échangèrent un coup d'œil.

— Nous ne sommes pas sûr qu'il soit Parisien. D'autant moins que... regarde ça.

Savoie prit les documents que lui tendait sa collègue.

— C'est quoi ? Des critiques de cinéma ?

— Exactement, répondit Brenner. Sophie était une mordue de ciné, elle rédigeait une fiche sur les films qu'elle voyait. Critiques acides, comme dit Élena. Elle utilisait l'hypertexte pour naviguer entre les réalisateurs, les acteurs, les scénaristes, etc. J'ai mis un peu de temps à rétablir l'ordre chronologique. La plus récente est en bas de page.

Savoie lut à haute voix.

— *« Shitty day in paradise », réalisation et scénario Jack Laumap (austr.). Je n'aime pas trop ce réalisateur. Mais Cool m'a tellement dit que c'était bien, aussi bien que Proof ou Priscillia... J'espère, avec les australiens tout est possible ! Je verrai ça ce soir. Si c'est une crocodildundirie de plus, il va m'entendre !*

— Une préfiche, dit Brenner. Du dernier film qu'elle a vu, ou devait aller voir.

Savoie se tapota le menton.

— Je suppose que vous avez vérifié les dates...

— Il n'est resté qu'une semaine à l'affiche, dans une seule salle, à l'époque où elle a disparu.

Ses collègues observaient Savoie comme en attente d'une hypothèse.

— On peut penser qu'elle est allée au cinéma ce soir-là et qu'elle n'en est jamais revenue.

Ni Brenner ni Johanne ne bronchèrent, ils attendaient une suite. Savoie s'exécuta.

— Ce CoolWebeur n'est pas plus Parisien que moi, et sachant où devait se rendre la fille il l'a attendue.

Brenner et Johanne hochèrent la tête de concert.

— Qu'est-ce que tu en penses ?

— Ma foi, l'idée m'est venue aussi, alors elle n'est peut-être pas si mauvaise... Reste à trouver ce type. Vous ne pouvez pas avec votre engin là ? dit-il en désignant l'ordinateur.

Brenner fit la moue.

— On peut envoyer un courrier sur sa freemail, mais pour lui dire quoi ? On risque de le rendre méfiant.

Johanne prit le relais.

— Par contre, on pourrait faire en sorte qu'il nous contacte.

Savoie haussa les sourcils en forme d'interrogation.

— Je peux me glisser dans le chat', précisa Johanne, s'il est toujours là, avec un peu de chance il s'intéressera à moi.

— Et vous pourriez le localiser ?

— Ça dépend d'un tas de paramètres, répondit Brenner.

— Oui... Ben je vous laisse opérer de ce côté... Vous avez l'adresse du ciné je suppose ?

Johanne écrivit l'adresse sur un feuillet. Savoie l'empocha et posa la main sur une pile de chemise.

— J'ai d'autres affaires en cours, alors autant m'y mettre tout de suite. Je ferai un crochet par le ciné dans l'après-midi, pis je tâcherai de rendre une visite à l'ami Chris.

Sous la lumière tamisée du sex-shop, les traits de Vince Bataglia enfoncé dans un profond fauteuil de velours rouge étaient étrangement flous. Bataglia ôta une poussière de sa chemise, l'expédia d'une pichenette dans la pièce et reporta son attention sur Chris.

— Ça a pas d'bon sens, c'est pas le genre de fun que tu peux te payer, fit-il remarquer d'une voix froide.

Vince était le patron du sex-shop, et de quelques autres choses, il connaissait du monde. Chris et lui avaient été en affaire à plusieurs reprises. Aucune des parties n'avait eu à s'en plaindre. De quoi créer des relations, mais pas des relations de confiance.

— Moi non, mais j'ai un client qui peut.

— Ah oui ?

— Oui.

Chris fit quelques pas dans la boutique fermée pour l'occasion et s'adossa au comptoir.

— À toi de voir, Vince, dit-il d'un air détaché.

— C'est tout vu. T'as de la chance d'avoir des clients comme ça, moi j'en ai pas, alors je ne peux rien pour toi.

Chris se décolla du comptoir.

— Dommage... Mais si t'entends parler de quelque chose...

— J'entendrai parler de rien.

Chris haussa les épaules et se dirigea vers la sortie. Avant de poser la main sur la poignée il pivota lentement.

— Tu ne sais pas non plus à qui je pourrais m'adresser ?

Vince se contenta de bouger la tête de gauche à droite.

— Les Rock Machine, insista Chris, y s'occuperaient pas de ça là ?

— Depuis que les flics les ont secoués en mai, bien malin celui qui peut dire de quoi les Rock s'occupent...

— Justement, ils ont peut-être d'autres activités.

Vince découvrit une nouvelle poussière sur sa chemise, qui suivit le chemin de la précédente.

— Tu sais quoi ? Va leur demander.

— Les Rock Machine, ça fait beaucoup de monde.

— Et du monde qui n'aime pas les questions.

Vince se massa la nuque et ajouta :

— Essaie *Broker.*

— Je le trouve où ?

— Y a des chances vers la station Beaudry. Si tu vois deux Santos sur un trottoir, Broker est pas loin. Tu peux pas le louper, c'est écrit *Broker* sur son cuir, et dans sa poche il en met trois comme toi.

— Pourquoi *Didou*, au fait ?

— Ma mère m'appelait comme ça quand j'étais petite, répondit Johanne. Et toi, *Gaspard* c'est quoi, ton deuxième prénom ?

— Le prénom de mon arrière-grand-père, mais c'est surtout qu'en français, enfin en argot, un *gaspard* c'est un rat. Une bestiole qui est là, qui observe, que personne ne voit. Les pseudo, c'est souvent à double détente..

— T'es le rat du chat', quoi !

— Voilà, et qui se sert d'une souris . Bon, si tu ouvrais ta hotmail, le mot de passe a dû arriver maintenant.

— *ZaY37,* confirma Johanne.

— Tu le tapes comme ça, minuscule et majuscule.

Johanne bascula sur la première page du site, elle inscrivit *Didou*, *ZaY37*, et cliqua sur le bouton *Allons discuter genti-*

ment ! Une autre page s'afficha, où des phrases de couleurs défilaient au-dessus d'un panneau de commande.

— Tu sais comment ça marche ? demanda Brenner.

— À peu près. Il a quoi de spécial ce chat' là ?

— Le pseudo des personnes connectées n'est indiqué nulle part. Tu sais si quelqu'un est là seulement s'il écrit. Tu peux choisir la couleur de tes phrases ici, tu écris là, tu envoies là, et tu effaces là. Tu peux régler le nombre des messages à l'écran et la vitesse de rafraîchissement. Mets quinze messages toutes les vingt secondes, ça devrait aller.

— Mauve, ça va comme couleur ?

— Oui, c'est mignon, mauve.

— Tu vois un pseudo connu ?

Brenner qui tenait le carnet de Sophie à la main fit non de la tête.

— J'y vais, dit Johanne en manipulant souris et clavier.

Didou : *COUCOU !*

Une douzaine de phrases suivirent.

— Sont pas pressés de répondre ! grogna Johanne.

— Il faut que quelqu'un te remarque, qu'il te réponde, et que ça s'affiche. Comme il y a du monde ça peut être long. Tiens, ça mord !

Moose3 : *Didou> salut ! A/S/V stp ?*

— Asv, c'est...

— Je sais, âge, sexe, ville.

Didou : *Moose3> Fille, 20 ans, Paris. Et toi ?*

Moose3 : *Didou> H, 27, Sept-Iles (Québec). Tu fais quoi à Paris ?*

Lobsédé : *Didou> Tu suces ?*

— Oh le con ! s'exclama Johanne.

— Laisse tomber, y en a des tas comme ça.

Johanne grommela quelque chose d'indistinct.

Didou : *Moose3> Là je suis en vacances, autrement je suis à l'université de droit.*

Lobsédé : *Didou> est-ce que tu avales, salope ?*

— Ah lui je vais me le...

— Laisse tomber je te dis, si tu commences ça va durer. C'est sûrement bon pour les nerfs mais on n'est pas venu pour ça.

— Pis c'est pas toi qui te fais insulter là, dis !

— C'est virtuel Didou, c'est virtuel. Occupe-toi plutôt de Moose3

— Tu m'appelles pas Didou s'te plaît !

— Okay...

Moose3 : *Didou> fais pas attention à Lobsédé là, l'est plus con qu'autre chose. Chuis employé à la commune de Sept-Iles. Tu connais le Québec ?*

Lobsédé : *Moose3> ta gueule la tarlouze, je t'ai pas sifflé. Tu veux te la garder pour toi la petite salope ? C'est peut-être un pédé alors ?*

— Ah une chose, si tu veux passer pour française, évite de mettre des là partout.

— Parce que je mets des là partout ?

— Oui, vous mettez des là partout, des lâ, même. Tu dis *fac* aussi, pas université. Et *puis* au lieu de *pis.*

— C'est-y que tu voudrais-tu prendre le clavier, là ? fit Johanne en exagérant son accent.

— Je pourrais me faire passer pour une femme, mais on perdrait ta perception des choses, avec ta féminité.

— Ah pour percevoir elle perçoit, ma féminité ! Lâ !

— Occupe-toi du Moose, lâlâ !

Didou : *Moose3> non, je ne connais pas le Québec, et toi, tu connais Paris ?*

Lobsédé : *Didou> alors salope, tu réponds pas ? T'es pédé ou gouine ?*

Moose3 : *Didou> un peu, chuis allé en vacances en France une fois. T'es à quelle université là ? J'ai un pote du Chat' qu'est en étude à Paris.*

Johanne tourna les yeux vers Brenner.

— Mets fac d'Assas, dit-il en épelant.

Didou : *Moose3> fac d'Assas.*

Lobsédé : *Didou> pédé facho en plus ! T'as tout pour plaire !*

— Mais qu'est-ce qu'y me dit lui là ? !

Brenner soupira.

— Oublie ce con.

Moose3 : *Didou> non, c'est pas ça, mais y doit y avoir pas mal d'universités à Paris... C'est la première fois que tu viens sur ce chat ?*

Lobsédé : *c'est trop nul ce soir, j'me casse ! Didou> salut petite pute, tu penseras à moi quand la tarlouze te léchera la chatte ! A +*

Didou : *Moose3> non, je suis déjà venue. Je cherche une cyber-copine qui est au Québec et que j'avais rencontrée ici. Malika, tu connais ?*

Moose3 : *Didou>connais pas. Elle vient souvent ?*

Didou : *Moose3> De temps en temps. Ça fait longtemps que je ne l'ai pas vue.*

Kaa : *Didou> A/S/V stp.*

— On l'a celui là ! s'exclama Brenner.

— Oui, je m'en souviens.

Didou : *Kaa> tu pourrais dire bonjour !*

— Merde, le brusque pas !

— Dis, oh, ça commence à bien faire ! J'aime la politesse, moi !

Kaa : *Didou> oui, scuze... C'est parce que j'ai vu que tu parlais de Malika. Alors, bonjour !*

— Tu vois, un peu de fermeté ne nuit pas !

Didou : *Kaa> fille, 20, Paris. Tu connais Malika ?*

Moose3 : *Didou/Kaa> bon, ben j'vous laisse...*

Kaa : *Didou> oui, on discutait souvent. Mais ça fait un moment que je l'ai pas vue.*

Didou : *Moose3> salut, A+*

Kaa : *Moose3> ciao !*

Didou : *Kaa> dommage, elle est sympa.*

Kaa : *Didou> oui. Mais elle faisait ses études au Québec. Comme c'est les vacances, elle a dû rentrer en France. Elle n'a peut-être plus d'accès Internet.*

Didou : *Kaa> c'est peut-être ça...*

Kaa : *Didou> fais une annonce.*

Didou : *Kaa> une annonce ?? Comment ?*

Kaa : *Didou>comme ça : OH ! Y A QUELQU'UN QUI A VU MALIKA ?*

Quelques réponses firent écho, négatives.

Didou : *Kaa> c'est pas le succès, mais merci quand même !*

Kaa : *Didou> de rien, c'est toujours un plaisir d'aider une dame ! Tu disais que tu venais souvent, moi aussi, mais je ne me souviens pas de ton pseudo.*

Didou : *Kaa> parce que j'en ai changé.*

Kaa : *Didou> pourquoi, t'avais oublié le password ?*

Didou : *Kaa> non, j'ai eu des problèmes. Avec un con du genre Lobsédé.*

Kaa : *Didou> ok, je vois. C'est vrai qu'ils sont pénibles. Le mieux c'est de les ignorer, ils finissent par se casser.*

Didou : *Kaa> je sais, mais parfois ça démange de répondre !*

Kaa : *Didou> j'imagine ! Et toi, tu te souviens de moi ?*

Brenner présenta le carnet ouvert à la bonne page.

Didou : *Kaa> eh oui ! Par exemple : tu as 22 ans et tu es Suisse, c'est bien ça ?*

Kaa : *Didou> gagné !*

CoolWebeur : *Salut a vous, Joyeux Chatteurs !*

Kaa : *Cool> salut à toi ! T'arrives ou tu espionnais ?*

Didou : *Cool> bonjour.*

CoolWebeur : *Kaa> j'arrive ! Tu me connais, j'espionne jamais, c'est pas mon genre.*

Kaa : *Cool> c'est vrai. Alors, quoi de neuf à Paname ?*

CoolWebeur : *Didou> salut, A/S/V ? Kaa > bah, rien de neuf, la routine, le boulot, et un peu de chat', heureusement !*

Didou : *Cool> fille 20 ans Paris.*

Kaa : *Cool> oui t'as raison, le chat' c'est une drogue !*

CoolWebeur : *Didou> super ça, et tu fais quoi à Paris ? Kaa> à qui le dis-tu !*

Didou : *Cool> je suis en fac de droit. À Assas.*

Kaa : *Cool> ouais, et le vaccin c'est la facture de téléphone !*

CoolWebeur : *Didou> et quand tu seras grande tu seras avocate. Kaa> te plains pas, t'es Suisse ! Tu n'as jamais reçu une facture France Télécom, tu ne connais pas la vraie souffrance !...*

Didou : *Cool> j'espère, mais je ne sais pas si je pourrai.*

Kaa : *Cool> c'est quand que tu viens vivre à Lausanne ?*

CoolWebeur : *Kaa> demain si je pouvais ! Didou> mais si mais si, tu seras avocat comme papa. Ou maman...*

Didou : *Cool> pourquoi tu me dis ça ? Tu as qqchose contre les avocats ?*

CoolWebeur : *Didou> t'es gentille...*

Kaa : *Cool> soit cool avec Didou, c'est une copine de Malika.*

CoolWebeur : *Didou> c'est vrai ça ?*

Didou : *Cool> ben oui c'est vrai.*

CoolWebeur : *Didou> bon, scuze moi. J'ai rien contre les avocats, mais les gens d'Assas c'est pas ma tasse de thé. Et puis des Parisiennes y en a plein ma rue, alors je ne cours pas après sur le chat. Tu n'es pas vexée ? Comment va Malika ?*

Didou : *Cool> non, pas vexée. Tu sais, les gens d'Assas ne sont peut-être pas tous pareils. Malika justement je la cherche, ça fait longtemps que je ne l'ai pas vu. Et toi ?*

CoolWebeur : *Didou>un moment aussi, mais depuis les vacances elle a dû quitter le Québec, et elle n'a pas Internet chez elle, ses vieux sont pas des marrants. Pour Assas, t'as sans doute raison, mais j'ai pas envie de trier, c'est dommage... Kaa> bon, t'en es où de ta page perso ?*

Kaa : *Cool> ça avance ça avance, j'ai encore quelques pb avec l'Html mais je vais m'en sortir.*

CoolWebeur : *Kaa> tu devrais essayer le Java.*

Kaa : *Cool> attends, j'essaie de maîtriser le langage Html ! Je me frotterai au Java plus tard !*

CoolWebeur : *Kaa> y faut, Java c'est l'avenir.*

— De quoi parlent-ils ? demanda Johanne.

— De programmation Web.

Didou : *Cool> tu fais de la programmation ?*

CoolWebeur : *Didou> non, du parachute ascensionnel !*

Kaa : *Cool> 'tain, t'es dur avec elle !*

Didou : *Cool> ça va j'ai compris ! Salut ! Tu devrais changer de pseudo, « Cool » ça te va pas très bien !*

CoolWebeur : *Kaa> c'est vrai, mais bon, c'est plus fort que moi : les filles à pap' ça me fatigue !*

Kaa : *Didou> salut, A+.*

Johanne retint un mouvement d'humeur.

— Tu parles d'une prise de contact ! C'était pas une bonne idée ton Assas !

— On dirait... Parisienne non plus, c'était pas une bonne idée.

— Et on fait quoi maintenant ?

Brenner haussa les épaules.

— Tu prends un autre pseudo et on recommence.

Johanne bascula sur l'écran d'inscription et cliqua sur le bouton *Enregistrez-vous !*

— Quel pseudo je prends ?

— *Johanne*, c'est pas mal.

Elle pianota le clavier, l'écran renvoya un message d'erreur noir sur fond gris.

— Il y en a déjà une... Je vais essayer *JohanneD*.

— Ça marche, plus qu'à recevoir le mot de passe.

— Faudrait peut-être me déterminer une personnalité ? T'en dirais quoi d'une Montréalaise de 25 ans ?

— Pas pire !

— Tabarnak Brenner ! Tu vois-tu qu'on parle la même langue !

— Clairement ! Et elle ferait quoi cette Montréalaise lâ ?

— Ben elle serait agente d'une assurance, comme gestionnaire de sinistres à la Générale du Québec. J'ai fait un peu de droit des assurances, pis j'ai froissé mon char plus d'un coup, ça devrait coller.

— Il la faudrait un peu dépressive. Si CoolWebeur se prend pour la Macha Béranger du Net, autant lui fournir des éléments.

— La quoi ?

— Une sorte de psychologue, à la radio.

— Ah okay... ben ça te déprimerait pas toi de travailler dans les assurances ?

Brenner approuva d'une grimace, et ajouta :

— Faut te trouver un passe-temps aussi.

— Mmm... Je peux essayer le ciné, mais je ne sais pas si je serais à la hauteur. J'ai bien aimé *Contact*, moi.

— On a les fiches de Sophie...

— Sûr, mais j'en ai pas vu la moitié. Les films français, ça jase, ça jase, et moi ça me fatigue.

Brenner fit une nouvelle grimace.

— Oui... Rohmer, ça jase, ça, on peut pas dire le contraire... Et côté bouquins ?

— Un peu.

— Quel genre ?

— Michel Tremblay.

— Va pour Michel Tremblay. Sinon tu fais quoi le soir en rentrant ?

— Je... Rien !

Elle avait répondu sèchement, Brenner décida de ne pas insister.

— Si Tremblay ne l'accroche pas, improvise, dit-il.

L'ouvreuse observait la photo que lui montrait Savoie, un plis de réflexion lui barrait le front et elle triturait la manche de son uniforme bleu.

— Non, dit-elle enfin. Mais je fais le job que pour l'été, alors je l'ai seulement jamais vue. Vaudrait mieux demander à la caissière.

— Elle est ici présentement ?

— Bien sûr, viens-t'en avec moi.

Savoie suivit la jeune fille le long d'un couloir, jusqu'à une pièce dont elle poussa la porte entrouverte. Assise derrière un bureau, une femme entre deux âges comptait et agrafait des talons de tickets. L'ouvreuse fit les présentations. La caissière ne regarda qu'à peine la photo A4.

— Bien sûr que je la connais. C'est une Française, une habituée. Qu'est-ce qu'elle a fait ?

— Elle n'a rien fait, mais sa famille est sans nouvelles depuis six ou sept semaines environ.

— Oh...

La caissière reprit la photo en main.

— Ça fait longtemps que je ne l'ai pas vu non plus, six ou sept semaines sûrement. Je pensais qu'elle était retournée chez elle.

— D'après nos renseignements, elle serait venue la dernière fois pour *Shitty day in paradise.*

La caissière ouvrit un tiroir de son bureau et en tira un programme dont elle tourna les pages.

— C'est ça, huit semaines. Il me semble qu'elle est venue pour ce film-là.

— Vous n'avez rien remarqué de spécial ? Quelqu'un avec elle ? Ou qui l'aurait attendue à la sortie ? Ou une chicane ?

— Non... Mais quand je dis je la connais, je veux dire que comme elle vient souvent je connais son visage. Sinon, je n'ai jamais beaucoup parlé avec. J'ai des clients qui aiment bien jaser un peu des films, mais pas elle. Je me souviens de l'avoir vue une ou deux fois avec une amie, une Européenne, c'est tout. Pis pour la sortie, vous savez, soit c'est la dernière séance et à ce moment là je suis dans les comptes, soit il y a une autre séance et là je suis occupée avec ceux qui entrent. En tout cas, des chicanes ça fait longtemps qu'on en a pas eu icite. C'est pas un cinéma pour ça là, nos clients sont des cinéphiles, pas des chicaneurs.

— Bon... Savez-vous qui était l'ouvreuse à l'époque et où je peux la joindre ?

— Sûr, c'était Léocadie – elle inscrivit quelques lignes sur une feuille. Voilà son adresse et son téléphone. Elle est en vacances, alors je ne sais pas si elle sera chez elle.

— Merci, je vais vérifier, dit Savoie en posant une carte de visite sur le bureau. Si vous repensez à quelque chose, n'hésitez pas à m'appeler.

11

Chris avait repéré une Santo-Domingo. Mais pas la seconde, elle devait être en main. Il avait aussi repéré Broker. Difficile de le manquer...

Bâti comme un Viking, barbe et cheveux compris, veste de combat de cuir noir cloutée avec *Broker* en gothique dans le dos, il était assis sur sa 1340 FLT, un genou replié sur le réservoir, l'autre jambe tendue, éperon de la botte planté dans le bitume. Modèle étoile.

En s'approchant, Chris avait remarqué une cicatrice sur la joue du Rock Machine. Pastille mâchée rose bonbon ou la barbe blonde n'accrochait plus, comme si une balle était passé. La voix de Broker donnait l'impression que la balle était toujours quelque part entre ses dents. Mais le Rock Machine l'avait écouté sans sourciller. Puis il avait tiré de sa poche une chaîne au bout de laquelle pendait la clef de la Harley. Clef qu'il avait observée comme si elle recélait un grand mystère.

Il l'observait toujours. Depuis deux minutes au moins. Et soudain la fit sauter dans sa main et la rempocha.

— Écoute gars, je sais pas de quoi tu parles. Mais si un jour je le sais, je viendrai te le dire.

Fin de conversation. Le ton était sans appel. Chris hocha la tête, fit demi-tour et s'éloigna.

Il sentit le regard du Rock Machine sur ses épaules. Mais ne se retourna pas.

JohanneD : *Cool> Fille 25 Montréal, et toi ?*
CoolWebeur : *Johanne> H 38 Paris, ça va à Montréal ?*
JohanneD : *Cool> ben, c'est pas trop l'fun...*
CoolWebeur : *Johanne> qu'est-ce qui ne vas pas, ton boulot, ta vie ?*

JohanneD : *Cool> un peu les deux. Le boulot c'est moyen, pis le soir en rentrant, ben c'est moyen aussi...*

CoolWebeur : *JohanneD> Tu fais quoi comme boulot ?*

JohanneD : *Cool> Je bosse à la Générale du Québec, aux sinistres automobile. Y en a qui comptent les moutons, moi je compte les ailes de char... Tu vois-tu l'fun là-dedans !*

CoolWebeur : *Johanne> ça ne doit pas être passionnant, en effet... Tu sais, c'est drôle mais... j'ai l'impression d'entendre ton accent.*

JohanneD : *Cool> Et y te fait rire mon accent, tu le trouves plate ?*

CoolWebeur : *Johanne> Au contraire, je le trouve charmant.*

JohanneD : *Cool> Merci. Tu sais, moi aussi j'ai l'impression d'entendre le tien. Et ça fait comme si je retournais à l'école !*

CoolWebeur : *Johanne> ça pour le coup, ça doit être « plate » !*

JohanneD : *Cool> Non non, j'aimais bien l'école ! :-)*

CoolWebeur : *Johanne> eh bien tu vois, tu arrives à sourire ! :-))*

JohanneD : *Cool> Je crois que c'est pour ça que je chatte.*

CoolWebeur : *Johanne> tu as raison, au chat' le spleen ne résiste pas ! Tu disais que le soir c'était moyen, pourtant on doit s'amuser à Montréal, non ?*

— Essaie de lui poser des questions sur lui, sur Paris, qu'on sache d'où il est vraiment.

— Eh oh, je fais ce que je peux !

JohanneD : *Cool> Je reste pas à Mtl même mais en banlieue. Alors faudrait que je reprenne mon char, et j'en n' ai pas trop envie.*

CoolWebeur : *Johanne> tu devrais te forcer un peu, non ? Il y a pas mal de ciné à Mtl, et des festivals. Ça doit être sympa.*

JohanneD : *Cool> oui, mais pour ça y faut des amis. Et j'en n'ai pas beaucoup. Pis tu sais, c'est dispendieux ces choses-là, et j'ai rien trop de $. Ce job-là d'assurance, c'est que pour l'été. Quand les vacances de la construction seront finies, celle-là que je remplace va s'en revenir. Et moi faudra que je trouve autre chose. J'ai toujours trouvé, mais on peut jamais être sûr à la fin.*

CoolWebeur : *Johanne> Okay je comprends. J'ai connu ça* *aussi, les petits boulots, l'incertitude... Mais bon, ça a fini par s'améliorer, faut pas se décourager.*

— Profites-en pour le faire parler de lui !

— Dis ! Tu veux le clavier ?

JohanneD : *Cool> Tu as raison... Mais si tu savais comme j'en ai marre de cette vie-là parfois... J'ai l'impression que j'en verrai jamais le bout. Heureusement qu'où je reste je paye pas de loyer, sinon j'aurais de la misère des fois.*

CoolWebeur : *Johanne> tu vis chez tes parents ?*

JohanneD : *Cool> je vis dans leur maison, mais eux ne sont plus là. Maintenant c'est la mienne.*

CoolWebeur : *Johanne> Oh, excuse-moi.*

JohanneD : *Cool> y a pas de dommage, tu pouvais pas savoir. Pis maintenant je m'y suis faite, c'est comme ça... Et toi tu fais quoi à Paris ?*

CoolWebeur : *Johanne> Je développe des logiciels, je les vends et j'en assure la maintenance. Je travaille à la maison le plus souvent.*

JohanneD : *Cool> tu as de la chance...*

CoolWebeur : *Johanne> Je ne me plains pas, ça paye un peu, et ça me laisse du temps pour vivre...*

JohanneD : *Cool> Et elle est belle ta maison ?*

CoolWebeur : *Johanne> je dis maison mais c'est un appartement. Il n'est pas trop mal, pas très grand, mais bien aménagé.*

JohanneD : *Cool> À Paris même ?*

CoolWebeur : *Johanne> Oui, près de la Place Clichy. C'est un quartier animé. Tu connais ?*

JohanneD : *Cool> non, je ne suis jamais allée en Europe. Et toi, tu connais le Québec ?*

CoolWebeur : *Johanne> Je n'y suis jamais allé. Mais il y a beaucoup de Québécois(es) sur le net, alors à force j'ai l'impression de connaître un peu ! Et de comprendre le québécois ! Ça a l'air d'un chouette pays.*

JohanneD : *Cool> Oui... en ce moment peut-être... sinon pendant des mois tout est gelé, gris, pis on patauge dans la sloche... Moi je ne trouve pas ça très chouette... La vie à Paris ça doit être autre chose...*

CoolWebeur : *Johanne> La vie à Paris n'est pas mal, mais la vie, tu sais, n'est jamais que celle qu'on se bâtit. Si tu restes chez* *toi, seule, à brasser des idées noires, rien d'étonnant que ce soit pas l'fun...*

JohanneD : *Cool> oh mais je ne fais pas que brasser des idées noires chez moi, même si je suis seule.*

CoolWebeur : *Johanne> Et que fais-tu de beau ?*

JohanneD : *Cool> Je regarde la télé quand il y a des reportages intéressant, je lis aussi.*

CoolWebeur : *Johanne> Moi aussi je bouquine beaucoup. Tu lis quoi ?*

JohanneD : *Cool> J'aime bien Michel Tremblay. Tu connais ?*

CoolWebeur : *Johanne> Je connais parce que je vois souvent les Québécois en parler sur le Web, mais je ne l'ai jamais lu.*

JohanneD : *Cool> Il est célèbre ici. Tremblay utilise beaucoup d'expressions québécoises, alors ce n'est peut-être pas très facile pour un Français, mais tu devrais essayer, c'est vraiment bien.*

CoolWebeur : *Johanne> Promis, j'essaierai, et s'il y a des mots que je ne comprends pas, je te demanderai, d'accord ?*

JohanneD : *Cool> D'accord !*

CoolWebeur : *Johanne> Super ! Et autrement, tu lis quoi ?*

JohanneD : *Cool> Un peu de tout. Mais ce qui m'occupe le plus c'est... la peinture.*

CoolWebeur : *Johanne> C'est vrai ? Tu peins ?*

JohanneD : *Cool> Oui. Aquarelle et gouache.*

CoolWebeur : *Johanne> Mais c'est génial ça !*

Savoie entra dans le bureau, ses deux collègues rivés à l'écran ne lui accordèrent qu'un rapide coup d'œil.

— Ça a l'air passionnant ! dit-il en s'approchant.

— Johanne chatte avec CoolWebeur.

— Et qu'est-ce que ça donne ?

— Pour l'instant elle le met en confiance.

— Bon... ben je vais pas vous déranger... Je vais faire un tour aux *Foufounes* voir si le Chris est dans le coin. Vous en avez pour longtemps ?

— Zut ! s'exclama Johanne. Je me suis trompée !

— On ne sait jamais trop, mais ça peut durer, oui.

— Okay, dit Savoie, si j'apprends quelque chose je repasse, sinon à demain. Vous avez remarqué qu'il faisait nuit ?

— Mmm ? firent en chœur Éric et Johanne.

Savoie se pencha pour examiner l'écran et posa le doigt sur une ligne.

— C'est un pseudonyme ça ?

— Oui.

— *Sauvez-un-arbre-mangez-un-castor !* s'esclaffa Savoie, y en a qu'ont peur de rien !

CoolWebeur : *Johanne> tu es toujours là ?*

JohanneD : *Cool> oui ! Je me suis trompée ! J'ai cliqué sur effacer au lieu d'envoi ! Deux fois ! Et puis j'ai manqué ta dernière phrase...*

— Je vous laisse, dit Savoie, à plus tard.

— À plus tard Luc.

CoolWebeur : *Johanne> c'est pas grave ! Quand il y a beaucoup de monde ça devient difficile à suivre. Je te demandais si tu avais suivi des cours, de dessin ou de peinture.*

Savoie referma la porte du bureau sans bruit, et dans le couloir s'esclaffa encore : Sauvez un arbre mangez un castor !

JohanneD : *Cool> non, jamais. Je peins depuis toute petite, c'est... naturel.*

CoolWebeur : *Johanne> c'est encore plus génial !*

JohanneD : *Cool> tu trouves ?*

CoolWebeur : *Johanne> Vraiment oui. C'est quelque chose que j'aurais toujours aimé faire. J'ai essayé, mais, pfff ! Le résultat est à hurler de rire... Tu peins d'après photos ou sur modèle ?*

JohanneD : *Cool> ni l'un ni l'autre. De mémoire. Je me promène, quand je vois qq chose qui me plaît, je m'arrête et j'observe. Il y a des endroits formidables ici, près du St-Laurent. Et plus tard, chez moi, je le peins. Ça ne ressemble pas toujours à la réalité, mais ça ressemble à mes souvenirs...*

CoolWebeur : *Johanne> Tu me fais envie... Tu exposes tes tableaux, tu en vends ?*

JohanneD : *Cool> Mon dieu non ! C'est le rêve ça ! Mais ce n'est pas pour moi ! Une ou deux fois j'ai donné des aquarelles à des amis, et quand je suis passé chez eux ensuite, elles étaient toujours dans des coins ou on ne risquait pas de les voir... Maintenant je les garde pour moi, de toute façon c'est pour moi que je peins, alors...*

CoolWebeur : *Johanne> Tu devrais changer d'amis !*

JohanneD : *Cool> ahahaha ! C'est ce que j'ai fait, pour d'autres raisons, mais c'est ce que j'ai fait ! Du coup je n'ai plus personne à qui offrir mes peintures... comme ça le problème est réglé !*

CoolWebeur : *Johanne> Tu dis qu'exposer n'est pas pour toi, mais as-tu essayé au moins ?*

JohanneD : *Cool> Non.*

CoolWebeur : *Johanne> Eh bien alors !*

JohanneD : *Cool> Je n'oserai jamais...*

CoolWebeur : *Johanne> Qu'as-tu à perdre ? En ce moment personne ne voit ton travail, au pire tu ne trouves personne pour exposer tes toiles, personne ne verra ton travail, et rien ne sera changé. Mais si tu trouves qq'un, ça pourrait t'aider à supporter les ailes de char, tu ne crois pas ?*

JohanneD : *Cool> Peut-être... Mais ça m'aide déjà beaucoup... Et tant qu'on ne m'a pas dit le contraire, je peux conserver l'espoir que ce que je fais est bien... La réalité tu sais, je n'ai pas grande envie de la connaître.*

CoolWebeur : *Johanne> La réalité finira toujours par te rattraper, alors essaie de la provoquer. Si je ne m'étais pas lancé un jour, avec mes logiciels, j'irais toujours d'Agences pour l'emploi en bureaux d'intérim. Après les gens te disent que tu as eu de la chance, avant ils te disaient que tu rêvais éveillé... alors si tu les écoutes... Ce qui est sûr, c'est que si tu as un talent personne ne te le prendra jamais.*

JohanneD : *Cool> Oui, mais je ne suis pas très sûre d'en avoir...*

CoolWebeur : *Johanne> Tu peins naturellement, c'est donc que tu es sincère. Et la sincérité est quelque chose d'assez rare pour être en elle-même remarquable.*

Brenner se leva d'un bond.

— J'ai une idée ! Demande-lui le temps qu'il fait !

— Quoi ? fit Johanne en le considérant avec des yeux ronds.

— Le temps ! La météo ! S'il pleut, s'il fait soleil, tout ça.

— Ben oui mais... on n'en prenait pas tellement le chemin là...

— Débrouille-toi !

Brenner sortit un carnet de sa poche, se précipita sur un téléphone et composa un numéro.

JohanneD : *Cool> tu as peut-être raison... Il faut que je réfléchisse à tout ça.*

CoolWebeur : *Johanne> oui, mais pas trop ! À trop réfléchir on reste sur place !*

Brenner tapait du pied. Ça sonnait et personne ne décrochait. Enfin il y eut un déclic à l'autre bout, et une voix ensommeillée à laquelle il ne laissa guère placer plus de trois mots.

— Police Judiciaire, Quai des Orf...

JohanneD : *Cool> Je réfléchirai vite, promis !*

— Commissaire Brenner à l'appareil, est-ce que le commissaire Crescent est de permanence s'il vous plaît ?

CoolWebeur : *Johanne> J'y compte bien ! On en reparle demain ?*

— Je vous entends mal ! Commissaire Brenner ?

— Mince ! On dirait qu'il veut partir ! s'écria Johanne.

— Retiens-le cinq minutes ! dit Brenner en masquant son téléphone du plat de la main. Puis en le découvrant :

— Oui, Bre-nner, je vous appelle de Montréal, le décalage est dû au satellite. Si Crescent est là passez-le moi, c'est urgent !

Séries de déclics, puis de nouveau sonneries.

JohanneD : *Cool> tu t'en vas ?*

CoolWebeur : *Johanne> Oui, il est près de 3 h du matin et ma femme va faire la tête !*

JohanneD : *Cool> tu es marié ?*

CoolWebeur : *Johanne> oui, nous avons un fil de 5 ans, Guillaume.*

— Crescent à l'appareil !

— Salut c'est Brenner ! Excuse, je n'ai pas le temps de t'expliquer, mais...

— Brenner ? Comment vas-tu vieux ! Tu es où ?

JohanneD : *Cool> je comprends qu'elle n'ait pas envie de te voir toute la nuit planté devant l'écran !*

— À Montréal. J'ai juste besoin de savoir le temps qu'il fait à Paris maintenant.

CoolWebeur : *Johanne> Oh tu sais, parfois c'est elle qui y reste des heures ! Et moi qui fait la tête !*

— Quoi ! Le temps ? C'est une blague ?

— Non, je t'assure, c'est très important. Je ne peux pas t'expliquer tout de suite, mais si tu pouvais aller à la fenêtre et me dire le temps qu'il fait ça me dépannerait vraiment.

***JohanneD :** Cool> ahahah ! Chacun son tour, c'est normal ! Et bien moi je vais aller peindre un petit peu. Ou alors regarder la lune. La nuit est superbe ce soir. Chez toi aussi ?*

***CoolWebeur :** Johanne> oui, ici aussi. Sans nuage, pas trop chaude, une belle nuit de juillet.*

— Pas besoin d'aller à la fenêtre ! Un orage nous a tourné autour toute la journée, depuis une heure il nous a trouvé ! Il pleut comme vache qui pisse et ça pète dans tous les sens. On se croirait en août ! La flotte monte vilain, les pompiers ont commencé d'intervenir. Ça te va comme ça ?

***JohanneD :** Cool> nous ça ne dure que deux mois, alors il faut en profiter...*

— Tu déconnes pas ? C'est sur tout Paris comme ça ?

— Oh oui sur tout Paris, et je ne déconne pas, tu as l'air trop sérieux.

— Bon parfait, merci. Je te rappelle dès que possible pour t'expliquer.

— J'aimerais assez !

Brenner raccrocha et lut les lignes affichées à l'écran.

— Alors ? demanda Johanne.

— Alors il s'est trompé de Paris !

***CoolWebeur :** Johanne> profites-en bien. On se retrouve demain ?*

***JohanneD :** Cool> volontiers, ça m'a fait plaisir de parler avec toi.*

***CoolWebeur :** Johanne> moi aussi, vraiment. Tu connais ICK ?*

***JohanneD :** Cool> non, qu'est-ce que c'est ?*

***CoolWebeur :** Johanne> Un système de Chat où l'on peut discuter en privé. C'est plus pratique qu'ici pour suivre une conversation. Et puis tu sais quand ton correspondant est connecté, son pseudo change de couleur sur le panneau de commande.*

***JohanneD :** Cool> ça doit être bien, mais je l'ai pas ce logiciel-là.*

***CoolWebeur :** Johanne> tu peux le télécharger gratuitement à : www.hearthlink.com C'est très facile d'utilisation. J'ai le même pseudo dessus.*

JohanneD : *Cool> d'accord, j'ai noté, je vais essayer.*
CoolWebeur : *Johanne> Alors à demain. Bonne nuit.*
JohanneD : *Cool> Bonne nuit. Et merci.*

Rencogné contre un mur, Chris suivait Savoie du regard. Le flic ne l'avait pas vu, il attendit une bière au comptoir en lui tournant le dos, puis retourna s'asseoir en salle. À deux tables de Broker. Le Rock Machine était là depuis une heure, liquidant Bleue sur Bleue. Il ne lui avait pas adressé la parole ni fait le moindre signe. À deux ou trois reprises Chris s'était senti observé, mais avec les lunettes noires que portait Broker...

Quoi qu'il en soit, ce n'était pas le moment que le flic l'aborde. Il fila vers les toilettes.

Savoie vit une fille arriver vers lui. La même que l'autre soir. Elle n'avait pas changé de vêtements, ou en possédait une collection identique. Tyna se laissa tomber sur la banquette à ses côtés.

— Tu payes à boire toi ?

Savoie prit la canette qu'il n'avait pas touchée et la posa devant elle en frappant le cul de la bouteille sur la table. Un peu de mousse s'échappa du goulot.

— Oué t'es cool toé !

Elle avala une longue rasade, et en même temps s'appuya contre lui et posa sa main sur sa cuisse. Savoie lui saisit le poignet et le ramena sur la table.

La fille gloussa.

— Eh ! si t'aimes pas t'es pas pour autant obligé de me faire mal !

Elle sentait la sueur, l'alcool et le hasch. Savoie lâcha son poignet. Elle resta collé à lui, la cuisse pressée contre la sienne.

— C'est Chris qui m'envoie, dit-elle en reposant sa main.

— Enlève ta main de là et dit ce que t'as à dire.

Elle ignora la première partie de l'ordre.

— Y dit qu'il vaudrait mieux pas que vous vous voyez ce soir. Y a des gens icite qui pourraient trouver ça bizarre, ça pourrait être dangereux.

— Quels gens ?

— Je sais pas.

D'une main Savoie lui entoura le cou.

— Enlève tes doigts ou je vais vraiment te faire mal.

Il serra un peu. Elle obéit, et gloussa de nouveau.

— C'est con, ça commençait à te faire de l'effet ! C'est rare les vieux qui profitent pas de leur chance.

Savoie approcha son visage du sien, à quelques centimètres. Elle dodelina de la tête, les pupilles mangeaient la quasi-totalité des iris. Complètement pétée, pensa le policier. Il serra plus fort sa nuque, vaguement écœuré, elle transpirait sous ses doigts et se tortilla pour se libérer.

— Quels gens ? dit-il d'une voix sourde.

— Je suis pas sûre... Le gros Rock là, à côté, je crois. Chris m'a aussi dit de dire qu'il pensait toujours à votre affaire, qu'il s'en occupait, que fallait pas vous inquiéter.

Savoie relâcha la pression.

— Finis ta bière et tasse-toi.

Elle avala la bouteille en deux goulées, et avant de se lever lui tapota la cuisse.

— T'as pas quèqu' piastres pour faire vrai ?

— Pour les flics c'est gratuit, tu sais pas ça ?

Elle éclata d'un rire mal assuré.

— Ouais, scuze, chu pas mal stone tu sais.

Savoie sortit un billet de sa poche, lui posa dans le creux de la main et replia ses doigts dessus.

— Par contre tu serais gentille de me ramener une Bleue.

— Pis quoi encore !

— Une Bleue, c'est tout. Tu garderas la monnaie.

Elle haussa les épaules et quitta la banquette. Savoie jeta un coup d'œil de biais aux tables voisines. Les lunettes noires du Rock Machine étaient braquées sur lui.

La fille revint, une canette dans chaque main. Elle en claqua une sur la table et s'éloigna aussitôt, avec un petit geste d'adieu. La mousse déborda. Savoie soupira, évacua la mousse et porta le goulot à ses lèvres.

Le Rock Machine l'observait toujours. Il rota longuement. La techno couvrit le son, Savoie n'eut que l'image. Broker avait une dent en or.

Johanne se massa longuement les tempes et soupira.

— Okay, il n'est pas Parisien, mais ça ne montre pas qu'il est Québécois...

— Non, mais tout de même, quel changement d'attitude entre Didou et Johanne.

— Sa femme lui interdit peut-être de parler aux Françaises !

— S'il a une femme... C'est peut-être parce que Didou a mentionné Malika.

— Il était désagréable avant que je la mentionne.

— Il pouvait observer le chat' depuis un moment...

Johanne se massa de nouveau les tempes.

— On ne peut rien savoir, quoi. C'est pénible... En plus j'ai mal à la tête...

— Tu veux une aspirine ? J'en ai sur moi.

— Non, merci, ça ira. Tu te promènes avec de l'aspirine ?

— Oui, je suis sujet aux migraines. C'est de famille paraît-il.

— C'est pas fun ça... N'empêche, je suis sûre que Cool est Français. Il n'écrit pas comme un Québécois.

— Ça, ça doit pouvoir se dissimuler.

— Sur une aussi longue conversation, ça m'étonnerait. Fais-moi confiance, ce type est Français. Ou Suisse ou Belge...

— Suisse ou Belge, je ne pense pas... Okay, disons qu'il est Français, ce n'est pas pour cela qu'il habite en France... Et si ça se trouve c'est une femme !

— Pfff...

— Comme tu dis ! Mais une femme je n'y crois pas trop. On recommencera demain, plus vous serez intimes, moins il sera méfiant. Tu as déjà bien joué, continue et il finira par lâcher quelque chose.

— Je n'ai pas tant joué que ça.

Brenner la considéra avec surprise. Elle eut un bref sourire, à peine esquissé.

— Voilà deux ans que j'ai perdu mes parents.

— Je ne savais pas. Tu ne me l'avais pas dit.

— Tu ne me l'avais pas demandé.

Brenner baissa les yeux et fit mine d'arranger une feuille sur le bureau.

— C'est vrai... et pour le reste ?

— Le reste... Avant d'entrer au SPCUM j'ai pas mal galéré, oui. Et je peins depuis que je suis toute petite, aussi. J'ai fait plus de confidences à ce type en quelques heures qu'à toi en quelques jours. Et pourtant je n'ai pas couché avec lui. Ça t'étonne ?

— Non, les conditions...

— Moi non plus ça ne m'étonne pas. T'es pas mon premier chum tu sais. Et c'est drôle à quel point vous pouvez être identiques, prévisibles.

Elle le regardait mais Brenner eut l'impression qu'elle ne le voyait pas.

— Bah ! c'est comme ça, murmura-t-elle en haussant les épaules.

Il s'approcha et lui caressa la joue. De la joue sa main glissa sous les cheveux. Il l'embrassa, elle se laissa aller contre lui, puis doucement se dégagea.

— Il serait temps qu'on aille dîner, non ? dit-il d'une voix enrouée.

— Je n'ai pas faim, et puis je n'ai pas la forme, je préfère rentrer me coucher. Je te dépose au Travelodge ?

Brenner consulta sa montre.

— Non, je trouverai bien à grignoter dans le quartier chinois.

Johanne approuva d'un hochement de tête et fit le tour du bureau pour éteindre l'ordinateur. Elle resta quelques secondes à fixer l'écran noir, puis tourna les yeux vers Brenner.

— Il n'existe pas un moyen technique de localiser Cool-Webeur ?

Brenner s'assit sur le bureau et laissa pendre ses jambes.

— En théorie aucun système n'est impénétrable, à condition de disposer du logiciel adéquat. Pour nous, l'essentiel du problème ne serait pas les protections, le réseau Internet n'est pas particulièrement sécurisé, il viendrait du nombre de relais possibles, de la masse considérable de données, et surtout du fait que nous n'en connaissons pas l'origine précise. Un programme capable d'effectuer les opérations et les comparaisons nécessaires à une vitesse suffisante est un programme très lourd, je ne sais pas si vous en disposez, et même si vous en disposiez, il ne tournerait pas sur une bécane de ce type.

Brenner tapota l'ordinateur du bout du doigt et ajouta :

— Reste aussi que tout ça obéit plus ou moins aux mêmes lois que les écoutes téléphoniques...

Johanne eut un geste d'impuissance.

— Pour le programme, je n'ai aucune idée, il faudra demander au Central demain. Pour les écoutes... ce n'est pas très encourageant... on verra ce qu'en pense Luc.

— Okay. De toute façon, même si on trouve un moyen, ça ne nous dispensera pas de chat'. Si on veut le pister il faut qu'il parle.

Johanne récupéra son sac à main posé près du fauteuil et le suspendit à son épaule.

— Ça ne me gêne pas.

Broker s'étira et la banquette gémit. Le flic était parti. Il savait que c'était un flic, il n'en savait pas beaucoup plus sur son compte, mais que c'était un flic, ça, il savait. Il est des choses qu'il vaut mieux ne pas ignorer.

La petite pute, elle, dansait toujours.

— Hi, Broker !

— Hi, Vince !

Le patron du sex-shop se laissa choir sur la banquette.

— Je peux ? demanda-t-il en montrant une canette.

Broker acquiesça d'un mouvement de tête imperceptible.

— Dis-moi, Vince, le petit con que tu m'as envoyé, c'est quoi ?

— Chris ? Un mec qui vend de tout, en free-lance, y se démerde, came, porno...

— Renseignements ?

Vince fit la moue.

— Renseignements aussi, sûrement. Comme il l'avait l'air d'avoir envie de vous voir, je me suis dit que ce ne serait pas plus mal de te l'envoyer en te prévenant. J'ai eu tort ?

Broker observa un silence, comme une réflexion.

— C'est toujours mieux de voir arriver. Mais nous n'avons pas l'article qu'il cherche.

— Et même si vous aviez je ne tiendrais pas à le savoir. Je suis un honnête commerçant, en règle, qui paie sa patente, tout ça.

Broker ricana.

— Nous aussi. Sauf la patente, on a du retard... Son client là, t'en penses quoi ?

Vince prit une longue inspiration.

— Très surprenant, mais ce n'est pas mon domaine. Et puis ce petit con m'a parfois débarrassé de came que je voyais mal barrée, il est malin.

— Y avait un flic du SPCUM là, tout à l'heure, à deux tables.

— Y en a souvent. C'est un lieu public. Lequel ?

— Je ne le connais pas personnellement. Nous, les flics, sans lance-roquettes y nous attaquent rarement. En civil, la cinquantaine, grand comme toi, plus large, cheveux bruns, dégarni sur le devant, moustache. Il tire un peu la patte, la gauche.

— Je crois que je vois, c'est un enquêteur de la Brigade Moralité, Luc Savoie. Avant il faisait la patrouille. Je n'ai jamais cherché d'arrangements avec lui.

— Il a bien une tronche de patrouilleur. Tu vois la petite pute là-bas ?

Vince tourna la tête vers la piste de danse.

— Laquelle ?

— Celle qui danse la chatte en avant, un anneau dans le nombril, une canette à la main, qui n'arrête pas de rire comme une conne et qui tient à peine sur ses jambes.

— Vue. Je la connais. Tyna, un peu pute un peu tox. Plus ou moins maquée à Chris. Il me l'avait amenée, je lui avais fait tourner un ou deux pornos. Pas le top mais pas chère. Si vous avez besoin de vedettes, je peux vous trouver mieux.

— On a ce qu'il faut.

— J'en doute pas. Son seul avantage est de faire plus jeune qu'elle est, mais ça commence à ne plus se voir, même avec une jupe bleue plissée et des socquettes blanches.

— Tout à l'heure elle a fait une gâterie au flic, là, dit Broker avec un mouvement suggestif du poignet.

— Tu rigoles !

— J'en ai l'air ?

Vince secoua la tête.

— C'est juste que si c'est le flic auquel je pense, c'est pas son genre. Mais peut-être que tout le monde change de genre un jour, même les flics. Ou peut-être que je confonds.

— Ouais, peut-être, grinça Broker dans sa barbe.

Puis le Rock Machine se leva et posa une main sur l'épaule de son voisin.

— Salut, Vince. La prochaine fois tu me préviens d'abord, et tu m'envoies le mec ensuite, je préfère.

12

Savoie secoua la tête.

— Pas la peine de monter à Central, sans l'autorisation d'un juge Nath ne lèvera pas le petit doigt.

— Et l'autorisation du juge ? demanda Brenner sans conviction.

— Avec le dossier qu'on a...

— Bon... Et des renseignements, même venus d'un pays étranger, on pourrait exploiter ?

Savoie eut un sourire en coin.

— Les renseignements sur les connards, c'est comme les poubelles devant les maisons des connards, on peut fouiller et exploiter sans mandats, y a de la jurisprudence là-dessus. Tu as une idée derrière la tête ?

Brenner lui renvoya un sourire du même genre.

— Ulrike doit pouvoir chercher pour nous.

— Vous avez ce qu'il faut ?

— On a un programme créé par les développeurs d'Europol à leurs heures perdues. Il n'est pas complètement au point, il ne marche pas toujours très bien, mais on peut essayer.

— Oui, pis vous en Europe, les juges c'est pas trop votre problème, bande de veinards !

— Oh si c'est un problème ! Disons que là Ulrike agirait de sa propre initiative. Une hacker parmi d'autres.

— Si tu le dis...

— À condition qu'elle accepte, mais le contraire m'étonnerait. Ah, il me faudrait un peu de matériel pour la contacter de manière plus conviviale, en visioconférence.

Savoie avança le téléphone.

— Demande à Nath, c'est le 357.

Brenner composa le numéro, qui répondit à la deuxième sonnerie.

— Bonjour, ici Éric Bren...

— Ah le commissaire Français ! Comment vas-tu ? Ce computer, il marche ?

— Oui oui, très bien, merci. Justement, j'aimerais savoir si vous pouvez m'ajouter un équipement de visioconférence ?

— Ben c'est sûr, dit Nath avec un petit rire, lequel veux-tu ?

Elle commença d'énumérer des logiciels, Brenner l'arrêta au sixième.

— *Netconf*, je le connais, il marche bien.

— Okay commissaire, je t'envoie quelqu'un installer ça, avec la netcam et le micro. C'est l'affaire d'un quart d'heure.

— Merci.

— Bienvenue.

Spowart engagea une disquette dans l'ordinateur de son bureau. Il y lut le fichier qu'il venait de copier au Café Électronique, se renversa contre le dossier de son fauteuil, croisa les mains derrière la tête et partit d'un long rire silencieux.

Ça ne pouvait pas mieux tomber en effet !

Il hésita une seconde, et revint au clavier. Pour un message sans conséquence, inutile de retourner au café.

Spowart alluma son modem. La connexion établie, il se brancha sur le serveur freemail, entra pseudo et mot de passe et cliqua sur Rédaction de courrier.

T'as raison, c'est un vrai coup de veine ! :-)

La perds pas surtout !

A +

Il inclut l'adresse du destinataire, expédia l'e-mail, puis coupa le modem et éteignit l'ordinateur.

Après quoi il se rendit dans la pièce attenante. Une centaine de mètres carrés dont le décor sobre, presque austère, valorisait les tableaux exposés aux murs.

À l'extérieur, deux couples examinaient les reproductions en vitrine. Américains, jugea Spowart qui sortit sur le pas de porte les saluer.

— Okay Éric, fit la voix d'Ulrike dont l'image s'affichait à l'écran. Je te vois et je t'entends.

— Nous aussi. Le son est excellent et l'image correcte. Je te présente l'équipe !

Brenner décrocha la netcam et la braqua sur Savoie.

— Luc Savoie, sergent enquêteur.

Puis sur Johanne.

— Johanne Desjardin, enquêtrice.

— Quelqu'un parle allemand ? demanda Ulrike après avoir salué les Québécois.

Elle reçut deux réponses négatives.

— Très bien, poursuivit Ulrike en allemand, dis-moi, elle a l'air sympathique cette Québécoise ! C'est elle la châtain clair avec des taches de rousseur sur le haut des joues ?

— Oui, et elle est très sympathique. Tu crois vraiment que c'est le moment d'une crise de jalousie ?

— Brenner, tu prends tes désirs pour des réalités ! On a toujours été clairs tous les deux, ce n'est pas de la jalousie, juste un peu d'humeur. Tu parles, tu promets, et puis tu ne changes pas.

— Tu veux que je te dise quoi ? C'est une histoire sans importance et sans lendemain, on ne va pas en faire un fromage.

— Certainement pas. C'est ton air triomphant de coq de basse-cour quand tu m'as montré ton amie qui m'a agacé... Tu as raison, je dois être un peu jalouse.

— Tu n'as vraiment pas de quoi. On en reparlera plus tard, maintenant on pourrait en venir au sujet, et en français parce que là nous ne sommes pas très polis.

— D'accord, dit Ulrike en français. Excusez-moi, j'avais un problème de service à régler avec Éric, j'aurais eu du mal à m'expliquer en français, parfois il me manque des mots.

— Oh ce n'est pas grave, dit Savoie.

— On comprend ça, ajouta Johanne.

— Je vous remercie, reprit Ulrike. Alors, quel est le sujet de la conférence ?

Chris se réveilla en sursaut, la bouche pâteuse. On avait cogné à la porte.... rêve ou réalité...

Nouvelle série de coups. Réalité.

Tyna émergea à son tour et grogna.

— Qu'est-ce qui se passe ?
— Quelqu'un qui frappe.
— Qui ça ?
— J'en sais rien, fit Chris en se dégageant du lit.
— Allume pas s'te plaît j'ai mal à la tête, gémit Tyna comme la main de Chris cherchait l'interrupteur de la lampe de chevet.
Chris râla, enfila un slip et se dirigea à tâtons vers le couloir. Tyna l'entendit manœuvrer une poignée, peu après la lumière des toilettes s'alluma et le bruit d'un jet d'urine dans la cuvette lui parvint.
On frappa encore. Une seule fois. Si fort que Tyna crut que la porte avait cédé.
— Putain je pisse ! merde ! cria Chris.
— Magne-toi mec ou je m'en viens te chercher ! répliqua une voix sur le palier.
Tyna se frotta les yeux, puis roula à bas du lit et se glissa dessous. Elle en ressortit aussitôt, récupéra son oreiller, arrangea les draps, et disparut de nouveau sous le lit. Chris toussa, cracha dans la cuvette, tira la chasse et traîna les pieds jusqu'à la porte d'entrée.
— Ah c'est toi, fit-il en entrouvrant le battant.
— T'es tout seul ? grinça Broker en écartant la porte du pied.
— Ben... heu... ouais...
— T'as pas l'air sûr.
Chris s'efforça de sourire.
— Ben... chargé comme j'étais hier soir, j'aurais pu être deux ou trois sans m'en rendre compte...
Broker le repoussa dans le couloir, entra et claqua la porte derrière lui. L'appartement était sombre, l'unique clarté provenait des toilettes.
— Sape-toi en vitesse je t'emmène.
— Où ça ?
— Sape-toi je te dis !
Le Rock Machine le suivit dans la chambre qu'il scruta longuement. Tandis que Chris s'habillait, il jeta un coup d'œil dans les toilettes et la salle de bains.
— Ça a un rapport avec notre affaire ? demanda Chris de la chambre.

Broker examina le salon-cuisine sans répondre. La vaisselle sale empilée dans l'évier aurait pu provenir d'une demie douzaine de convives. Il ouvrit une porte du couloir, qui se révéla celle d'un placard encombré de cochonneries variées. L'appartement n'avait pas d'autre pièce. Broker revint dans la chambre en se pinçant le nez.

— Elle pue ta bauge, tu l'aères jamais ?

Chris haussa les épaules et enfila son blouson.

— J'y suis pas trop souvent.

— T'es prêt ? Alors on y va.

— Mais où ?

— Passe devant ! dit Broker en guise de réponse.

— Sans problème Éric, que ne ferais-je pas pour toi, dit Ulrike avec un sourire un rien ironique.

— Tu en as pour longtemps à tout installer ?

Ulrike réfléchit un instant.

— Disons une petite heure. Essayez de le contacter sur le chat plutôt que sur ICK.

— Pourquoi ? demanda Savoie.

— ICK c'est jusqu'à un million cinq cent mille connexions par jour, répondit Ulrike. En provenance et à destination de la planète entière, ce n'est pas pour rien que l'on appelle le Web *la toile*... De plus ICK utilise plusieurs serveurs qui peuvent changer en cours de communication...

— Et l'autre truc là, le chat' ?

— Principe différent, et surtout moins de connexions simultanées et un seul serveur.

— On reste en communication pendant ta recherche, dit Brenner, okay ?

— Pour moi ça va. Vous avez deux ordi ?

— On chattera de mon portable, si le clavier azerty ne gêne pas Johanne.

— Je ferai avec, répondit-elle.

— Très bien, poursuivit Ulrike, mais j'ai horreur de travailler devant une caméra, je placerai la netcam derrière moi., vous ne verrez que mon dos.

— Tu as un si joli dos...

— On me le dit souvent, répliqua Ulrike. Donne moi ton adresse IP et tout le tremblement, que j'ai un point de départ pour caler ma recherche.

Brenner lui fournit les renseignements.

Les deux Rock Machine en faction devant l'entrée s'écartèrent en reconnaissant la 1340 FLT. Broker les salua, s'engagea sous le porche, puis se dirigea au ralenti vers le bâtiment principal. Un des locaux fortifiés des Rock Machine. Les flics en avaient éliminé certains, pas tous... Chris regardait de droite à gauche, les yeux ronds. Tout cela avait quelque chose de militaire. Les motos rangées en épis dans la cour, les 4X4 alignés en face, les types qui déambulaient par groupe de deux, ou qui assis calaient le mur d'enceinte une bière à la main. Si les tenues manquaient de rigueur, elles étaient assez semblables pour tenir lieu d'uniforme.

Broker gara sa Harley près des autres et s'éjecta de la selle.

— Bouge-toi on t'attend.

— On y va ? demanda Ulrike.

Il la voyait de dos, face à deux moniteurs.

— On y va. confirma Brenner.

Johanne se pencha sur le clavier.

JohanneD : *BONJOUR !* affichèrent simultanément les écrans de La Haye et de Montréal, et d'ailleurs.

Tanie : *Johanne> salut ! Moi c'est F 19 Sherbrooke (Québec). Et toi ?*

JohanneD : *F 25 Montréal. Bonjour voisine !*

Grospaf : *Tanie/Johanne> paraît que les Québécoises c'est des chaudes, à cause de la neige, qu'est-ce que vous en dites ?*

Tanie : *grospaf> tu sais ce qu'elles te disent les Québécoises ?*

Grospaf : *Tanie> et toi tu sais ce que je leur fais ? À sec et au sable, devine voir un peu ?*

— Ça part très fort... ricana Ulrike.

Tanie : *grospaf > Criss de chien sale ! Marde noire !*

— T'en mêle pas Johanne, dit Brenner.

— Ça va, j'ai compris la philosophie du truc. Je suis pas si nouille !

***JohanneD :** Cool, tu es là ?*

***Kaa :** Johanne> salut ! Je n'ai pas vu Cool de la journée. Ça va au Québec ?*

— Tiens, revoilà le Suisse !

***JohanneD :** Kaa> salut ! Bon, ben je vais l'attendre un peu. Sinon ça va. Et toi ?*

***Kaa :** Johanne> Lausanne, est toujours aussi animée... Tu connais ?*

***JohanneD :** Kaa> ben je vois où se situe la Suisse, mais je n'y suis jamais allée.*

— On peut essayer de pister Kaa pour voir, proposa Ulrike.

— En attendant l'autre, vas-y, approuva Brenner.

Chris reconnut immédiatement l'homme qui le dévisageait assis derrière un bureau ministre. La cinquantaine, bronzé, cheveux courts et gris, il n'aurait pas détonné, vêtu d'un costume trois pièces, ailleurs qu'au milieu d'un fortin des Rock Machine. Encore que son blouson de cuir fin et sa chemise de soie étaient d'une coupe autre que ceux des Broker et consort. Doug Oshtrom était sinon le chef des Rock Machine, du moins celui d'une de leurs sections. Un type important en tout cas. Et assez malin pour être sorti du Palais de Justice de Montréal comme il y était entré, libre et souriant. Sourire qu'avait copieusement diffusé la télé.

Mais là Oshtrom ne souriait pas. Son regard se porta sur un dossier ouvert devant lui. Il écrivit quelque chose sur une des feuilles, referma le dossier et le poussa de côté.

— J'aimerais entendre votre histoire, dit-il en levant de nouveau les yeux sur Chris.

Qui se racla la gorge pour dire.

— Eh ben j'ai un client important qu...

Il n'eut pas le temps d'achever. Broker qui se tenait derrière lui l'avait saisi par le cou et décollé du sol. Il étouffait et perdit une chaussure en battant des pieds.

— Broker m'a déjà rapporté ce que vous lui avez dit. Je veux les détails, qui, où, quand, pourquoi.

Broker lâcha. Chris s'effondra et demeura genoux, toussant en s'en décrocher les poumons, convaincu d'avoir la nuque brisée.

— Offre un siège à notre ami.

Broker attrapa Chris par les cheveux et l'écrasa sur la chaise qu'il venait d'avancer.

— J'attends, dit Oshtrom d'une voix impatiente.

Chris se dépêcha de retrouver la voix.

— Qu'est-ce qui se passe ? demanda Brenner.

— Je ne sais pas, répondit Ulrike. Tout à coup je rame... Tu sais, le programme bugge pas mal, tout à l'heure ça allait, là il se traîne. Continuez de le faire parler, ça s'améliorera peut-être. De toute façon je ne dois plus être très loin maintenant.

— J'espère, dit Johanne, parce que je ne sais plus quoi lui dire à ce type là. Le football je m'en fiche et l'informatique je n'y connais pas grand chose...

Kaa : *Johanne> vas faire un tour sur ma page perso, j'aimerai bien avoir ton avis.*

JohanneD : *Kaa> j'ai noté l'adresse, mais tu sais, moi, le foot...*

Kaa : *Johanne> c'est pas grave, c'est juste pour savoir ce que tu penses de la présentation, des images, des liens, tout ça. Et puis il y a pas mal d'interviews que j'ai repiquées à droite à gauche, c'est intéressant je trouve.*

— Je l'ai ! s'exclama Ulrike.

— Je peux couper ? demanda Johanne.

— Oui tu peux.

— Il est d'où ? demanda Brenner.

— Deux secondes et je te dis ça !

JohanneD : *Kaa> promis, j'irai voir. Là faut que je coupe, ma chef vient d'arriver !*

Kaa : *Johanne> okay, salut ! Bonne chance avec ta chef ! A+*

JohanneD : *Kaa> merci ! :-) A +*

— *Skynet.ch*, dit Ulrike. Je vérifie la localisation précise de son fournisseur d'accès.

— Ouf, soupira Johanne en se reculant sur sa chaise, pas fâchée d'arrêter !

— Lausanne, annonça Ulrike.

— Tout correspond au carnet de Sophie, il est franc du collier.

— Vous voulez un café, proposa Johanne en se levant, je vais m'en chercher un.

Brenner et Savoie acquiescèrent. Johanne récupéra discrètement un paquet dans une armoire et quitta le bureau.

— On reste en ligne pour attendre CoolWebeur ? demanda Ulrike.

— Si tu n'en as pas marre...

— Ça va, répondit Ulrike en se frottant les yeux. Je vais me chercher un café aussi.

Elle se tourna et adressa un petit signe à la caméra.

— À tout de suite. S'il y a du neuf, crie très fort dans le micro !

Chris avala le peu de salive qui lui restait. Le regard d'Oshtrom qui n'avait jamais rien eu d'amical s'était encore durci.

— Tu viens gentiment de nous dire que tu es une balance.

Ne trouvant plus rien à avaler, Chris leva les mains en signe de protestation.

— Mais non, je vous jure, la preuve, j'ai contacté le gars directement. J'ai bien pensé qu'il avait pas envie de faire plaisir à Savoie. C'était l'occasion de le baiser ce putain de flic.

Oshtrom hocha la tête.

— Il ressemble à quoi ton Français là ?

— Un peu plus grand que moi, assez costaud, je dirais vers quarante ans, des cheveux comme vous mais très noirs... et pis... chais pas... habillé classe. Brenner y s'appelle, c'est le nom que m'a dit Savoie.

Oshtrom nota les renseignements sur une feuille et interrogea Broker du regard. Qui fit non de la tête.

— Et la fille ? reprit Oshtrom.

— Ben... chais pas son nom... Mais c'est une Québécoise, c'est sûr, elle a pas d'accent. Elle m'arrive là à peu près – il plaça sa main à hauteur de ses yeux-, elle a des cheveux jusque là – il montra son épaule –, marron clair. Elle est habillée normal pour une gonzesse. C'est pas un canon mais elle est pas trop mal. Pis elle est plus jeune que lui, vingt-cinq ou trente, pas plus.

Oshtrom nota, interrogea Broker, qui de nouveau répondit par la négative.

— C'est tout ? demanda Oshtrom.

— Ben... Oui... Ah ! y a aussi que ça doit bien être des vicieux ! D'après ma blonde qui les a suivis ils ont essayé d'embarquer une pute pour faire ça à trois.

Oshtrom eut un sourire imperceptible.

Nath pivota sur son fauteuil.

— Hi Johanne, qu'est-ce que tu t'en viens faire icite ? Tu en as-tu déjà marre de l'Europe ?

Johanne rit de bon cœur.

— Juste voir si tu peux faire une chose pour moi.

— Bah si je peux oui, c'est quoi donc ?

Johanne lui tendit le paquet qu'elle avait à la main.

— Je voudrais envoyer ça par Internet, est-ce que tu pourrais me le mettre dans une disquette ?

Nath déplia le papier kraft, regarda le tableau, regarda Johanne, regarda le tableau, et hocha la tête.

— Batince ! C'est bien toi ça dis donc !

Elle s'attarda sur la signature.

— Pis c'est toi qui l'a fait ! Je savais pas que tu faisais des peintures...

— Heu... c'est mon petit secret tu sais, j'aimerai bien que tu n'en parles pas trop.

— J'en parlerai pas. Mais quand même, c'est rudement joli.

Elle plaça le tableau avec précaution sur le scanner.

— Pas de problème, il est pas trop gros, je te le numérise.

— C'est long ?

— Reviens-t'en dans un moment, ce sera prêt.

— Tu peux me mettre ça sur la disquette aussi ?

Nath prit la photo.

— Tu as peint le tableau d'après la photo ?

— Non. Enfin... peut-être que si finalement.

Oshtrom laissa tomber son stylo sur la feuille.

— Nous allons vérifier tout ça.

Un coup de pied dans la chaise fit bondir Chris sur ses jambes.

— Pendant ce temps tu restes notre invité, poursuivit Oshtrom. Tu peux manger, boire, dormir, profiter du cinéma, tout ce que tu veux, mais si tu franchis l'enceinte tu es mort.

— Mais jusqu'...

La gifle que lui envoya Broker l'expédia sur le plancher.

— Et si tu poses des questions, tu dérouilles.

En se relevant Chris en profita pour récupérer sa chaussure.

— Broker, emmène notre ami et après reviens me voir.

Johanne entra un plateau à la main.

— Ben t'es allée le chercher où ce café-là ? demanda Savoie.

— À Central, le distributeur de l'étage voulait pas de mes piastres. Y a du neuf icite ?

Sur l'écran des phrases défilaient. Savoie secoua la tête.

— Kaa s'est trouvé un amateur de soccer... Si au moins ils parlaient de base-ball, j'y comprendrais quelque chose.

Sur l'autre écran Ulrike sirotait un café. Johanne s'appuya contre la table du bureau pour boire le sien, le regard perdu du côté du Saint-Laurent. Brenner l'observait à la dérobée, s'efforçant de ne pas avoir l'air d'un coq.

Le coup du coq, il n'avait pas digéré. Ulrike n'avait fait que lui rendre la monnaie de sa pièce, une remarque comme elle riait aux plaisanteries stupides d'un magistrat hollandais en stage à Europol, mais ce n'était pas une consolation. Surtout que le Batave l'avait invitée dans son polder et qu'elle avait accepté. Un jour il devrait lui dire que le coup du couple libéral commençait à durer. Qu'à force ils ne la transformeraient jamais en amour, leur amourette.

Broker fourragea dans sa barbe.

— Ça sent la méchante embrouille, répondit-il.

— Je trouve aussi, grinça Oshtrom.

Qui prit une pastille à la menthe dans une petite boîte verte et la suçota quelques secondes.

— On va demander son opinion à notre *amie*, elle aura peut-être une idée sur la question.

Broker approuva d'une grimace

— Seulement, reprit Oshtrom, pour discuter, mieux vaut avoir des arguments. Renseigne-toi sur ce couple. Tu as carte blanche, prends tous les gars dont tu auras besoin. Mais pas de vagues tant qu'on ne sait pas à qui on a affaire.

— Okay Doug. Tu ne crois pas qu'on devrait s'occuper de la petite pute aussi ?

— Si bien sûr. Tu sais où la trouver ?

— Ça ne devrait pas être difficile.

— Alors amène-là ici, son chum doit lui manquer.

Brenner sursauta, tiré de ses pensées par le bruit de la tasse que Savoie venait de poser sur le bureau.

— Je ne suis pas très utile ici, dit Savoie, je vais aller faire un tour. Léocadie, l'ouvreuse, rentre de vacances aujourd'hui. Pis j'aimerais bien voir Chris, s'il maquille quelque chose avec les Rock Machine je voudrais savoir quoi.

— Excusez-moi, intervint Ulrike, Rock Machine c'est un gang comme Hell's Angels ?

— Exactement.

— On a ça en Allemagne aussi. Ils s'occupent des snuff chez vous ?

— Rien ne l'indique, fit Savoie avec un geste d'impuissance.

Puis il se leva.

— Bon, j'y vais. Ah !, j'ai vu le commandant ce matin, ajouta-t-il en regardant alternativement Johanne et Brenner. Comment dire... il s'inquiète de nous voir piétiner.

— Je vois, soupira Brenner, je devrais peut-être lui parler.

— Ce ne serait pas une mauvaise idée. Entre commandants vous trouverez sûrement un terrain d'entente.

La voix d'Ulrike sortit indistincte des haut-parleurs.

— Qu'est-ce qu'il y a Ulrike ? demanda Brenner.

— Rien rien, je pensais tout haut...

— À quoi ?

— Eh bien que Cool a dû s'enregistrer sur le chat', que le serveur est en France, que quelqu'un des Offices pourrait se faire remettre la liste des abonnés. On aurait l'adresse de son provider.

— Mmm... si ce n'est pas la moitié d'une truffe il se sera enregistré sous sa hotmail et on ne sera pas plus avancé.

— J'en étais arrivée à cette conclusion, soupira Ulrike.

Johanne posa les tasses vides sur le plateau.

— Je les ramène à Central.

Tyna descendait un escalier de la station McGill. Elle triturait son sac et se retournait fréquemment, nerveuse. Les histoires de Chris avec le flic, avec ce Français, la façon dont le Rock Machine l'avait embarqué, tout ça... Tout ça était sûrement lié, et ne lui disait rien qui vaille. Ce n'était peut-être pas le même Rock, elle n'avait vu que ses bottes et ses éperons, mais des éperons comme ça elle n'en avait pas vu souvent. En tout cas elle ne tenait pas à rester chez Chris, du moins seule. Quant à aller chez-soi, il aurait fallu avoir un chez-soi, un vrai. La McGill avait été le réflexe naturel, bien que la station ne fût plus ce qu'elle était.

Parvenu au pied de l'escalier, Tyna jeta un coup d'œil alentour. Des quelques centaines de jeunes qui avaient pris l'habitude de se regrouper là et au 2020 Université, il ne restait que... ce que les flics avaient bien voulu laisser. Le module anti gang de rue du SPCUM était intervenu, il avait photographié, étiqueté, arrêté ; nettoyé. Tyna compta cinq ou six visages plus ou moins connus et autant de parfaitement inconnus, répartis en petits groupes qu'elle salua d'un bref hochement de tête avant de s'asseoir à l'écart. À même le sol, sac coincé entre jambes. Les usagers du métro n'accordaient aucun regard aux jeunes, ni ne s'écartaient prudemment de leurs groupes. McGill n'était plus ce qu'elle était.

Tyna posa son menton sur ses genoux et ferma les yeux. « Bon, et pis quoi maintenant... »

Elle sursauta en sentant quelque chose effleurer son épaule.

— Hi Tyna !

Elle reconnut le type qui venait de s'accroupir près d'elle, sans parvenir à lui trouver un nom. Un client de Chris

— Hi.

— Je cherche Chris, tu l'as pas vu ?

Les cernes sous les yeux, le regard fiévreux, les narines pincées... Tyna se retint de serrer son sac plus fort, l'autre aurait pu croire qu'il contenait quelque chose d'intéressant.

— Je le cherche aussi.

— Shit... Faut que je le voie... C'est important... C'est ton chum, non ?

— Ouais... C'est ce qu'y me dit en tout cas... C'est comment ton nom déjà ?

— Rick.

Le regard de Rick se posa sur le sac, longtemps, puis revint à Tyna.

— T'aurais pas quelque chose pour moi ? J'en ai besoin.

— J'ai déjà rien pour moi, alors...

Elle donna un coup tête sur la gauche en ajoutant.

— On peut pas te dépanner par là ?

— Bah, y me connaissent pas bien alors y ne me font pas confiance. Chris me connaît lui, y sait que quand je dis que je paierai je paye, toujours.

Ben voyons ! S'il y avait une chose que Chris ne faisait jamais, c'était bien crédit, ça elle avait pu le constater, à ses dépens.

— Mais peut-être qu'à toi y feraient confiance, ajouta Rick.

— Tu parles, quand je suis seule je suis juste qu'une petite pute. Tu ferais crédit à une pute toi ?

Tyna se figea, deux Rock Machine descendaient l'escalier à pas lents. Normalement c'était pas leur secteur, et ces gens-là prennent rarement le métro. Deux autres débouchèrent à l'autre extrémité de la station.

Coincée entre les Rock et un fauché en manque...

— T'as un char, Rick ?

— Ouais pourquoi ?

— Je me disais qu'on pourrait essayer de trouver Chris ensemble.

Les plus proches s'immobilisèrent au pied de l'escalier, comme pour le garder. Les autres approchaient. Rick réfléchissait à la proposition avec ce qui lui restait de cerveau.

Un des Rock attrapa par l'épaule une fille en body et jupe noire et la fit pivoter. La fille esquissa un geste de défense mais l'autre la saisit par les cheveux. Ils échangèrent quelques mots, et le type la repoussa. Aucun des compagnons de la fille ne broncha.

— Tu sais où le trouver ? finit par dire Rick.

— Je sais où le chercher, répliqua Tyna.

Les Rock s'adressaient à une punk, qui récolta une baffe, puis souleva une seconde son tee-shirt à hauteur du nombril. Pas un punk ne remua la crète.

Tyna se félicita d'avoir changé de tenue. Elle avait enfilé un jean et des baskets parce que c'est plus pratique pour courir, ça se révélait un bon déguisement, surtout avec ce tee-shirt ample et blanc. Mais elle commençait à avoir très peur, et serra les mains pour en masquer le tremblement.

— Y me reste un peu de gazoline, on peut tenter le coup.

— Bon ben on y va, fit Tyna en se levant.

Elle s'approcha du quai, Rick sur ses talons.

— Mais c'est pas la peine, mon char est pas stationné loin.

— J'aime bien le métro moi, dit Tyna en montant dans une rame.

Qui démarra dans la foulée.

Rick se laissa tomber sur un siège, regarda défiler la McGill et soupira.

— Ouais, mais c'était dans l'autre direction.

13

Johanne profita de ce que Brenner tournait la tête pour engager sa disquette.

Le chat' se poursuivait sur l'écran du portable, sans CoolWebeur. À La Haye Ulrike fumait une cigarette longue et mince, jouant à faire des ronds.

— Si j'essayais ICK ? proposa Johanne.

— Il est *offline*, remarqua Brenner.

— Peut-être mode *invisible*. Il m'a *autorisée*, donc il y est passé à un moment donné.

— On peut tenter...

Johanne cliqua sur le pseudo *CoolWebeur*, puis sur *message*, tapa *Coucou ! Tu es là ?* dans la fenêtre, et envoya. Au bout de cinq secondes la fenêtre se referma.

— C'est parti, annonça-t-elle.

Après une minute l'ordinateur émit un *Houhou* synthétisé, et une icône en forme de feuillet clignota devant le pseudo *CoolWebeur*.

— Et ça mord ! dit Johanne en cliquant le feuillet.

Bonjour Johanne ! Ravi de te revoir. Tu vas bien ? afficha le portable.

Ulrike se rapprocha de ses écrans et manipula un clavier.

— Essaie de l'amener sur le chat, dit-elle, parce que là ça ne va pas être simple...

— Je vais essayer.

Ça va. Tu n'es pas sur le chat aujourd'hui ? envoya Johanne.

Je n'y suis pas tout le temps ! Et puis ICK est plus sympa, tu ne trouves pas ?

Je ne sais pas, je n'ai pas encore l'habitude.

C'est bien, tu verras. On est en privé, personne ne nous lit, alors la conversation est plus facile. Et puis on évite les casse-pieds et leurs plaisanteries douteuses.

— Il n'a pas tellement envie d'y aller, dit Johanne.

— C'est l'enfer ici ! s'exclama Ulrike. Il doit y avoir plus d'un millier de connexions simultanées, je n'arriverai à rien.

En effet, c'est plus... intime. Mais c'est un peu long, ouvrir, taper, envoyer, attendre que ça parte, que la réponse revienne.

C'est vrai, l'envoi/réception casse un peu le rythme. Le mieux c'est l'ICK Chat', tu veux essayer ?

— Il me propose un chat' ICK, fit Johanne.

— Vas-y, répondit Ulrike, ça ne peut pas être pire.

Oui d'accord. On fait comment ?

Attends, ça arrive !

« Chat request ! », émit presque aussitôt l'ordinateur. Une icône en forme de bulle de BD clignota devant *CoolWebeur*, Johanne cliqua dessus. Une fenêtre à en tête *Chat request* s'ouvrit, qui contenait une ligne : *Et voilà, c'est arrivé !*

Johanne cliqua le bouton *accept*, ouvrant le double tableau de Chat.

— *Hop là !* afficha la partie droite. *Pas mal hein ! Tu lis en même temps que je tape. Tu peux taper aussi !*

— *Pas mal en effet ! Et si je tape en même temps que toi il n'y a pas de problème ?*

— *Aucun. Ça ne se mélange pas ! Si tu veux tu peux changer la couleur du fond, de ton texte, la forme de la police. Comme ça ! Ou comme ça ! Ou comme ça !*

— *Heu... Si j'en apprends trop le même jour, je vais être toute mêlée moi !*

— *Tu as raison, l'essentiel est de se lire, et de se comprendre. Tu es à ton travail ?*

— *Oui oui, je profite de la Générale du Québec ! C'est pas bien... mais j'avais envie de chatter un peu !*

— *La Générale du Québec s'en remettra, et toi tu te fais plaisir, alors il n'y a pas de mal. Quoi de neuf depuis hier ?*

— *Eh bien... pas grand chose...*

— *Tu n'avais pas envie de chatter un peu ?*

— *Si... Mais je ne sais pas trop quoi dire...*

— *Pas trop ou pas comment ?*

:-) !

:-)) !

— *Plutôt pas comment, je crois...*

— *Mmm... grave ?*

— *Non, pas grave, un peu triste un peu drôle... Tu sais, il n'y a pas longtemps j'ai rencontré quelqu'un, enfin un homme quoi. Il m'a plu tout de suite, et j'ai eu l'impression que c'était réciproque. Alors bon, on est allé assez vite, et ça a été bien, très bien même.*

Brenner fronça les sourcils et enveloppa le micro de la main.

— Qu'est-ce que tu racontes à ce type ?

Johanne lui fit un grand sourire.

— La vérité commissaire, la vérité, dit-elle en continuant de taper.

— *Je ne m'attendais pas au grand amour, je m'attendais... Je ne sais pas à quoi je m'attendais... À être heureuse sûrement... Au moins quelque temps. Mais c'est à chaque fois pareil, on rêve, on se fait des idées...*

Brenner dévisageait Johanne, qui demeurait impassible.

— *Je ne t'ennuie pas au moins, Cool ?*

— *Non non, pas du tout. Je suis un peu confus car ce que tu me dis est très intime, mais si tu as envie d'en parler je t'écoute.*

— *Oui, je crois que j'ai envie... Alors donc ce matin, parce que c'est quelqu'un qui travaille avec moi. Ah il faut que je te dise que nous sommes reliés à certains bureaux par interphone. Ce matin il m'a parlé par l'interphone, mais il a oublié de le couper. Et moi, je ne sais pas pourquoi, je n'ai pas coupé le mien. Je suis un peu curieuse... Enfin bref, j'ai entendu une de ses conversations téléphoniques. Avec une femme bien sûr, une Allemande.*

Brenner bascula l'interrupteur qui commandait le micro.

— Tu joues à quoi Johanne ?

— Je captive le client.

— Tu ne crois pas que tu exagères ?

— Non, je transpose, j'adapte, mais je n'exagère pas.

— Hé ! s'écria Ulrike. Vous devez avoir un problème de micro ! Je n'entends plus rien de chez vous !

— Qu'est-ce que tu essaies de me dire ?

— Je te croyais plus intelligent que ça, répondit Johanne en reconnectant le micro. Excuse-moi Ulrike, j'avais pesé sur le bouton sans le faire exprès !

— Okay, ça marche de nouveau. Continue en tout cas, c'est pas mal, comme vous êtes reliés l'un à l'autre j'avance bien.

— Je ne crois pas qu'il va lâcher, je le tiens bien là.

— Tu lui racontes quoi ?

— Oh ! des histoires d'amours malheureuses...

— Tu as raison, ils aiment ça en général.

— *Toujours là Johanne?* afficha la partie gauche du tableau.

— On dirait..., j'y retourne !

— *Oui oui, toujours là. Excuse-moi, un petit moment de faiblesse...*

— *Si tu veux changer de sujet, je comprendrais.*

— *Non non, ça va, je t'assure.*

— *Okay. Donc il téléphonait à une Allemande, et je suppose que tu parles allemand...*

— Ben tu vois, grinça Johanne, lui il n'a pas besoin de dessin !

— *Je le comprends beaucoup mieux que je le parle, assez pour suivre leur conversation. Cette femme est sûrement une fine mouche, ou alors elle est bien renseignée, en tout cas elle était au courant de notre relation... Et l'autre lui expliquait que notre histoire était sans lendemain, que je n'avais pas d'importance, qu'elle n'avait pas à être jalouse. Tu vois un peu...*

— *Oui... pas très agréable à entendre...*

— *Non. Surtout que juste après il est venu me voir pour me donner du courrier à taper, tout sucre et tout miel. Bon sang ! J'avais envie de lui jeter quelque chose à la figure !*

— *Mais tu ne lui as rien dit...*

— *Non... Je ne savais pas quoi lui dire... Mais depuis j'y ai pensé, j'attends une occasion favorable. Tu imagines la tête qu'il va faire ?*

— *Un peu...*

— *Moi je l'imagine très bien, je la vois, même !*

Elle tourna les yeux vers Brenner, qui haussa les épaules

— *Mmm... peut-être est-il partagé entre vous deux, et ne sait comment le dire.*

Brenner posa le doigt sur la ligne que venait d'écrire Cool-Webeur et hocha la tête.

— *Oh, c'est sûrement ce qu'il me racontera ! Mais je n'y croirais pas. Il avait l'air tellement sincère avec cette Allemande... autant qu'avec moi au lit ! Je n'ai pas envie de me demander sans cesse à qui il ment le plus, ou le mieux. Et puis... ça va te paraître curieux mais... je ne sais pas ce qui m'a fait le plus mal, penser qu'il se moquait de moi ; ou penser qu'il se moquait d'elle... Quoi qu'il en soit, à cause de lui j'ai fait de la peine à cette femme, et je déteste faire de la peine aux gens. Tu aimes ça toi ?*

Brenner repoussa son fauteuil et se dirigea vers la fenêtre où il s'accouda.

— *Non, ce n'est pas quelque chose qui me plaît. Mais tu sais, ce dont tu parles, je l'ai connu, plus durement peut-être. Je t'ai un peu menti hier, ou plutôt, je t'ai dit une vérité incomplète... Mon fils, je ne le vois plus que pendant les vacances, ma femme m'a quitté il y a deux ans, elle a aussi gardé l'appartement place Clichy. Depuis j'habite en banlieue. Elle a été très franche, lorsqu'elle a rencontré un autre homme elle m'a dit qu'entre nous c'était fini. J'ai cru que je ne m'en remettrais jamais, et je crois que j'aurais préféré qu'elle me mente. Je ne sais pas ce que j'aurais accepté pour la garder, certainement beaucoup.*

— Eh ! s'exclama Johanne. Il est en train de me dire qu'il n'habite pas Paris mais la banlieue !

Brenner revint précipitamment près de l'écran.

— On ne va pas tarder à le savoir, dit Ulrike, la recherche s'affine.

— *Et maintenant ça va ? Tu as surmonté le choc ?*

— *Je m'y suis fait... Je travaille beaucoup... Pour le reste, c'est le néant ou presque...*

— *Bon... Nous sommes tous les deux seuls alors...*

— *Oui... Deux cœurs solitaires séparés par un océan...*

— *Dis, tu as déjà rencontré des gens avec qui tu chattais ?*

Les amortisseurs de la Chevy n'avaient plus d'amortisseurs que le nom. La voiture oscillait en grinçant sur son essieu rigide, un mouvement à flanquer la nausée, qu'amplifiaient les coups de volant incertains du conducteur. Elle talonnait aussi sur les raccords de bitume marqués. Rick transpirait à grosses gouttes, la sueur qui collait ses cheveux traçait des rigoles grasses sur le col de sa chemise. La clim' était morte, mais la chaleur lourde de Montréal n'était pour rien dans ses accès de sueur, par instants Rick claquait des dents. Tyna se pencha un peu plus du côté de la vitre grande ouverte.

— On va où maintenant ? fit Rick d'une voix aiguë.

Le pneu avant droit heurta un trottoir, la Chevrolet fit un écart que Rick récupéra de justesse. Un Dodge Ram les doubla en klaxonnant, par la lunette arrière du pick-up le conducteur agita son majeur.

— Fais gaffe ! s'exclama Tyna. J'ai pas envie d'être contrôlée par les flics !

— Tu crois que j'ai envie moi !

Ils avaient épuisé la plupart des endroits où Chris était susceptible de se tenir.

— On va où merde ! gémit Rick au bord des larmes. Pis on a presque plus de gazoline...

— Boulevard René Lévesque Est, le Travelodge hôtel.

— Le Travelodge ? Merde, Chris habite là-bas ?

Tyna haussa les épaules.

— Mais non ! Il a des contacts, enfin je crois.

— *Hormis les contacts professionnels, non, jamais. Et à vrai dire je n'y tiens pas. Je ne sais pas comment t'expliquer ça... Je suppose que je n'ai pas envie d'être déçu... On confie des choses parfois très intimes à ses correspondants, comme nous venons de le faire, des choses que l'on ne confierait pas à son voisin. On se fait une idée de l'autre, celle qui nous convient. Se rencontrer aboutirait à quoi ? À des silences embarrassés, peut-être à une engueulade, sûrement à une déception. Je n'ai pas l'impression que le jeu en vaille la chandelle. D'autre part, la littérature fourmille de grandes histoires d'amour ou d'amitié épistolaire, qui restent purement épistolaires. Finalement, le chat' c'est un peu ça, le talent en moins...*

— *Oui... mais... On peut mentir sur sa personnalité.*

— J'ai son provider ! s'écria Ulrike.

— Qui est-ce ? demanda Brenner.

Ulrike pianota son clavier.

— *Bien sûr, raison de plus pour ne jamais se rencontrer. Tu n'es peut-être pas celle que tu prétends être, et alors ? C'est la Johanne que je connais qui me plaît, à celle là que j'ai envie de parler, s'il en existe une autre je n'ai pas envie de le savoir.*

— *panamenet.fr !* C'est au nord-ouest de Paris.

— Merde, soupira Brenner. Tu es sûre ?

— Certaine.

— *Tu as sans doute raison... je ne sais pas... Je manque d'expérience dans ce domaine. Je t'ai parlé de mon histoire et j'ai été très heureuse de t'en parler. D'un autre côté, je ne vois pas à qui d'autre j'aurais pu en parler...*

Brenner fit la moue.

— Son fournisseur d'accès est en région parisienne, ça ne signifie pas que lui y soit.

— Tu crois quoi ? Qu'il appelle du Québec ? C'est faisable, mais dis donc, j'aimerais pas payer la note !

— *Si j'avais été un voisin ou un collègue de travail tu ne m'aurais rien dit, sois en sûre, et tu aurais gardé ton histoire sur le cœur. Mais tu n'as pas une sœur, une amie, quelqu'un à qui te confier ?*

— Tu peux remonter sur son téléphone ?

— Oui, mais c'est une procédure différente, il faut que je réinitialise la bécane. Et puis si c'est un pro de l'informatique, il a pu placer des défenses, il risque de s'apercevoir de l'intrusion.

— Pas si tu te bornes à déchiffrer son numéro de téléphone.

— Ça dépend de s'il est plus ou moins fort que nous... Puisqu'on connaît son provider, tu ne crois pas qu'il vaudrait mieux envoyer quelqu'un avec une commission rogatoire pour obtenir son adresse ?

— *Je suis fille unique. Quant aux ami(e)s... bof... Tu sais, je ne suis pas très liante dans la vie...*

— *Moi non plus ! Et là nous nous parlons comme si nous nous connaissions depuis des lustres, mieux même. Tu ne trouves pas ça fabuleux ?*

— Mmm... ça prendrait du temps, là on peut être fixé tout de suite. Vas-y, tente le coup.

— Comme tu veux, Brenner.

— Ce sera long ?

— Pour réinitialiser, quelques minutes, ensuite, je ne sais pas. Johanne, tu tiens le coup ?

Johanne sursauta.

— Oui oui, pas de problème pour moi.

— *Fabuleux, oui, et un peu effrayant.*

— Bon ben j'y vais, annonça Ulrike.

— *Effrayant, comment ça ?*

— *Eh bien... cette facilité à se livrer...*

— *Ce n'est pas effrayant ! C'est la magie du Web ! Mais on pourrait trouver des sujets plus gais, c'est sûr !*

— *Oui, à se raconter chacun nos misères, on va finir par inonder les claviers de nos larmes ! Ça fera planter les computers, et ce serait plate ! :-)*

— *:-)) Et tes peintures alors, tu as réfléchi à ce qu'on disait hier ?*

Tyna indiqua une place devant un van Pontiac à quelques dizaines de mètres de l'entrée de l'hôtel.

— Range-toi là-bas.

Rick manœuvra pour finir une roue sur le trottoir.

— C'est peut-être pas la peine que tu m'accompagnes cette fois, dit Tyna.

Rick secoua la tête en guise d'assentiment, puis se renversa contre le fauteuil et respira bouche grande ouverte, comme en manque d'oxygène.

Tyna ouvrit la portière, se pencha pour prendre son sac, et se ravisa. Il finirait tôt ou tard par faire n'importe quoi pour lui voler, alors autant lui laisser le fouiller et s'apercevoir qu'il ne contenait rien d'intéressant. Ce qui avait un intérêt, Tyna le portait sur elle.

Une famille de Japonais occupait la réception du Travelodge, Tyna balaya le hall du regard, puis fit le tour des boutiques, sans découvrir Chris ni Brenner.

Les Japonais s'engouffraient dans l'un des ascenseurs, Tyna entra à leur suite et monta jusqu'au bar. Là non plus aucun visage connu.

— Vous prenez quelque chose mademoiselle ? demanda le barman comme elle restait bras ballants devant le comptoir.

— Heu... non... c'est où les toilettes ?

Il lui indiqua le fond de la salle.

Tyna verrouilla la porte et ôta son tee-shirt. D'un bonnet de son soutien-gorge elle extirpa trois cigarettes enveloppées de papier alu, l'autre en contenait quatre qu'elle laissa en place. Elle résista à l'envie d'en fumer une là, tout de suite, et avec précaution rangea le paquet dans une poche de son jean.

Au sortir de l'ascenseur Tyna trouva le hall désert, deux employées discutaient en riant à la réception.

L'une d'elle considéra avec méfiance Tyna qui s'approchait du comptoir, elle ne devait pas avoir la tête d'une cliente.

— Mademoiselle ? interrogea-t-elle du bout des lèvres tandis que sa copine se plongeait dans un registre.

— Je... Est-ce que monsieur Brenner est dans sa chambre ?

— Vous connaissez le numéro de la chambre ?

— Non... mais c'est un Français.

L'employée eut un haussement de sourcil méprisant.

— Nous n'avons pas qu'un seul client Français !

Elle tapa sur le clavier de son ordinateur.

— Le commissaire Éric Brenner ? demanda-t-elle sans lever les yeux de l'écran.

— Heu... oui je crois... Eric.

L'employé décrocha un téléphone. Tout en gardant le combiné contre l'oreille elle se tourna vers sa copine.

— N'empêche que je suis bien d'accord avec toi !

La copine pouffa dans son registre, l'autre lui fit un clin d'œil et revint à Tyna.

— Sa chambre ne répond pas, désolée.

Elle raccrocha et pêcha un bloc qu'elle posa sur le comptoir.

— Si vous voulez laisser un message.

Une américaine brandissant un sèche-cheveux bouscula Tyna pour être servie plus vite.

— Excusez-moi mademoiselle, dit l'employée en ajoutant à l'attention de l'arrivante : Madame ?

Tyna prit le bloc et s'écarta. Le sèche-cheveux ne marchait pas. Tyna posa la pointe du stylo sur le papier. Mettre quoi, et surtout... à qui ? Commissaire... L'employée engagea la fiche du sèche-cheveux dans une prise et pressa le bouton. Tyna se mordit la lèvre « *Je suis une amie de Chris et je le cherche. Est-ce que vous l'avez vu ? Laissez-moi un message à la réception.* » Le sèche-cheveux ne marchait vraiment pas, l'employée s'excusa, l'américaine répliqua qu'elle l'avait bien dit, bon sang. Tyna relut le message, puis détacha la feuille. L'employée fouillait dans un coffre, elle en tira un autre sèche-cheveux. « *Merci* » ajouta Tyna au bas de la feuille. En s'excusant de nouveau l'employée tendit l'appareil à l'américaine qui lui fit remarquer que ce serait plus intelligent de le tester ici et maintenant. L'employée s'exécuta, il marchait. À côté de « *merci* » Tyna inscrivit « *Tyna* ». L'Américaine saisit son sèche-cheveux, tourna les talons et fila sans un mot.

— Au revoir madame, fit l'employée.

Tyna examina la feuille, puis la froissa et en fit une boulette.

— Vous ne laissez pas de message ?

— Non. C'est pas important. Je repasserai.

— Comme vous voudrez.

Tyna la remercia et se dirigea vers les téléphones. Elle glissa une pièce de vingt-cinq cents dans la fente et composa un numéro. Une des employées fit une remarque à propos des *Amarécains*, elle et sa copine éclatèrent de rire. Chez Chris le téléphone sonnait dans le vide. Tyna quitta l'hôtel.

Sur le trottoir elle fit trois pas et se figea. Une voiture bleue et blanche stationnait devant la Chévy. Rick, debout près de sa voiture, répondait aux questions d'un flic.

Tyna faillit partir dans l'autre direction, mais son sac était sur le siège. Le cœur battant, elle fit un pas en direction du boulevard.

Presque en face, dans un fourgon gris acier aux vitres opaques, Broker plaquait Chris contre un carreau.

— Dis, c'est pas ta pute ça ?

— Si, c'est elle.

Broker l'empoigna par les cheveux et secoua.

— Qu'est-ce qu'elle fout là, hein ?

— Mais j'en sais rien moi !

Tyna sortit les cigarettes de sa poche et les laissa tomber discrètement dans le caniveau.

Broker regardait Chris dans les yeux.

— T'es sûr que t'en sais rien ?

— Putain je te jure, j'en sais rien ! Peut-être elle s'est fait un client.

Tyna avança vers la Chevrolet.

— Reste où tu es ! lui ordonna le flic comme elle parvenait à hauteur de la roue arrière.

Tyna obtempéra.

— T'es avec lui ? ajouta le flic

— Et ce connard là, c'est qui ? demanda Broker.

— Un camé, un client à moi, répondit Chris.

Le flic n'avait pas l'air particulièrement vache, mais il ne prenait aucun risque. Sa main posée sur sa hanche n'était pas loin de l'étui du revolver, débouclé.

— Oui, c'est mon copain.

Le flic la dévisagea quelques secondes.

— Il a pas l'air bien ton copain là, il a beurré le char correct.

Du menton il désigna la portière avant. Tyna s'inclina, une longue trace de vomis maculait la porte et dégoulinait sur le bitume.

— Il est malade. Il a besoin d'aller se coucher.

Rick oscillait sur place, les yeux mi-clos.

— Malade ! s'esclaffa le flic. T'appelles ça comme ça toi ! Tu ne penses pas que ce serait mieux que je l'envoie à l'hôpital ?

— Monsieur l'agent, supplia Tyna, c'est mieux qu'il aille se coucher. Demain ça ira, je vous jure.

Le flic haussa les épaules, consulta sa montre, et se balança d'un pied sur l'autre, la fin de son service sans doute.

— Ouais..., soupira-t-il, mais je peux pas le laisser conduire dans cet état.

— C'est moi qui conduit, dit Tyna.

Le flic la détailla de nouveau, de la tête aux pieds.

— Tu as ta licence ?

— Dans mon sac dans la voiture.

— Celui-là ? demanda le flic en montrant le sac dont le contenu était répandu sur le siège.

Tyna regarda à travers les vitres.

— Celui-là, oui.

— Ne bougez pas, ni l'un ni l'autre.

Le flic fit le tour de la Chévy jusqu'à la portière avant droite.

— Okay, montre-moi ta licence.

Tyna s'approcha, ouvrit la portière, se pencha sur le siège et rassembla ses affaires. Elle sentait le regard du flic dans son dos et prit soin de bien écarter les pans du sac en évitant les mouvements brusques. Elle se redressa lentement et tendit sa licence.

Il y jeta un long coup d'œil et lui rendit.

— D'accord, vous pouvez y aller.

Tyna rejoignit Rick et le prit par le bras.

— Allez viens, monte, on y va.

Accoudé sur le toit de sa Ford, le flic les regarda en secouant la tête.

Broker tapa sur l'épaule du Rock assis près de lui.

— Jeck, prends ta bécane et suis la Chévy.

Jeck tira la porte coulissante et sortit côté trottoir. Il le remonta sur une centaine de mètres avant d'enfourcher sa Harley garée en retrait. Tyna manœuvrait pour se dégager.

— Mais qu'est-ce qu'y fout ce con ! hurla Broker.

Jeck s'escrimait sur le guidon ; il finit par descendre de sa moto, déplia le kick et pesa de tout son poids. Une fois. Deux fois.

Tyna se déportait sur la voie de gauche pour prendre le boulevard Saint-Laurent.

Trois fois. Le moteur de la Harley démarra. Jeck sauta en selle, enclencha la première et traversa le terre-plein du boulevard d'un coup de gaz. Il dut s'arrêter au feu rouge, à hauteur de la voiture du flic qui lui jeta un sale œil. Jeck vit la Chevrolet tourner à gauche dans Sainte-Catherine.

— Je vais crever, gémit Rick, putain je vais crever.

Tyna serrait les dents.

— Dans cinq minutes ça va aller, tu verras.

— Je vais crever je te dis, fit-il en se penchant à la fenêtre pour vomir, sans y parvenir.

Tyna tourna à gauche, descendit Saint-Urbain et retomba sur le boulevard René Lévesque, où de nouveau elle prit à gauche, pour s'arrêter devant le Travelodge.

— Ouvre ta porte et regarde dans le caniveau, y a trois cigarettes dans un papier alu.

— Hein ?

— Quand j'ai vu le flic j'ai laissé tomber trois cigarettes dans le caniveau, prends-les !

Rick ouvrit la portière.

— Merde ! fit Broker. Mais c'est encore eux ! Où il est ce con de Jeck ?

Jeck, qui n'imaginait pas que la Chevrolet allait revenir sur ses pas, continuait sur la Sainte-Catherine.

— Okay je les vois ! Avance un peu.

Tyna relâcha le frein.

— C'est bon je les ai !

— Putain y se cassent ! gueula Broker. Et l'autre con qu'est pas là !

— Tu veux qu'on les suive ? demanda le chauffeur en posant la main sur la clef de contact.

— Non, faut qu'on surveille l'hôtel, la pute on arrivera bien à la retrouver.

Et de colère il balança une claque à Chris qui s'étala dans le fourgon.

Rick déplia l'alu, observa une cigarette, puis la respira longuement.

— Wow ! Bien trempées !

Il se la planta entre les lèvres, l'alluma, et d'une seule inspiration en grilla le quart.

— Putain que c'est bon... fit-il en fermant les yeux.

Tête renversée, il tira de nouveau sur la cigarette.

— C'est bon c'est bon c'est bon...

— Hé ! Tu m'en laisseras une !

— Ouais ouais, t'inquiète. T'as trouvé ça au Travelodge ? Chris a une planque dedans ?

— Non, il a un contact. Je l'ai vu, il ne sait pas où est Chris mais j'ai réussi à lui taper trois clopes.

— Tyna t'es géniale !

— Mmm... Dis, tu sais ce que c'est un *commissaire* en France ?

Rick souffla lentement sa fumée et éclata de rire. Le PCP commençait à faire effet.

— Comment tu veux que je le sache ! Attends... c'est pas un flic ça ? Commissaire Navarro, c'est bien un flic, non ?

Rick qui avait retrouvé couleurs et bonne humeur adressa un signe amical à un groupe de punks vautrés sur un trottoir de Saint-Denis. Tyna se mit à pleurer sans bruit, cramponnée au volant.

— Je sais plus quoi faire, murmura-t-elle, je sais plus quoi faire.

Rick jeta une cigarette sur le tableau de bord.

— Fume !

Tyna pressa l'allume-cigares.

— J'y ai tellement pensé que je n'ai pas fermé l'œil de la nuit !

— Et alors ?

— Eh bien... je crois que je le ferai un jour... Mais quand... je ne sais pas. J'ai peur.

— Peur ? De quoi ?

— Du ridicule... Tu imagines si je montre un tableau à une galerie et que le type éclate de rire ? Je ne m'en remettrais jamais...

— Je ne connais pas bien les galeries de peintures, mais j'imagine qu'elles sont plus subtiles que ça. Si ce que tu fais ne leur plaît pas ils n'éclateront sûrement pas de rire. Tu ferais mieux de penser à ce que tu ressentirais si une te disait « okay, on vous expose ».

— Oh j'y ai pensé ! C'est même pour ça que je n'ai pas fermé l'œil !

— Et tu n'es pas en train d'écumer les galeries de Montréal ? :-)

— :-) Pas encore... j'amasse mon courage... quand j'en aurai assez, j'écumerai.

— Si je comprends bien, il ne te faut plus qu'un petit coup de pouce... Dommage que je ne puisse te le donner, ce serait avec plaisir.

— Bon sang ! s'exclama Ulrike. Le programme a mangé du lion ! Je ne vais pas tarder à l'avoir.

— Merci. Et puis tu sais, tu m'en as déjà donné un grand.

— Eh bien j'espère que quand tu seras célèbre tu penseras à moi !

— Je ferai un tableau rien que pour toi, promis !

— Je l'ai ! Il appelle de... une seconde... Mantes la Jolie ! En direct, il n'y a pas de renvoi d'appel. Désolée Éric...

— C'est rien, soupira Brenner.

— Attention Johanne ! Je saurai m'en souvenir ! :-)

— *Mais moi aussi, ne t'inquiètes pas, je ne fais jamais de promesse en l'air.*

— Bon, je vais peut-être couper, à moins que vous ayez encore besoin de moi, dit Ulrike.

— Non non, pas pour l'instant. Merci Ulrike.

— À ton service Brenner. Et à bientôt. Ciao à tous !

L'Allemande leur fit signe de la main et son image s'effaça.

— *J'en suis sûr, je ne t'imagine pas en train de mentir.*

— Tu peux couper aussi si tu veux, dit Brenner.

— *Oh ça m'arrive parfois ! :-)*

— *À moi aussi ! N'empêche, dommage que tu sois si loin, j'aurai bien aimé voir une de tes peintures.*

— *Vrai ?*

— Johanne, tu peux couper si tu veux.

— Oui ben j'ai compris, je peux couper si je veux !

— *Vrai !*

— *Tu sais si j'osais...*

— *Ose !*

— *Eh bien... j'ai une toile numérisée sur disquette. Tu veux la voir ?*

— *Volontiers, ça me ferait très plaisir.*

Johanne cliqua la commande envoi de fichier, puis sélectionna le lecteur de disquette, et le fichier *johtab.gif*.

— Tu fais quoi là ? demanda Brenner.

— Ce que je veux...

— *Ça y est, c'est parti !*

— *Il est en train d'arriver.*

— Ce n'est pas le type que l'on cherche, alors ce n'est peut-être pas la peine de s'éterniser.

— C'est justement parce que ce n'est pas le type qu'on cherche que je m'éternise.

Parvenue à cent pour cent, la fenêtre de progression d'envoi disparut.

— *C'est bon, je l'ouvre.*

— Johanne ?

— Quoi, qu'est-ce qu'il y a ?

Elle le regardait dans les yeux, Brenner secoua la tête et soupira.

— Non, rien.

— Toujours là Cool ?

— Oui oui... Mais... je ne sais que te dire...

— Ah...

— Ben oui... Je ne suis pas spécialiste en peinture, tant s'en faut, mais je trouve ce que j'ai devant moi superbe.

— Tu ne te moques pas de moi ?

— Oh non. L'expression de cette femme est étonnante, un rien mystérieuse, un rien triste. Tu l'as peinte d'après un modèle ?

— Plus ou moins... C'est moi. Un autoportrait quoi.

— Eh bien... je ne peux pas juger de la ressemblance... Mais je peux dire que ce portrait donne envie de te connaître.

— Oh, la ressemblance, tu peux en juger, tiens regarde.

Cette fois Johanne envoya le fichier *johphoto.gif.*

— La pose n'est pas la même, mais on ne peut pas s'y tromper, le visage, les yeux sont identiques. Chapeau !

— Je rougis !

— :-) Je te le répète, je ne suis pas un spécialiste, ni même un amateur éclairé, alors il y a certainement des détails qui m'échappent. Mais ce dont je suis sûr, c'est que si j'avais la moitié de ton talent je serais déjà en train de faire le siège des galeries de France et de Navarre.

— Tu vas finir par me convaincre...

— J'espère bien ! Ah ! J'ai un autre appel ICK, tu attends 2 sec. ?

— Okay.

— Zut ! C'est un client.

— Un client ? Mais il doit être tard chez toi...

— Près de onze heures du soir... Le service après vente est le principal de mes arguments, alors faut assumer... Mais il peut bien attendre quelques minutes. Et toi, ta journée se termine ?

— Il est pas loin de 5 pm, je n'en ai plus que pour quelques minutes. Après je ferai un peu de magasinage dans Montréal, et ensuite je rentrerai chez moi.

— Tu habites en banlieue si je me souviens bien ?

— À Saint-Eustache, c'est à l'ouest de Montréal.

— Tu vas peindre, te préparer de bons petits plats ?

— Peindre... oui, peut-être. Des bons petits plats... :-)) Je ne suis pas un cordon bleu ! En général je vais manger au Déli-

Québec, c'est une cafétéria dans un centre commercial près de chez moi. Ils font une poutine excellente ! Et puis j'aime bien regarder les gens, leurs poses, leurs mouvements, parfois je fais des petits croquis, ça m'aide après pour la peinture.

— Je comprends ça. Moi ce soir ce sera spaghettis et informatique... Tout mon talent consiste à piger l'une sans louper les autres. Parfois j'y arrive ! Ah ! Le client s'impatiente !...

— Je te laisse alors. Bons spaghettis !

— Bonne poutine ! À bientôt Johanne.

— À bientôt Cool. Et merci.

Savoie referma la porte, observa Johanne et Brenner et sortit une cigarette de sa poche.

— Bah, ça n'a pas l'air d'aller fort vous deux...

— On vient de localiser CoolWebeur, fit Brenner, il est de Mantes la Jolie, à côté de Paris.

— Évidemment... ça nous arrange pas.

— C'est drôle, je m'étais convaincu que ce type nous apporterait quelque chose, du coup je me sens un peu perdu. Et toi, du neuf ?

— Léocadie se souvient d'avoir vu Sophie quitter le cinéma avec un type. Elle l'a remarqué car ce n'était pas dans ses habitudes.

— Ils étaient venus ensemble ?

— Elle est à peu près sûr que non.

— Donc ils auraient fait connaissance dans la salle.

— On dirait.

— Il ressemble à quoi ce type ?

— Elle est incapable d'en faire une description précise, apparemment plus vieux que Sophie. Elle ne peut pas non plus dire si c'était un Européen ou un Québécois. La seule chose dont elle est certaine c'est que ce n'était pas un habitué, ceux-là elle les connaît.

— C'était un Blanc ou un Noir ?

— Un Blanc, pourquoi ?

— C'est curieux qu'une fille aussi peu sociable que Sophie se soit liée à un type au cours d'une simple séance. Si le gars avait été un Antillais, ça aurait pu s'expliquer.

— Pas bête... Mais non, c'était un Blanc.

— Remarque, il y a des Antillais blancs...

— Et pourquoi pas un copain d'université ? proposa Johanne. Ou un prof, s'il était plus vieux ?

— J'y ai pensé, dit Savoie. Mais pour interroger tout ce beau monde il faudra attendre la rentrée. Sinon je n'ai pas vu Chris, ni personne qui l'ait rencontré récemment. On dirait que ce connard a filé.

Tous trois s'absorbèrent dans leurs pensés. Savoie rompit le silence en s'adressant à Brenner.

— Tu as vu le commandant ?

— Non. J'espérai lui offrir du concret... Là je me demande bien comment argumenter... J'ai l'impression que mon temps parmi vous est compté.

— Même si tu t'en vas on continuera de chercher, t'inquiètes pas. Hein Johanne ?

— Bien sûr, on ne laissera pas tomber.

— Je vais retourner aux Foufounes ce soir, Chris est plutôt un oiseau de nuit. Vous m'accompagnez ?

— Oui oui, répondit Brenner.

Johanne secoua la tête.

— Je vais rentrer. Je dois ranger un peu chez moi, c'est un vrai foutoir.

— Okay, reprit Savoie, on dit qu'on s'y retrouve à 21h30 ? Là faut que je passe des demandes de renseignements à Nath.

— D'accord, 21h30.

Savoie salua et sortit. Johanne et Brenner reprirent leurs positions, l'une sur son fauteuil, l'autre près de la fenêtre.

Puis Johanne s'approcha de lui.

— Dis, tu ne vas pas faire la gueule en plus ? Ce serait un peu fort !

— Ben écoute, ta méthode n'était pas très élégante, non ?

Johanne croisa les bras sur sa poitrine.

— Ah parce que toi tu as été élégant ? Tu ne manques pas d'air en tout cas !

— Si j'avais su que tu comprenais j...

— Ça c'est sûr, si tu avais su ! Tu veux que je te dise, arrête de te rattraper, tu t'enfonces !

— Écoute...

— Non, c'est toi qui écoute. Ce qu'on a fait a été bien fait et je ne le regrette pas, simplement on n'est pas obligés de continuer, c'est tout. Pas de quoi en faire un... fromage comme tu dis.

— Si c'est ce que tu veux...

— C'est ce que je veux. Et comme on dit dans ces cas-là, on reste bons amis.

Brenner hocha la tête, regarda un instant par la fenêtre, et revint à Johanne.

— N'empêche, tu te rends compte que tu as montré un de tes tableaux à ce type et pas moi ?

— Eh oui... Mais lui me l'a demandé, c'est peut-être ce qui a fait la différence.

— Okay... Et si je te le demandais ?

— Essaie.

— Johanne, tu me montres un de tes tableaux ?

Elle se dirigea vers l'armoire de son bureau et revint avec un paquet.

— Voilà.

Brenner déplia le papier kraft et observa longuement le portrait.

— En effet, c'est remarquable. Tu as vraiment du talent.

— Merci.

— Tu sais quoi ? Est-ce que tu m'autorises à garder une copie de la disquette ?

— Tu ne préférerais pas l'original ?

— Si, mais je n'osais pas te le demander.

— Et bien garde-le, ça me fera plaisir.

— À moi aussi, je t'assure.

Puis, voyant Johanne se mordre la lèvre pour ne pas rire il demanda :

— J'ai dit quelque chose de drôle ?

— Non... Je pensais à la tête d'Ulrike si tu accrochais mon portrait dans ton bureau.

— Oh c'est d'un goût !...

14

— C'est lui ? demanda Broker.

Brenner venait de sortir de la voiture. Johanne le rejoignait sur le trottoir.

— Oui, et ça c'est la fille, répondit Chris.

— Ça ira Jeck ?

— Pas terrible question lumière, grogna le Rock Machine.

Il pointa le téléobjectif et mitrailla.

Devant le Travelodge le couple échangea quelques mots. Puis se sépara sur une poignée de main. Jeck mitrailla de nouveau.

— Dis ? fit Broker à Chris. Tu disais que c'était sa gonzesse ?

— Ben ouais...

— Alors pourquoi il lui serre la main au lieu de lui rouler un patin ?

— J'en sais rien moi !

Broker retint une baffe, pas le moment de faire trop de bruit.

— Jeck, suis cette gonzesse, et tâche de pas la paumer comme l'autre.

— Je pouvais pas prévoir, protesta Jeck.

— Magne !

Puis il pinça la joue de Chris entre deux doigts et tourna.

— Toi, si tu nous bourres le mou tu vas souffrir.

Brenner poussait la porte du Travelodge, un paquet enveloppé sous le bras.

Spowart étala sur son bureau une seconde feuille A3 encore chaude de l'imprimante laser. Pendant quelques secondes son regard oscilla de la photo à l'autoportrait. Puis il hocha la tête et murmura.

— Pas mal.

Après quoi il pêcha un annuaire téléphonique dans un tiroir et chercha la commune de Saint-Eustache dans les pages jaunes, à la rubrique restaurant.

Johanne posa son sac à main sur la table du salon et s'installa sur le canapé. Elle y demeura quelques minutes, menton dans les mains, se mordillant la lèvre. Après avoir rangé quelques objets déjà à leur place, elle passa dans la pièce qui lui servait d'atelier.

Accroupie devant les casiers, Johanne retira de leur protection plusieurs tableaux, qu'elle examina, rangea de nouveau, pour en sortir d'autres. À la fois excitée et effrayée de sa décision.

Spowart quitta l'autoroute 640 et s'engagea dans la zone commerciale bordant Saint-Eustache. Il repéra rapidement l'enseigne Déli-Québec et entra dans le parking du centre commercial.

La cafétéria se tenait au premier étage. Dans la salle aux deux tiers vide Spowart choisit une table au hasard et fit signe à une serveuse.

La nuit tombait mais la chaleur demeurait lourde. Assise sur le muret d'un square, Tyna regardait le bas de Saint-Denis. Rick remontait vers elle, à sa démarche elle comprit que les effets bénéfiques du PCP étaient bel et bien terminés. De nouveau il allait être un poids mort, d'autant plus que le réservoir de la Chévy était vide. La main de Tyna effleura sa poitrine. Le bonnet droit contenait encore trois cigarettes. Elle en avait fumé une pendant que Rick était aux *Foufounes*.

Il se laissa tomber près d'elle.

— Alors ?

Rick secoua la tête.

— Pas vu Chris.

Un type en treillis noir et Doc Martens s'approcha et se planta devant eux.

— Vous avez besoin de quelque chose ? Un truc qui pète ? Je peux vous arranger ça. Je peux tout arranger.

— Tu fais crédit ? riposta Tyna d'une voix aigre.

Le type ricana.

— T'es une comique toi !

Sur quoi il tourna les talons et s'éloigna.

— On fait quoi ? demanda Rick.

Tyna avait réfléchi tout l'après-midi. Le produit de ses réflexions se résumait à :

— J'en sais rien.

Après quelques minutes à observer la pointe de ses baskets elle soupira.

— Je vais encore essayer de téléphoner. Tu m'attends là ?

Rick grogna un vague assentiment.

Dans une rue adjacente, treillis noir discutait avec un type adossé à une Harley.

Spowart reconnut Johanne dès qu'elle pénétra dans le centre commercial. Peu après elle déboucha de l'escalier et passa derrière lui pour s'installer trois tables plus loin. Lionel capta une fragrance de violette, et trouva que le parfum de la fille cadrait avec son côté naïf.

Spowart modifia légèrement sa position, afin que la couverture du magazine qu'il lisait soit visible. Une revue consacrée à la peinture. Dont de temps en temps il annotait une page.

En appelant la serveuse Johanne remarqua le magazine, elle y vit un heureux présage. Elle accorda un peu d'attention à Spowart et lui trouva du charme. Lionel décrocha le cellulaire de sa ceinture, composa un numéro, attendit, puis reposa le téléphone sur la table, l'air déçu.

Quelques minutes plus tard il régla son addition et quitta le restaurant. Johanne le suivit du regard un instant.

Au bout de quinze sonneries dans le vide Tyna raccrocha. Elle demeura une seconde front appuyé à l'appareil avant de quitter la cabine. *Les Foufounes électriques* n'était pas très loin. Au lieu de rejoindre Rick elle se dirigea vers le café. Chris serait peut-être arrivé. Et sinon, si le flic était là, et bien elle lui parlerait, il saurait peut-être quelque chose, et il n'allait pas la tuer.

Tyna se glissa dans le café par l'entrée est. Le comptoir commençait à être pris d'assaut. Chris n'y était pas, ni non plus dans la salle. Par contre, elle remarqua les deux flics, le Québécois et le Français, attablés côté à côte. Et ses résolutions s'évanouirent. Deux flics, ça faisait trop. Elle recula discrètement vers la sortie.

Sur le trottoir une main la bâillonna et un bras lui écrasa la poitrine. La prise lui coupa le souffle, Tyna tenta de se débattre

— Si tu bouges je te casse en deux, fit une voix à son oreille.

Broker la propulsa vers une camionnette dont la porte latérale coulissait. Tyna atterrit sur les genoux de Chris.

Doug Ohstrom tenait du bout des doigts deux clichés encore humides, il les déposa avec précaution sur son bureau.

— Jeck est sûr de son coup ?

— Oui, répondit Broker. Elle s'appelle Johanne Desjardin, elle habite un pavillon à Saint-Eustache, il y a une ligne téléphonique mais aucun numéro à ce nom dans l'annuaire.

— Et que dit la petite pute ?

— Elle confirme le récit de son chum.

Ohstrom jeta un nouveau coup d'œil aux photos et revint à Broker.

— Mmm... Intimes à certains moments et pas à d'autres... Call-girl ?

Broker eut une moue sceptique.

— Inconnue au bataillon, et pas assez canon à mon avis, mais vas savoir...

— Bon, Rémi tu t'occupes de ça.

Rémi ressemblait à tout sauf à un Rock Machine, il n'en était pas un à proprement parler. Il prit les clichés et les renseignements dactylographiés que lui tendait Ohstrom en se contentant d'un sobre « okay ».

— On fait quoi des deux conards ? demanda Broker.

— Pour l'instant ils sont bien où ils sont.

Chris se bouffait les ongles de la main droite. En face, Tyna se tenait prostrée sur une bannette. La pièce était étroite et sans fenêtre. Les trois boîtes de Coca qu'avait octroyées Broker tiédissaient sur la table.

— Putain de merde, le Français c'est un flic..., répéta Chris pour la énième fois.

Cette fois Tyna ne hocha même pas la tête, elle ferma les paupières sur des yeux rougis par les larmes.

— Faut pas leur dire, t'entends, faut pas leur dire. S'ils apprennent ça ils vont nous massacrer.

— J'ai rien dit, je te jure.

Chris lui jeta un regard mauvais et s'attaqua aux ongles de sa main gauche.

— Qu'est-ce qui se passe Chris ? On va faire quoi ?

— Ta gueule ! Pis arrête de chialer !

Tyna s'allongea sur la bannette et contempla le plafond.

15

Assis dans un fauteuil du hall, Rémi tourna une page de *La Presse* comme Brenner émergeait de l'ascenseur en compagnie d'un homme en short et chemise hawaïenne.

Tous deux posèrent leur clef sur le comptoir. L'homme en short bifurqua vers les boutiques, Brenner sortit et alluma une cigarette sur le trottoir.

En fait de clef, il s'agissait de plaquettes perforées pour serrures magnétiques. Pas le meilleur modèle à forcer. L'employée du Travelodge rafla les deux plaquettes en même temps et se tourna pour les ranger dans leurs cases respectives.

« Et merde », pensa Rémi. La chambre était la 823 ou la 549...

Il replia *La Presse*, et le journal coincé sous le bras se dirigea vers les ascenseurs. Dans la cabine son doigt hésita sur l'étage. Le Français avait allumé une cigarette, et le 5ème était non-fumeur.

Dans la serrure du 823 il engagea un passe de sa fabrication qui fonctionnait une fois sur deux. Pas cette fois. Rémi rengaina sa plaquette.

Les femmes de chambre gardent en général leur passe quelque part sur leur chariot, pour éviter de l'oublier dans une chambre, d'avoir à en réclamer un autre, et de se faire engueuler. La femme de chambre du 8 avait commencé son travail dans l'autre aile. Rémi attendit qu'elle pénètre dans une chambre et commence de secouer les draps. Il s'approcha du chariot, plongea la main dans un sac accroché à une barre et en ramena une carte perforée.

Qui fit jouer la gâche. Rémi poussa la porte, la bloqua avec sa propre carte et retourna déposer le passe où il l'avait pris.

L'exploration méthodique mais prudente des bagages n'avait pas renseigné Rémi sur la profession du Français. Sur l'identité oui, un billet d'avion était libellé au nom d'Éric Brenner, un billet open. L'étiquette d'une valise portait le même nom et une adresse à La Haye. Rémi entreprit de faire les poches des vêtements de la penderie. Dans celle intérieure d'une veste il découvrit trois cartes de visite, toutes identiques.

— Wow ! fit Rémi en lisant le texte.

Commissaire Éric Brenner, Europol, La Haye.

Plus téléphone, fax et e-mail.

— T'as couché sur la corde à linge ? pouffa Johanne.

— Hein ? fit Brenner en la considérant d'un air ahuri.

Savoie éclata de rire.

— Heu... Je veux dire que tu n'as pas l'air en forme ce matin, traduisit Johanne.

— Ah, non, pas trop... hier soir Luc m'a initié aux microbrasseries...

— Un des trésors du Québec ça ! Et Chris ?

— Pas vu, répondit Savoie. Ni lui ni Tyna.

— Par contre, enchaîna Brenner, une employée de la réception du Travelodge m'a dit qu'une fille m'avait réclamé.

— Tyna ?

Brenner eut une mimique évasive.

— La description des vêtements ne correspond pas, le reste correspond à n'importe quelle fille autour des vingt ans. C'est la seule de cet âge qui puisse me connaître.

— Plutôt encourageant, déclara Johanne.

— Attends la suite..., corrigea Savoie.

— Ouais... J'ai l'impression que l'employée a donné mon grade à la fille. Quand elle a vu que je changeais de couleur en apprenant ça elle n'était plus du tout sûre de ce qu'elle avait dit ou pas dit, mais bon... En tout cas, elle a proposé à la fille de laisser un message, et l'autre a fichu le camp sans rien laisser.

— Ben tiens ! Quelle idée aussi de donner son grade à la réception ! Franchement...

— Je n'ai rien donné du tout, protesta Brenner. La réservation a été faite par Europol, et quelqu'un a cru bon de préciser ma qualité.

— N'empêche, après ça rien d'étonnant qu'ils aient disparu, conclut Johanne.

— Quelle est la suite du programme ? demanda-t-elle après une minute d'un silence épais.

— J'ai rendez-vous avec le commandant Hicks.

Rémi décroisa les jambes et secoua la tête.

— Non, je n'ai pas eu besoin de pousser les voisins, ils sont très fiers d'avoir une enquêtrice du SPCUM pour voisine.

Ohstrom jouait avec la carte de visite.

— Broker ?

— Ça ne sent plus la méchante embrouille, ça la pue carrément.

Ohstrom pianota quelques mesures sur son bureau.

— Et je n'arrive pas à joindre notre amie..., dit-il à mi-voix. Ce n'est peut-être qu'une coïncidence supplémentaire, cette dame se déplace beaucoup.

Broker fit la grimace.

— Quoi qu'il en soit, poursuivit Ohstrom, fais passer la photo des deux flics aux gars, qu'ils aient leurs têtes en mémoire et fassent attention.

— Je comprends commandant, dit Brenner, j'ai eu moi-même à composer entre l'effectif de mon service et le nombre d'affaires à traiter. C'est une des choses dont Europol me dispense, je n'en suis pas fâché.

Hicks écarta les mains.

— Entendons-nous bien, je ne vous mets pas le couteau sous la gorge. Je ne vois aucun inconvénient à ce que Savoie et Desjardin continuent de vous aider, mais les bloquer sur cette affaire sans plus d'éléments ne sera pas possible. Vous pouvez par contre rester notre hôte aussi longtemps que vous le souhaitez, et utiliser notre infrastructure à votre convenance.

— Je vous remercie. Mais si je suis assez libre de mes mouvements, ma présence ici ne tient qu'à la bonne volonté d'un procureur et d'un juge d'instruction, qui ont eux-même besoin d'un minimum de concret pour justifier leur position.

Hicks eut un bref hochement de tête.

— J'avais cru le comprendre. Les termes de la commission rogatoire sont un peu, comment dire... tirés par les cheveux.

Brenner esquissa un sourire.

— C'est que les magistrats ont dû composer avec les critères de compétence.

— Vous avez de la chance, les nôtres sont moins compréhensifs.

— C'est surtout une question de personnalité, quand les nôtres ont décidé d'être insupportables, ils peuvent faire très fort, je vous assure.

— Oui, vous avez raison, ce n'est souvent qu'une question de personnalité. Mais bon sang, il est des personnalités dont je me passerais !

Hicks observa un moment de silence, comme absorbé par une pensée sombre, puis haussa les épaules.

— Enfin, nous n'y pouvons rien...

Il haussa de nouveau les épaules, retrouva un air convivial et ajouta.

— J'avais songé vous demander un service, commissaire.

— On t'avait gardé ta place au restaurant, dit Johanne, pourquoi tu n'es pas venu ?

Brenner eut un geste d'excuse.

— Je m'étais lancé dans le chat', je n'ai pas vu passer l'heure. Ensuite j'avais rendez-vous avec une journaliste de *La Presse*.

— Une journaliste ? demanda Savoie étonné.

— Une idée de votre commandant. Montrer que les relations policières Européo-Québécoises sont au beau fixe. Je dois admettre que cette journaliste connaissait son sujet sur le bout des doigts, le Troisième Pilier, Schengen, tout ça, impeccable. Par précaution l'article ne paraîtra que lorsque je serai parti. J'ai aussi préparé un texte avec Nath pour votre site Internet.

— Ça n'a pas l'air de t'avoir rendu joyeux, constata Johanne.

— Je n'ai rien trouvé sur le chat'. J'ai échangé quelques phrases avec CoolWebeur, cette fois la preuve est faite : il préfère les Québécoises aux Françaises, je ne me suis même pas fait draguer...

— Tu avais un pseudo féminin ?

— Oui, mais pas JohanneD, rassure-toi.

Johanne leva les yeux au ciel.

— Sinon, j'ai envoyé un fax à mon juge d'instruction, trois pages pour lui expliquer que grosso modo je patinais dans la semoule. Pas de quoi hurler de joie, donc. Et vous, bonne journée ?

Johanne aplatit de la main la pile de documents qu'elle avait posée sur son bureau.

— Nous avons saisi trente-sept appareils d'amusement non conforme...

— Joli coup, fit Brenner d'un ton neutre.

— Ouais, intervint Savoie, à l'heure qu'il est les trois quarts ont dû être remplacés... On en a profité pour poser des questions à propos de Chris, c'est le genre d'endroit où il peut traîner, et ceux que nous interrogions étaient disposés à nous faire plaisir. Mais personne ne l'a vu récemment, ni lui ni sa pute.

— J'ai appelé la réception du Travelodge il y a un quart d'heure, personne ne m'a réclamé.

— Fallait s'y attendre... On a demandé aux collègues des divisions stupéfiants et gangs de rue d'interroger leurs clients sur nos deux connards, logiquement on devrait obtenir un résultat.

— Surtout qu'on leur a dit de ne pas lésiner sur les promesses d'indulgences, compléta Johanne.

Puis elle se tourna vers Savoie et montra la pile de papiers.

— Qui se charge de la paperasse, toi, moi, nous deux ?

— Nous deux, répondit Savoie en approchant son fauteuil.

Brenner les regarda travailler quelques minutes, puis se plongea dans les copies des mail envoyés et reçus par Sophie. Sans y trouver plus d'éléments que lors des précédentes lectures. Il explora une nouvelle fois le disque dur, à la recherche de fichiers égarés, et parvint à récupérer quelques parcelles de dialogues ICK qui avaient échappé à son premier examen. Mais il ne s'agissait que de banalités. Il finit par couper l'ordinateur et se massa les yeux.

— Tu fais quoi cette fin de semaine ? lui demanda Savoie.

— Rien de particulier, pourquoi ?

— Ça te dirait de la passer chez nous ? On a une maison de campagne au bord d'un lac du côté de Saint-Donat, c'est très joli. L'été ma femme y reste la semaine, je la rejoins dès que je peux.

— Ça me ferait très plaisir, mais je ne veux pas vous déranger.

— Penses-tu ! Ma femme m'a déjà traité de vieil ours parce que je ne te l'avais pas proposé !

— Eh bien d'accord, merci.

— Et toi Johanne ?

Johanne leva la tête de ses P.V.

— Je te remercie Luc, mais j'ai encore des tas de trucs à faire chez moi.

— Tu ne peux pas les remettre ?

Johanne secoua la tête.

— J'ai déjà remis et remis...

Elle donna un coup d'œil à sa montre et ajouta.

— D'ailleurs je vais y aller dès que j'aurai terminé ça.

Johanne fixa longuement les deux tableaux empaquetés dans son coffre, puis ferma le capot. Assise au volant, elle relut les adresses des galeries dont elle avait relevé la liste dans l'annuaire. Après avoir mis le contact elle consulta sa montre pour la énième fois. Et parvint à se convaincre qu'il était trop tard, que ce serait mieux demain. Oui, ce serait mieux. Demain.

Spowart baguenaudait dans le supermarché depuis trois quarts d'heure sans quitter l'entrée des yeux. Lorsqu'il vit Johanne passer la porte il acheta un paquet de Player's, histoire d'acheter quelque chose, et lui laisser le temps de s'installer.

Il choisit une banquette qui laissait une table vide entre elle et lui, commanda une *Maudite* et se plongea dans sa revue. La même que la veille.

Johanne reconnut l'homme et le magazine. Elle hésita à engager la conversation, et comme elle se décidait à lui demander le sel ou le poivre, Spowart décrocha le cellulaire de sa ceinture. Cette fois il obtint sa communication. Il parla assez bas pour ne pas informer tout le restaurant de ses affaires, assez haut pour qu'en tendant un minimum l'oreille sa voisine ne perde rien.

— Allô ? ... Bonjour, c'est Lionel. ... Oui oui ça va, j'essaie de te joindre depuis deux jours. ... Je ne suis pas très loin de chez toi, vers Saint-Eustache. ... Ah bon ... Oui, je comprends. ... Non je ne t'en veux pas. C'est le lot des petites galeries comme la mienne, quand les peintres qu'on expose rencontrent un peu de succès ils s'adressent à des maisons plus solides, c'est dans l'ordre des choses. ... Je sais que c'est eux qui t'ont démarché, et que je ne peux pas t'offrir autant. ... Okay. Tu passes récupérer tes toiles quand ? ... Ah, c'est eux qui passeront... ... Parfait. ... Bon, et bien au revoir, à un de ces jours.

Spowart coupa la communication et ajouta un « qui sait... » amer. Puis il acheva sa bière d'un trait, saisit sa veste et quitta la salle de restaurant.

Lorsque Johanne remarqua le magazine oublié sur la banquette, elle se précipita vers la barrière et chercha Spowart du regard. Il n'était plus là.

Johanne revint à sa table et parcourut la revue. Un encart publicitaire marqué d'une parenthèse au stylo bleu s'accompagnait d'une note manuscrite : *penser à renouveler l'ordre d'insertion*. L'encart présentait la *Galerie Lionel Spowart*, dans le vieux Montréal.

16

— Reprenez des bleuets, proposa Annie Savoie avec un grand sourire. Vous avez l'air d'aimer ça !

Brenner se tapota l'estomac.

— Je vais éclater !

Mais il se resservit, un demi-bol de myrtilles grosses comme des noisettes, qu'il saupoudra de sucre. Un rien gourmand, Brenner.

Le chalet des Savoie n'était pas exactement un chalet, plutôt une maison mobile et évolutive. Plus vraiment mobile, le timon disparaissait sous les fleurs, mais très maison. Grâce à l'ajout d'un module elle avait évolué, et offrait trois chambres, une cuisine et un salon.

Ce dernier ouvrait sur une pelouse qui entre deux sapinières s'inclinait en pente douce jusqu'à l'eau. Un ponton de bois prolongeait le sentier de quelques mètres, une barque y était amarrée

— On l'appelle lac du Rat Musqué, dit Savoie. Je ne sais pas pourquoi, vu qu'il n'y a pas plus de rats musqués qu'ailleurs. Par contre, il est riche en dorés.

— Les dorés, c'est quoi ?

— Des poissons, y en a des gros, plus de dix livres.

— Ils ressemblent à quoi ?

Savoie lui décrivit avec force détails, Brenner hocha la tête.

— C'est ce qu'on doit appeler le sandre.

— Tu es pêcheur ?

— Ça t'étonne ?

— Non, pourquoi ?

— En France quand je le dis ça fait toujours sourire. Je suppose que ça ne cadre pas avec mon personnage. Ou avec le holster d'aisselle.

— Bah ici tu sais, celui qui n'est ni pêcheur ni chasseur, il s'est trompé d'histoire !

— J'imagine. On a croisé combien de lac entre ici et Montréal ?

— Je ne sais pas, impossible de les compter. Alors, ça te dit d'aller teaser les dorés ?

— Un peu que ça me dit ! Tu utilises quel genre de leurre ?

Johanne demeurait plantée près du coffre ouvert, la revue coincée sous le bras. Elle pourrait aller à la galerie simplement pour rendre le magazine, et engager la conversation. Spowart avait l'air sympathique, il lui proposerait de jeter un coup d'œil à ses toiles, ne serait-ce que par politesse. Elle aurait moins l'impression de... De quoi ?

Johanne se traita d'imbécile, de froussarde, de tas de noms d'oiseaux. Puis glissa la revue dans son sac à main, retira le tableau du coffre et s'éloigna rapidement avant de changer d'avis.

Plus bas dans le Vieux Montréal, un type chantait Frehel. Avec un accent prononcé. Belge, estima Johanne.

« Comme une fleur !... »

Curieusement cela renforça sa détermination.

Accoudé à la balustrade de protection, Doug Ohstrom contemplait les vedettes du port de plaisance plusieurs mètres en dessous. Avec une attention particulière pour un Bertram 43, le sien. Stracey Layne se tenait à ses côtés, dans la même position. Cheveux relevés, vêtue d'un jean et d'un chemisier noir, elle paraissait presque sage. Son mari était près d'elle.

— D'accord madame Layne, vous n'êtes pas facile à rencontrer, alors si vous préférez parler ici plutôt que sur mon bateau, parlons ici.

— Je préfère. En général c'est moi qui fixe les rendez-vous, et je n'ai pas tellement aimé la façon dont vous avez fixé celui-là. Pouvez-vous m'expliquer, maintenant ?

Elle avait parlé sans la moindre trace de sympathie, à la limite de l'hostilité. Doug pivota et se tint adossé à la barrière. Les Layne l'imitèrent. Il tendit une photo à Stracey.

— Connaissez-vous ces personnes ?

Elle jeta un rapide coup d'œil au cliché.

— Non. Je devrais ?

— Et celles-ci ?

— Non plus. Vous en avez encore beaucoup ?

Doug resta de marbre.

— Si vous ne les connaissez pas, vous feriez bien de vous y intéresser.

— Ah bon ? dit Stracey d'un ton ironique.

Ohstrom posa le doigt sur un des clichés.

— Ce type s'appelle Éric Brenner, c'est un commissaire Français d'Europol, il vient de La Haye. Je ne sais pas exactement ce qu'est Europol, mais le nom ne me plaît pas.

Doug eut la satisfaction de voir Stracey tiquer, il poursuivit.

— Elle s'appelle Johanne Desjardin, c'est une enquêtrice du SPCUM, de la brigade moralité. Ça je sais ce que c'est, et je n'aime pas non plus. Ces deux flics travaillent ensemble, ici.

Stracey examina plus attentivement les photos et les passa à son mari, qui les lui rendit après un mouvement de tête négatif.

— Très bien Ohstrom, en quoi suis-je concernée ?

— Les deux autres, c'est un dealer doublé d'une balance et sa pute. Ils sont en relation avec ces flics et cherchent à leur procurer des snuff-movies.

Cette fois, Doug vit nettement les muscles de la mâchoire de la femme se contracter.

— Vous vous occupez de snuff maintenant, Ohstrom ?

Elle essayait crâner mais le ton n'y était plus.

— Ne me prenez pas pour un imbécile. Les gamins, vous allez leur offrir quoi, des colonies de vacances ?

— Ce que je vais en faire ne vous regarde pas, je vous l'ai déjà dit. Et je ne vous prends pas pour un imbécile, au contraire. Vous cherchez quoi, à renégocier nos accords ?

— Nos accords sont caduques, chère madame.

Stracey se décolla de la barrière d'un coup de rein.

— Si vous vous foutez de moi ça va mal finir !

Ohstrom s'avança comme pour la dissuader de s'en aller. La main de Thomas Layne fila sous sa veste.

— Du calme monsieur Layne, regardez autour de vous.

Thomas interrompit son geste, ses yeux balayèrent le secteur. À quelques mètres Broker tenait son poignet droit enfoncé dans la poche de son cuir. Plus loin, disséminés sur l'esplanade parmi les promeneurs encore rares, quelques Rock Machine et leurs Harley formaient un large demi-cercle, qui les englobait. La main de Layne regagna sa ceinture. Stracey s'appuya de nouveau à la barrière et étira un sourire.

— Okay Doug, vous voyez la Mercedes là-bas, avec les vitres fumées ?

D'un battement de paupières Ohstrom montra que oui. Stracey appuya son sourire.

— C'est la mienne. Mon chauffeur est à l'intérieur. Karl est un tireur d'élite, il me vient de la Légion Étrangère.

Ohstrom enregistra l'information sans broncher, il crut distinguer un reflet derrière les glaces teintées.

— Alors, reprit Stracey, on fait quoi ? On s'entretue ?

— On parle.

— De quoi ?

— De ce qui fait que peu après que vous m'avez contacté pour ce transport un flic vient d'Europe parler de snuff à mes gars.

— Comment voulez-vous que je le sache ?

— Je m'en fiche, mais je crois que vous auriez intérêt à vous en préoccuper. À moins que vous ayez une excellente raison de ne pas vous en faire.

Stracey se raidit.

— Vous sous-entendez quoi par là ?

— J'additionne des faits : vous me proposez une affaire, des flics me tournent autour. Les provocations, ça ressemble à ça.

— Vous ne manquez pas d'imagination.

— Sûr ! Mais je suis encore ici alors que d'autres sont en prison. Quoi qu'il en soit, ou vous me fournissez une explication, et une solide, ou vous trouvez quelqu'un d'autre pour convoyer vos mouflets.

Stracey eut un geste de mauvaise humeur.

— J'ai engagé des frais dans cette opération !

— Je compatis.

Stracey le dévisagea quelques secondes, puis hocha la tête.

— D'accord... Je ne peux rien vous dire aujourd'hui, vous

venez de m'apprendre l'existence de ces flics, mais je vais tâcher de me renseigner, comme vous dites, j'y ai intérêt. Je peux garder les photos ?

— Bien sûr, et tenez – il sortit une feuille pliée en deux de sa poche – voici ce que j'ai obtenu sur eux.

Stracey parcourut rapidement le texte.

— Dès que j'ai quelque chose je vous contacte.

— J'y compte bien.

Comme elle allait s'en aller Ohstrom se planta devant elle, le visage à quelques centimètres du sien.

— Mais à la moindre embrouille, vous, votre mari, votre chauffeur et votre Mercedes, je vous fais sauter au lance-roquettes.

Stracey ne répliqua pas, elle pivota sur ses talons, fit signe à son mari, et tous deux s'éloignèrent en direction de la voiture.

— Beau morceau quand même, grinça Broker en appréciant la démarche.

— Ouais, dit Ohstrom, dans le genre crotale.

Il se tourna vers le port.

— Tu viens avec moi, j'ai envie de faire un tour sur le fleuve.

D'un geste Broker donna congé aux Rock Machine.

Savoie dandinait un leurre de la pointe du scion, au droit d'une souche immergée quelques mètres sous la surface.

Les moustiques cherchaient le défaut de la couche de répulsif dont les deux hommes s'étaient enduits, et la trouvaient. Brenner en écrabouilla un sur sa nuque, un autre sur sa joue.

— Sont teigneux, hein ! Pas pire que les ours remarque, avec eux, si t'oublies un sandwich dans la valise du char, t'es bon pour le carrossier !

Brenner fit rebondir son appât.

— Par contre les dorés..., ironisa-t-il.

D'un revers de manche Savoie essuya la sueur de son front.

— Oui... L'eau est trop chaude par ici, on va aller de l'autre côté, y a plus de fond.

Il amena sa ligne et empoigna les rames.

— Dis, je voulais te demander, y a eu un problème avec la petite ?

Brenner mit quelques secondes à comprendre qu'il parlait de Johanne, et eut une mimique embarrassée.

— Disons que je n'ai pas été très fin...

Savoie se racla la gorge.

— Tu sais, je la connais depuis peu et elle parle rarement d'elle, mais j'ai l'impression que c'est une fille qui n'a pas rigolé tous les jours dans sa vie, et qui garde tout à l'intérieur. Une fille à qui il n'est pas difficile de faire mal.

Brenner chassa un moustique invisible ; peut-être une mouche noire.

— Je l'ai déçue, c'est certain, et je le regrette, mais je ne pense pas l'avoir fait souffrir. Elle m'a remis à ma place, on s'est expliqué, maintenant les choses sont claires. Je crois qu'elle a été plus vexée que malheureuse, comme moi, quoi.

Savoie hocha la tête et reprit sa canne.

— Bon bon, alors tant mieux.

Il releva le pick-up du moulinet et contrôla l'immersion du leurre d'un doigt sur le tambour.

Stracey claqua la portière et se tourna vers la banquette arrière, vide.

— Merci Karl !

Son mari enfila la clef dans le barillet avec humeur.

— On ferait bien d'en embaucher un de Karl.

— On dirait... Tu as quelqu'un en vue ?

Thomas engagea la Mercedes sur le mill de la Commune.

— Non, mais je vais m'en occuper. Tu aurais pu t'y prendre mieux avec Ohstrom.

— Cette espèce de vieux biker me tape sur les nerfs.

— On en a besoin. S'il nous lâche on fera quoi ? On s'adressera aux ritals ?

— C'est ça ! Et dans trois mois ils nous éjectent. Laisse la mafia où elle est.

— Alors ?

Stracey agita les photos.

— On va tirer ça au clair. Spowart se croit trop malin, il a pu commettre une erreur.

— C'est peut-être une embrouille d'Ohstrom.

— J'y ai pensé figure-toi, mais je ne vois pas où serait son intérêt.

— Prendre notre place.

— Oui, mais pourquoi monter une histoire pareille, son lance-roquettes suffirait, non ?

Instinctivement Thomas jeta un coup d'œil dans le rétroviseur. Il n'y remarqua rien d'alarmant et mit le clignotant à droite.

— Prend plutôt l'autoroute Bonaventure, si on a un fil à la patte on va le promener avant d'aller chez Spowart.

Johanne prit une profonde inspiration et poussa la porte.

L'intérieur était frais, climatisé, éclairée par la lumière indirecte tombant sur les toiles. Peu nombreuses au demeurant. Dans un bureau attenant, l'homme qu'elle avait vu à la cafétéria parlait au téléphone. Il plaqua la main sur l'appareil et lui fit signe qu'il n'en avait que pour un instant.

Johanne se dirigea vers les tableaux les plus proches. Deux toiles hyperréalistes, *Le Château de sable* et *Voyage sans retour*, dont les détails l'absorbèrent rapidement. Elle ne remarqua Spowart que lorsqu'il fut près d'elle et dit :

— Bonjour, je m'appelle Lionel Spowart. Ces toiles te plaisent ?

— Bonjour, Johanne Desjardin. Oui, c'est fascinant de précision et de mystère. On doit pouvoir les regarder des heures et des heures sans parvenir à les connaître...

— C'est vrai, elles m'étonnent chaque fois. Tu es amateure d'hyperréalisme ?

Johanne se sentit brusquement ridicule.

— Non, enfin j'aime beaucoup mais... En fait je suis venue... Je...

Elle se résolut à fouiller son sac d'une main, son paquet calé sous l'autre bras.

— J'étais à Déli-Québec hier soir, tu as oublié une revue, alors je l'ai ramenée.

Spowart la considéra avec surprise, puis se fendit d'un large sourire.

— Merci beaucoup. Je me demandais où je l'avais perdu... Je suis confus, j'espère que tu n'as pas fait le déplacement exprès...

— Je me suis permis de la feuilleter, j'ai remarqué que tu avais annoté des pages, j'ai pensé que c'était important. Mais j'aime beaucoup la peinture, alors c'était un bon prétexte, et puis j'avais un peu de magasinage en vue à Montréal.

Spowart écarta les mains, embarrassé.

— Vraiment... je suis confus... Je ne sais pas comment te remercier.

Le peu d'assurance qu'avait acquis Johanne s'évanouit. Elle sentit son dos se couvrir de sueur et dû se mordre la joue pour se lancer.

— Je... En réalité je peins, et si tu n'avais pas oublié cette revue je n'aurais jamais eu le courage de venir. Je n'ai jamais montré mes toiles à personne. Voilà... Je dois avoir l'air d'une idiote...

Spowart secoua doucement la tête.

— Du tout.

Il montra le paquet.

— C'est une toile ?

— Oui, dit-elle après une hésitation.

Spowart sourit gentiment.

— Tu vas repartir sans me la montrer ?

Elle fit non de la tête et lui remit le tableau. Spowart ôta le papier kraft et se dirigea vers le fond de la salle. Il accrocha la toile sur un emplacement vide, alluma le plafonnier halogène, puis recula de quelques pas.

Johanne le voyait de dos, immobile, bras croisés devant lui. Elle ne s'approcha pas, terrifiée à l'idée de découvrir son expression. Elle pensa quitter la galerie, revenir plus tard, laisser son adresse et ne jamais revenir.

— Tu as fait une école, suivi des cours ? demanda Spowart sans se retourner.

— Non, j'ai appris seule, comme ça.

Elle se retint d'ajouter « pourquoi ».

— C'est pour ça..., murmura-t-il toujours sans se retourner

mais en englobant la toile d'un geste arrondi de la main. On me propose beaucoup de choses, reprit-il un ton plus haut, la plupart sont peintes *à la manière de*. La technique est irréprochable, mais il manque souvent l'essentiel, la sincérité, la vérité. La technique s'apprend, le talent... se cultive, à la rigueur.

Spowart pivota, son visage avait une expression grave, presque triste.

— Et de talent, Johanne, tu n'en manques pas.

Il vint près d'elle, la prit par le coude et montra son bureau.

— Viens, asseyons-nous.

Johanne se laissa guider jusqu'au fauteuil. Spowart posa les coudes sur la table, resta un instant silencieux, puis fit la moue.

— Je ne vais pas passer des heures à t'expliquer combien tu es formidable.

Il vit Johanne se raidir.

— Je vais te dire les choses telles qu'elles sont, si tu as d'autres toiles de cette qualité, je suis disposé à les exposer. J'ajoute que ce serait une chance pour moi. Mais je ne veux pas te faire miroiter succès et reconnaissance. Ma galerie est une petite galerie, je ne pourrais pas t'offrir la grande presse, les salons et toutes ces choses. Tu le mérites, mais je n'en ai pas les moyens. Je ne peux que te promettre de faire mon possible. Voilà. Qu'est-ce que tu en penses ?

Spowart la fixa, comme anxieux de sa réponse. Johanne s'était assise de biais, le bout des fesses au bout du fauteuil. Les mollets un peu forts, les épaules un peu larges, la fille du peuple un rien naïve, l'idéal. Les plastiques irréprochables rendent rarement à l'écran, le client cherche de l'authentique, du sincère. Il vit sa poitrine se soulever par saccade, l'émotion. Des seins honorables, qu'il décida ferme, qu'il lui tardait de déballer. Mais avec ce genre d'idiote mieux valait ne pas précipiter les choses.

Elle baissa les yeux, chercha ses mots.

— Je... je ne croyais pas qu'une chose pareille m'arriverait... C'est comme un rêve...

— Non, Johanne, une logique, tu peins de belles choses, on les montre.

Elle lui sourit, les yeux brillants.

— C'est tout de même un rêve, tellement inespéré... Alors la presse, la reconnaissance... Etre exposée me suffit.

— D'accord, mais je devais te le dire. Tu as d'autres toiles disponibles ?

— Oui, chez moi. Je peins depuis des années alors j'en ai pas mal, mais je ne sais pas ce qu'elles valent.

— Il faudra que je les voie pour te donner une réponse définitive.

Il ouvrit son agenda et fit la grimace.

— Aujourd'hui je suis bloqué, mais demain je peux passer chez toi. Vers quatorze heures ça irait ?

— Bien sûr !

— Tu me donnes ton adresse et ton téléphone ?

Elle lui donna. Lionel nota sur son calepin

— Est-ce que je peux te joindre au travail également ? Oh ! je ne t'ai même pas demandé ce que tu fais dans la vie, s'exclama-t-il comme s'il avait manqué à tous ses devoirs.

— Je... je ne préfère pas. Je travaille à la Générale du Québec, j'ai une chef pas très conciliante.

« Et un amant volage » pensa Lionel en disant :

— Je comprends.

— Mais c'est provisoire, j'attends autre chose.

Spowart rangea le calepin, puis ouvrit un tiroir, fouilla dans une chemise et en retira une feuille qu'il tendit à Johanne avec une mimique d'excuse.

— C'est un contrat type, rien de très artistique hélas, mais nécessaire. Étudie-le à tête reposée. On reverra ça demain.

— Merci, dit Johanne en rangeant le document dans son sac.

— Tu veux faire le tour de la galerie ? Tu y es un peu chez toi maintenant.

— Volontiers.

Il lui expliqua chaque toile, les symboles, les détails cachés, ce qu'on pouvait voir, ce qu'il fallait comprendre. Elle l'écouta, un peu grise, Spowart avait une belle voix, celle d'un passionné. Ils se séparèrent sur une poignée de main.

Lionel la regarda s'éloigner, puis vint se planter devant le tableau et y demeura quelques minutes.

Le pire, c'est que ce n'était pas mal du tout. Il y aurait moyen de tirer de l'argent de ça aussi.

Johanne remontait Saint-Paul sur un nuage, presque étonnée que les passants ne la félicitent pas. Elle éclat de rire, sans raison, et décida qu'il lui fallait boire quelque chose, de fort.

En terrasse elle sortit le contrat de son sac, le lut, et le relut.

Et le lisait encore quand la serveuse amena une vodka frappée.

Broker raidit l'amarre et la tourna sur le taquet. Doug éteignait un à un les instruments du fly, le visage fermé. Durant la navigation les deux hommes avaient peu parlé. Bien qu'il n'ait jamais été partisan de travailler avec Stracey Layne, Broker s'était gardé du moindre triomphalisme. Après tout, il avait admis que cette femme avait des arguments, autres que son physique. Dollars, avait-elle dit, canadiens ou US, au choix. Sterling ou Deutschmark, si vous préférez. Des arguments, quoi. Il était d'accord aussi sur le fait que dans un monde où celui qui n'est pas partout s'expose à être rapidement nulle part, les Rock Machine ne devaient négliger aucun marché. Les relations du gang avec la mafia, savant mélange d'affectueuses accolades et de coups de poignards dans le dos, étaient au beau fixe. Tellement beau et tellement fixe, que ça ne pouvait signifier qu'une chose, les italiens affûtaient leur lame, aiguillonnés par les récentes déconvenues des Rock. Si Ohstrom n'avait pas traité avec Layne, la mafia aurait sauté sur l'occasion. Ça commence comme ça, et ça finit par une Guzzi à la place des Harley.

On pouvait également envisager que les Layne soient téléguidés par les ritals, grands amateurs de coups tordus.

Broker l'avait envisagé, à voix haute, peu après la sortie du port, l'humeur d'Ohstrom ne s'en était pas trouvée améliorée.

Doug sauta sur le quai, vérifia les amarres et rectifia une attache qui n'en avait nul besoin.

— Broker ? fit-il accroupi près du taquet.

Le Rock Machine se pencha vers son chef.

— Oui ?

— Chris et sa pute là...

Ohstrom mima une seringue plantée dans la saignée du bras. Et poussa le piston.

Les pupilles de Stracey avaient une fixité reptilienne. Celles de son mari ne valaient guère mieux. Spowart sentit un frisson courir le long de sa colonne vertébrale. N'importe qui dans ces conditions lui aurait logé une balle dans la tête, là tout de suite sans discuter, et aurait tiré sa révérence. N'importe qui de sensé. Il avala une gorgée de scotch pour se donner une contenance. Stracey n'avait pas touché son verre, le danger la rendait sobre.

— Tu es sûr que c'est elle ? demanda-t-elle en remuant à peine les lèvres.

Lionel prit la photo et l'examina de nouveau.

— Certain. Elle était assise à ta place. Même nom, même adresse, même visage.

— On dirait que tu as commis une erreur, remarqua Stracey comme on constate une évidence.

Spowart ne se laissa pas démonter.

— Je ne vois pas où, mais si tout cela est vrai, je suis obligé d'admettre que c'est curieux.

— Curieux ? Je n'ai pas l'impression que ce soit seulement curieux.

Le regard de Stracey était devenu brillant. D'excitation. Le même que lorsqu'elle visionnait un snuff, ou qu'elle mettait la main à la pâte dans le chalet. Spowart se demanda si elle n'était pas en train de prendre son pied. Lui même admettait que son frisson de tout à l'heure ne tenait pas que de la peur. En tout cas, lorsqu'il repensait à Johanne, les images que formait son cerveau n'avaient pas changé. Son érection non plus. Sinon en mieux.

— C'est vrai, c'est aussi... intéressant. Tu as envisagé la suite ?

L'espace d'une seconde il eut l'impression de l'avoir prise au dépourvu. Elle humecta ses lèvres du bout de la langue.

— J'allais te poser la même question. Tu me parais le premier concerné, non ?

Spowart hocha la tête. Il avait réfléchi tandis qu'il leur

détaillait sa rencontre avec Johanne Desjardin, peintre timoré en proie au doute du créateur.

— Je vais honorer mon rendez-vous.

Stracey ne cilla pas, il continua.

— Pour une raison quelconque les flics sont après moi, si je n'y vais pas j'en deviendrai plus suspect encore, alors je vais y aller. Et faites-moi confiance, je saurai ce que cette fliquette a dans le ventre.

Stracey éclata d'un long rire de gorge, artificiel mais bien imité.

— Joli, Lionel, joli ! Tu aimes ça, hein, jouer avec le feu ?

— Ne me dis pas que tu n'aimes pas.

Elle ne le dit pas. D'autant moins que si quelqu'un devait griller ce serait lui, et qu'à ce spectacle elle battrait des mains. C'était ce que renvoyait l'expression de son visage. Ce n'était pas ce qu'appréciait Spowart, qui songea qu'il lui faudrait corriger le tir dans ce domaine. Restait à déterminer comment.

— Sois tout de même prudent, Lionel. Je serais navrée de perdre un fournisseur de ta qualité.

Le ton était juste assez froid pour que transparaisse la menace.

— Pas de danger, rétorqua Spowart, je tiens à moi.

— Parfait ! Alors disons que j'attends de tes nouvelles... demain soir ?

— Sans faute.

Stracey se leva, imitée par son mari. Spowart se leva à son tour et montra la galerie.

— Veux-tu voir le chef d'œuvre de notre chère Johanne ?

— Je ne manquerais ça pour rien au monde.

Tyna dormait la tête entre ses bras posés sur la table. D'un œil, car elle se redressa dès que Broker pénétra dans la pièce. Chris ronflait comme un sonneur sur la bannette. Broker y flanqua un coup de pied. Réveillé en sursaut, Chris regarda autour de lui d'un air ahuri.

Broker s'approcha de Tyna, la prit par l'épaule et la décolla de sa chaise.

— Viens-là toi.

Il la confia aux bons soins des deux Rock Machine qui attendaient dans le couloir, retourna dans la pièce et ferma la porte. Chris était à peine moins ahuri.

— On dirait que les choses s'arrangent pour vous, déclara Broker.

Chris accueillit l'information avec soulagement, et se gratta les testicules.

— Doug a encore quelques questions à poser à ta blonde, ça risque d'être un peu long, mais après on vous ramène au bercail.

Chris parvint à dissimuler sa trouille, mais arrêta de se gratter.

— On dirait que ça te fait pas plaisir, remarqua Broker.

— Ben si, grinça Chris, qu'est-ce que tu crois !

— Je sais pas, mais t'as pas l'air en forme, la petite pute t'a trop pompé ou t'as pas eu ta dose ?

Chris ricana comme un imbécile.

— Ben c'est vrai que je cracherais pas sur une clope bien trempée.

— Désolé, j'ai pas, fit Broker en se dirigeant vers la sortie.

Puis il parut se raviser et fouilla dans ses poches.

— Par contre j'ai ça.

Il posa une boîte inox sur la table et l'entrouvrit. Une seringue, un flacon et tout le nécessaire.

— Tu peux y aller, c'est de la bonne.

Il consulta sa montre et ajouta :

— À mon avis tu as trois bonnes heures à tuer, au moins.

Sur quoi il sortit.

D'une poussée dans le dos Broker décida Tyna à avancer.

— Où vous m'emmenez ? demanda-t-elle.

— Doug veut parler à ton chum en tête à tête, alors on te met ailleurs. Te plains pas tu seras mieux.

Il l'introduisit dans une pièce plus spacieuse. Le lit n'était pas large mais c'était un lit, pas un bas-flanc. Un fauteuil s'ajoutait aux chaises. Il y avait un réfrigérateur, et une fenêtre, au volet métallique verrouillé par un gros cadenas.

Tyna s'assit sur le lit, mains jointes entre ses cuisses serrées.

Broker s'approcha et la dévisagea. La fatigue et l'angoisse

avaient creusé ses traits, gonflé ses yeux, la sueur collé ses cheveux. Pourtant elle avait plus que jamais l'air d'une gamine. Une gamine maladive et fébrile, dont les pupilles balayaient la pièce sans parvenir à se fixer, évitant le Rock Machine.

— Sympa ton mec, dit Broker, y prend le lit et y te laisse la table. Là t'en as un pour toi toute seule.

Tyna haussa les épaules mais son menton tremblota une seconde.

La mettre en confiance. Qu'elle accepte le cadeau sans broncher. Il était sûr que l'autre connard se shooterait, garantie sur facture ça. Mais avec la gonzesse il craignait le pire.

— T'en as gros sur la patate, hein ?

Nouveau haussement d'épaules.

Broker jura intérieurement. La psychologie féminine l'avait toujours laissé perplexe. D'où un dialogue épuré en général. Une bonne paire de claques dans la gueule et tout était dit. Là ce n'était pas l'envie qui lui manquait. Juste l'utilité.

— On voit que tu as besoin de dormir, dit-il avec toute la bonhomie qu'il put trouver.

Haussement d'épaules, encore.

Broker prit sur lui.

— T'inquiètes pas, ton mec s'est mis dans de sales draps, mais on sait que tu n'y es pour rien. On était obligé de t'amener ici, question de sécurité, il n'y en a plus pour longtemps maintenant.

— Vous allez me laisser partir ? Quand ?

Elle n'avait pas haussé les épaules cette fois, mais le regardait les yeux brillants d'espoir, comme on regarde celui qui annonce une bonne nouvelle, un ami.

— Évidemment qu'on va te laisser partir, qu'est-ce que tu crois ! Demain matin je pense.

Broker avança la main en direction de son visage. Elle eut un mouvement de retrait, comme pour éviter une gifle. Il interrompit son geste et sourit, puis le poursuivit, et releva une mèche qui lui tombait sur l'œil.

— T'es une sacrée nana quand même, alors je vais te dire un truc, si demain t'as pas envie de retourner avec ton chum, t'auras qu'à faire signe, c'est pas la place qui manque ici.

Il vit passer la surprise dans ses yeux, et quelque chose qui ressemblait à de l'intérêt. Elle sourit à son tour, à peine.

— Je... je n'y avais pas pensé... pourquoi pas...

— Penses-y. Et puis... – il fouilla dans sa poche – comme les dernières nuits sont toujours les plus longues...

Il posa une boîte en inox sur la table et l'entrouvrit.

— Je te laisse le matériel, reprit Broker. Si le cœur t'en dit n'hésite pas, c'est un bon moyen de passer le temps. À demain.

Il se dirigea vers la porte, la voix de Tyna l'arrêta.

— Broker ?

— Oui ?

Elle baissa les yeux et se mordit la lèvre.

— J'ai besoin de faire pipi, s'il te plaît, dit-elle d'une toute petite voix.

Broker montra le fond de la pièce, tout sucre et tout miel.

— Je t'avais dit que tu serais mieux ici, les toilettes sont derrière la porte là, et il y a de quoi boire dans le fridge. Allez bye, à demain.

Il sortit et donna deux tours de clefs au verrou. Tyna fonça dans les toilettes.

L'un des meilleurs et des plus simples moyens de codage reste la méthode des deux bouquins identiques. L'expéditeur choisit les mots dans le texte et les remplace par trois chiffres, numéro de page, numéro de ligne, position dans la ligne. Le réceptionnaire effectue l'opération inverse. Entre les deux un Super Cray en perdrait son binaire. Inconvénient, c'est long. Sauf quand on utilise une version logicielle du système.

Spowart venait de rédiger un message à l'attention de Cool-Webeur. L'avertissant que la police était sur leurs traces. Lui ordonnant d'interrompre toute opération. Etc.

Il enclencha le système de codage. Un à un des chiffres remplacèrent les mots. Ce qui aurait pris une bonne heure fut expédié en quelques instants.

Lionel enregistra le message, puis en demanda une copie sur disquette. L'ordinateur ouvrit une fenêtre de confirmation. Spowart amena le pointeur de la souris sur *Okay*, et l'en écarta sans avoir cliqué.

Si CoolWebeur avait mangé le morceau, codage ou pas, cyber-café ou non, les flics auraient connaissance du message. Qui deviendrait pièce à charge. Et surtout ferait perdre un avantage, Johanne saurait qu'il savait.

Mais si CoolWebeur n'avait pas mangé le morceau, ne pas l'informer du danger pouvait entraîner sa chute, ou la précipiter.

Lionel réfléchit, hésita, puis manœuvra la souris, et cliqua sur *Annuler*.

Wait and see. À traduire par chacun sa merde.

Spowart éjecta du lecteur Zip le disque d'un gigaoctet réservé à ses opérations spéciales. Travailler là-dessus était plus lent que sur un vrai disque dur, mais offrait des avantages. Il jeta le disque dans le cendrier de bronze, versa de l'essence à briquet, et flanqua le feu.

Tandis que le disque achevait de se consumer, Lionel en engagea un autre dans le lecteur. Mêmes programmes, mais n'ayant jamais *communiqué* avec quiconque. Pas compliqué de se refaire une virginité, informatique.

Tyna reboutonna son jean, actionna la chasse et baissa l'abattant du wc. Pas de volet derrière le verre dépoli de la fenêtre, mais une grille en fers carrés d'un centimètre d'épaisseur.

Elle ne comptait pas réellement s'enfuir, surtout qu'elle serait libre demain matin. C'était juste comme ça, pour voir, un réflexe de captif. Elle put constater que la nuit tombait, et retourna dans la pièce principale explorer le réfrigérateur.

Un Coca à la main, elle s'installa dans le fauteuil. Sur la table la boîte inoxydable brillait. Le Coca frais lui fit du bien. La boîte continuait de briller, l'unique ampoule de la pièce pendait au-dessus.

Tyna prit le flacon et le secoua. De l'héroïne, prête à l'emploi. De quoi s'évader de ce trou à rat, en attendant de le quitter pour de bon. Elle en avait envie, mais l'héro elle avait essayé une fois, la violence du flash l'avait effrayée. Trop pour vraiment l'apprécier.

Tyna serra le flacon dans sa main, comme pour le réchauffer. Son métier lui avait appris une chose au moins : les cadeaux gratuits n'existent pas. Ni la douceur chez les Rock Machine. Si le gros Broker avait voulu la baiser, il n'aurait pas eu besoin d'être gentil. Il l'aurait couchée sur la table, elle aurait écarté les cuisses, simulé un orgasme, ou en aurait ressentit un, qui sait. Et s'il avait voulu l'embrasser sur la bouche elle se serait laissé faire, contrairement aux vraie putes de cinéma, parce qu'entre les coups et les exigences des hommes et parfois des femmes elle avait choisi. Depuis le temps, ni son ventre ni ses lèvres ne constituaient plus un point d'honneur. Non, Broker avait été gentil pour l'inciter à devenir sa pute sans renâcler. Pute chez les Rock Machine, la sécurité de l'emploi... Mais si Chris lui laissait la table et prenait le lit, s'il lui parlait comme à une chienne et la traitait souvent plus mal encore, il n'était pas trop exigeant sur le reste. Broker serait d'une autre trempe. D'autres trempes.

Tyna posa le dos de la main sur la table et déplia les doigts. Le flacon était chaud, couleur de paradis boueux, et oscillait sur sa paume.

Où était le point d'honneur ?

Le flacon roula sur la table. Elle le rattrapa au dernier moment, avant qu'il s'écrase sur le carrelage.

Là ! Sur la première phalange de l'auriculaire de sa main droite. Trois points bleus. Un triangle tatoué une nuit. Par qui elle ne savait pas, trop chargée pour avoir conservé ce détail en mémoire. Sa part de mystère et d'extraordinaire, le petit triangle bleu qu'elle avait découvert au matin. Qu'un jour peut-être quelqu'un reconnaîtrait.

Chris avait la bouche grande ouverte, les yeux exorbités et la seringue encore fichée dans le bras.

— Et voilà, fit Broker en refermant la porte.

Il continua dans le couloir, accompagné de deux Rock Machine. L'ouverture de l'autre porte confirma ses craintes : la gonzesse allait les emmerder.

Elle s'était redressée à son entrée et le regardait d'un air interrogatif. Et inquiet. Trois Rock Machine réduisaient de beaucoup l'espace.

— Ça va comme tu veux ? demanda Broker.

Tyna hocha la tête. Broker prit la boîte en main.

— T'avais pas envie d'un petit flash ?

— Non... L'héro j'aime pas trop... ça me fait peur.

— Oh ? Même si je suis là ? dit Broker sur le ton de la plaisanterie.

Tyna s'efforça de sourire et haussa les épaules.

— Même. C'est pas mon truc, quoi.

Broker eut un soupir compréhensif et passa la boîte à un de ses acolytes.

Tyna cherchait à comprendre. Les trois types la regardaient, se regardaient, comme s'ils ne savaient pas ce qu'ils foutaient là. Ils voulaient quoi ? L'essayer ? Et ne parvenaient pas à décider qui serait le premier ? Broker fit un pas vers elle et lui tendit la main.

— Viens là.

Pas de traces, surtout pas de traces. Sinon les flics se posent des questions, et se les posant en posent. La merde.

Tyna hésita.

— Allez, viens, répéta Broker en agitant les doigts. On n'a pas que ça à faire.

Elle posa les pieds à terre et se leva. Broker la prit par la main, la fit pivoter en l'attirant à lui et l'enlaça dans un geste amoureux. Puis la plaqua dos contre sa poitrine, la bâillonna et se laissa tomber dans le fauteuil. Il enroula ses jambes autour des siennes et augmenta encore son étreinte. Comme un médecin maintient un gamin rétif lors d'une opération délicate. Tyna essaya de se débattre. Broker sentit les muscles de la fille se contracter. C'était vaguement ridicule. L'autre Rock avait piqué l'aiguille dans le flacon et retirait le piston. Tyna tenta un nouveau sursaut, sans plus de succès. Le troisième Rock lui dégagea le bras gauche. Tyna résista, son coude heurta l'accoudoir.

— Jack, merde ! Pas de trace ! gueula Broker. Pis magnetoi Serge !

Elle résista encore, rejeta la tête en arrière, essaya de capter le regard de Broker. Il transpirait et lui rabattit la tête. Jack parvint à déplier le bras puis à remonter la manche du teeshirt. Il fit saillir la veine. Des larmes trempèrent les doigts de

Broker. Tyna essayait de parler. Et ne produisait qu'un long gémissement implorant. Serge enfonça l'aiguille et poussa le piston. Broker sentit le cœur accélérer, la fille trembler, se tendre comme un arc. Sous sa paume la bouche cherchait l'air et aspirait la peau. Et puis un battement plus fort. Qui se répercuta dans tout le corps. Un cri étrange qui franchit sa main. Les yeux qui basculèrent. Et plus rien. La fille mollit. Broker la lâcha. Tyna glissa au sol.

Les trois hommes se tenaient debout autour du corps, silencieux. Pas de quoi pavoiser, un pied sur le trophée.

— Ben y en aura pas eu besoin de beaucoup, dit Serge pour dire quelque chose, en agitant sa seringue.

Broker se racla la gorge.

— Bon allez, faut les ramener chez eux avant qu'ils soient raides.

17

Un choc, violent et lointain. Vibrant. Douloureux. Un poids énorme et brûlant. Un autre choc, moins fort, et un autre encore, imperceptible, et un autre et un autre. Le cœur qui bat. La conscience qui vit. Ou revit. La fraîcheur du carrelage qui gomme la chaleur. La douleur qui reflue. Le poids qui s'efface. Léger et doux. La conscience engluée.

Tyna gémit.

Envie de se lever. De s'élever. Ce serait facile. Si léger. Et frémissant. De rire aussi. Ses doigts bougent. La conscience oscille. Quelque chose la retient. Qui décode les sons qu'enregistre le cerveau. Bruit de pas. De voix. Qui approchent. La peur. L'instinct de survie. Ne pas bouger.

Une botte glissa sous son ventre. La retourna.

Ne pas bouger. S'abandonner.

— Eh ! T'as jamais entendu parler des lésions post mortem ?

Grognement.

— Alors vas-y mou !

On ramena ses bras, on les croisa sur sa poitrine, avec douceur. On la saisit sous les aisselles et sous les genoux, avec mille précautions. On la souleva. On l'emporta. C'était agréable. Sa tête ballottait.

La fraîcheur de la nuit. Le parfum du dehors. Un bruit de moteur. De portières. On la posa comme une fleur. Raclements de chaussures. Les portes claquèrent. On démarra. Quelque chose à côté. À l'odeur familière. Sa main se déplaça. Lentement. Toucha un jean. Un blouson. Chris !...

Elle étreignit son bras, sa peau. Froid comme la mort. Tyna se retint de hurler, mais ouvrit les yeux. La cabine était noire et close. Sans vitre. Elle était seule. Avec Chris. Elle promena sa paume sur son visage, toucha ses dents. Le conducteur augmenta le volume de la radio. Un vieux rock sudiste traversa la cloison. Le fourgon accéléra.

Tyna se redressa. Toute peur l'avait quitté. Effet de l'héroïne peut-être. Une extrême lucidité. Elle sut comment agir. La poignée arrière était verrouillée. Elle chercha la sécurité à tâtons et la débloqua. Le fourgon roulait. Ralentissait. Accélérait. Des bruits de circulation se firent plus présent. Il stoppa enfin, moteur au ralenti.

Tyna tira sur la poignée. Poussa les portes. Les phares d'une voiture arrêtée derrière le fourgon l'éblouirent. Elle se protégea les yeux de la main et sauta.

Broker battait la mesure sur le tableau de bord du Blazer. Il se figea, bouche bée, en voyant les portes du fourgon s'ouvrir.

— Fonce dedans ! hurla-t-il. Éclape-la cette salope !

Le chauffeur écrasa la pédale. Le convertisseur ronfla et le 4x4 bondit. Tyna plongeait de côté. Le Blazer percuta le fourgon, et Broker le pare-brise. Renvoyé contre le siège, il ouvrit sa portière à coup de pied et s'éjecta.

— Barrez-vous d'ici et amenez le mec chez lui ! Je m'occupe de la gonzesse, cria-t-il en s'élançant.

Tyna fonça sans se retourner dans la rue déserte d'un quartier qu'elle ne connaissait pas. Elle entendit le fracas des tôles, le claquement des portières, reconnu la voix de Broker qui lui ordonnait de s'arrêter. Et le bruit de sa course.

Elle se sentait bien, agile et rapide, la pointe de ses baskets effleuraient le sol. Elle vira à gauche, au hasard. Une rue plus animée. Les gens s'écartaient devant elle. Les lumières formaient des traits fugaces. Broker hurlait. Elle ne comprenait pas quoi, ne s'en préoccupait pas. Un homme l'accrocha par la manche, elle tournoya, le gifla au passage et lui abandonna un carré de tissu. Elle eut le temps d'apercevoir Broker et les lunettes du type qui voltigeaient. Comme le gros Rock semblait pataud.

Tout en courant, il parlait dans son cellulaire.

Tyna bifurqua de nouveau. La rue montait. Raide et vide. Très vite une douleur lui fouailla la poitrine.

— Tiens petit cœur, tiens ! chantonnait Tyna dans sa tête.

La rue montait toujours. Sans échappatoire.

— Tiens petit cœur, je t'en supplie.

La rue montait aussi pour Broker, qui soufflait comme un bœuf.

Tyna parvint à un replat d'où trois rues s'égayaient en éventail. Elle choisit la branche de gauche.

Arrivé à la jonction, Broker ne la vit plus. Il reprit son souffle et donna des consignes par téléphone.

Tyna changea deux fois de direction. La zone manquait d'éclairage. Une ruelle étroite longeait un entrepôt. Par endroits les tôles disjointes de la palissade pendaient, prêtes à tomber. Elle se glissa entre deux panneaux. L'autre côté était plongé dans le noir. Elle distingua la silhouette d'un bâtiment et s'y dirigea.

Son pied heurta un obstacle, elle perdit l'équilibre et s'étala au sol. Où elle resta à genoux, cherchant à deviner ce qui l'entourait. Des monticules. Des tas de débris. Et le bâtiment qui semblait en mauvais état. Contrecoup de l'effort, elle se mit à transpirer, ses mains à trembler. L'extrême lucidité se fissurait, laissant pointer la peur. Une nausée la cassa en deux. Elle décida de continuer jusqu'au bâtiment avant de perdre ce qui lui restait de force.

Broker faisait le pied de grue à l'embranchement. Deux 4x4 remontaient la rue l'un derrière l'autre à petite vitesse. Il leur fit signe. Un appel de phare lui répondit. Puis les véhicules s'immobilisèrent, des Rock s'en échappèrent, qui commencèrent de se déployer.

Tyna trouva un accès muré. Elle contourna un tas de gravats, plus loin un pan de mur effondré offrait une brèche tout juste suffisante pour sa taille, elle parvint à s'y faufiler. L'intérieur sentait l'urine et le moisi.

Tyna progressa à tâtons, jusqu'à rencontrer une cloison. Elle s'y adossa et s'assit, jambes étendues. Et enfin put fondre en larmes.

Johanne manœuvra la souris et cliqua.

Mais c'est génial ça ! Tu dois être folle de joie ! Tu vois que j'avais raison...

Elle avala une gorgée de café, reposa la tasse près du clavier et tapa la réponse.

Folle de joie ? C'est pire que ça encore ! Je ne tiens plus en place. J'ai failli ne jamais m'endormir hier soir, et ce matin j'étais levée avant le jour ! Tu avais mille fois raison, Cool. Je te fais plein de bisous !

Merci ! J'adore les bisous ! Mais n'oublie pas ta promesse !!

Je ne l'oublie pas ! Je peindrai spécialement pour toi. Mais pas aujourd'hui... Je suis incapable de faire quoi que ce soit... J'ai raté deux fois mon café. Et je n'arrête pas d'aller regarder à la fenêtre, si la personne de la galerie était là !

Il doit venir quand ?

Eh bien... pas avant cet après-midi ! Je suis idiote, hein ?

Mais non Johanne, tu es heureuse, tout simplement.

Oui. Et c'est à toi que je le dois.

Tu sais, moi aussi je suis heureux d'avoir pu t'aider.

Tyna dormait, mains entre les cuisses, tête appuyé contre le mur. Elle s'éveilla en sursaut et regarda autour d'elle. La lumière du jour pénétrait par les verrières brisées de la toiture. Du premier étage demeurait seulement la partie où elle se tenait, large d'une douzaine de mètres, longue du double, en forme de L. Le reste s'était effondré. Si hier soir elle avait contourné la cloison... Tyna rampa sur les genoux et risqua un œil. Une chute d'au moins dix mètres. Le rez-de-chaussée encombré de briques, de ferrailles et de fûts rouillés comptait plusieurs traces de feux de camps. Une porte métallique coulissante sortie de son rail n'assurait plus qu'un barrage symbolique, un escalier en piteux état permettait encore d'accéder au vestige d'étage.

— Moi j'te dis qu'elle a pu passer par là !

Tyna se rejeta en arrière.

— Bah, c'est trop petit.

Les voix provenaient de la brèche.

— Faut quand même aller voir.

Les deux types s'éloignèrent de l'ouverture, leur conversation devint incompréhensible. Tyna chercha une échappatoire. Fuir par la brèche... il pouvait y en avoir d'autres. Passer par la porte... c'était risquer de leur tomber dans les bras. Une cachette... Elle n'en vit pas. Ou alors en face. Sur la petite branche du L. Ce qui avait dû être les toilettes du personnel restait comme accroché dans le vide. Cuvettes et lavabos fracassés, portes arrachées, sauf une, appuyée contre un restant de cloison. Si elle pouvait se glisser derrière... Les deux branches du L n'étaient pas jointives, ils n'iraient peut-être pas voir là-bas. Tyna longea le mur sur la pointe des pieds, jusqu'au bord. Sauter. Prendre beaucoup élan, et sauter... Elle mesura la distance. Jamais elle n'y arriverait. Dix mètres plus bas des fers à béton dépassaient du sol, pointés vers elle.

La porte du rez-de-chaussée grinça et heurta quelque chose. Comme un coup de gong qui résonna dans le bâtiment.

— Y a quelque chose qui bloque ! Viens m'aider, merde !

Tyna mesura de nouveau la distance. Impossible. Le long du mur la fracture formait une corniche en pointillés large de quelques centimètres. Impossible.

— Putain tu pisseras plus tard, viens m'aider !

Tyna posa le pied sur la corniche, se colla au mur, et tendit les bras. Ses doigts griffèrent la brique, cherchèrent une prise. Se contentèrent de ce qu'ils trouvèrent.

— T'es casse-couilles, hein !

« Eux n'oseront jamais, eux n'oseront jamais, eux n'oseront jamais... », murmurait Tyna soudée aux briques. Elle progressa, traversa, et se rua dans le bloc.

Un nouveau coup de gong retentit comme elle se tassait derrière la porte. Plus fort que le précédent.

Tyna les entendit jurer, déplacer des pierres, renverser des fûts. Parler aussi.

— Si on la retrouve pas ça va chier !

— Ça va chier pour Broker, nous on s'en branle.

— Ouais mais quand même, ce serait mieux de la retrouver.

— Fais gaffe ça a l'air pourri là !

— Y'a qu'à monter l'un après l'autre.

Grincements, chute de gravats, grincements. Et voix plus proches.

— Ben c'est pas là qu'elle peut se planquer hein !

— Ouais... Ou alors en face.

Raclements de semelles.

— Faudrait qu'elle ait des ailes.

— Ça peut se sauter.

— Ah ouais ? Ben vas-y, je te suis !

Silence.

— C'est vrai que ça fait un peu long.

— T'as raison ! Eh ? Qu'est-ce tu branles ?

Cliquetis métalliques.

Et vacarme assourdissant, impacts, ricochets, éclats de brique, de bois, de plâtre. Poussière et fumée. Tyna, poing enfoncé dans la bouche pour ne pas hurler.

— Vous l'avez eu les mecs ? fit une voix venue de l'extérieur.

— Non ! Ce con de Lew a tiré un rat !

— Quel con ce Lew !

Lew éjecta le chargeur de l'Uzi et le remplaça par un neuf.

— N'empêche que j'l'ai eu, c'te marde noire !

— Ouais, ben on se tasse maintenant. Y'a d'autres coins à voir. Pis calme toi avec ton PM, tu feras quoi si un flic rapplique ?

— Bah, le coin est tranquille.

Tyna ôta son poing de sa bouche longtemps après que le silence était revenu. Ses dents avaient entamé les phalanges. Mais pas les petits points bleus.

Elle se laissa glisser le long de la cloison, et resta assise, genoux contre la poitrine, à regarder la porte sans la voir. Un éclat avait entaillé sa joue, le filet de sang toucha sa lèvre, elle l'essuya du bout de la langue.

Spowart effectua un second passage. Il n'avait rien remarqué de suspect au premier, ni voiture ni badauds. Les gamins qui jouaient dans les piscines démontables ressemblaient à tous ceux qui entendent profiter à plein de l'été. Les parents surveillaient leurs progénitures ou le barbecue mais pas la route. Spowart se rangea devant le pavillon. Ni plus ni moins grand que les autres. Si Johanne possédait une piscine, elle ne donnait pas sur la rue.

Lionel vérifia sa coiffure dans le rétro, la rectifia de quatre doigts en peigne, prit son attaché-case, sortit de la voiture et se dirigea vers l'entrée.

La sonnerie et l'ouverture de la porte se confondirent, elle devait guetter.

— Bonjour ! Tu n'as pas eu trop de mal à trouver ?

Une robe jaune orangé, courte et près du corps ; une ombre de maquillage autour des yeux ; des chaussures ouvertes à talons hauts ; les ongles peints. La fliquette s'était faite belle. Quoique le ruban dans les cheveux, lui, n'était pas une trouvaille. Elle souriait en tendant la main. Il la serra.

— Bonjour ! Non non, aucun problème, mais je regardais tellement les numéros que j'ai manqué le tien ! Du coup j'ai fait le tour.

— Oh ! C'est à cause de la branche... depuis le temps que je dois la couper ! Mais je t'en prie, entre.

Elle s'effaça. Au passage Lionel remarqua qu'elle avait abandonné la violette pour un parfum plus lourd, français à coup sûr, pas désagréable, mais qui cadrait moyennement avec le personnage.

Il proposa d'emblée de voir les toiles. La fliquette le guida jusqu'à son atelier. Il la trouva un peu nerveuse et empruntée, mais pas plus que n'importe qui accueillant un visiteur important. Lionel s'arrêta devant le chevalet supportant une esquisse.

— Tu travailles sur ce tableau en ce moment ?

— Oui. Je pensais l'avoir terminé aujourd'hui mais... Je n'avais pas la tête à ça... J'ai mis un temps infini à mélanger ces couleurs – elle montra la partie droite de la toile – et le résultat ne me convient pas.

— Ah bon ? Je le trouve bien engagé pourtant.

Elle secoua la tête. Et expliqua ce qu'elle recherchait. Le fond avait une dominante trop lumineuse. Johanne parla, ni nerveuse ni empruntée, simplement passionnée. Et précise. Lionel dû admettre qu'elle était dans le vrai.

— Tu as raison, déclara-t-il avec une sincérité non feinte. Ce sera mieux comme tu le décris.

— Oui je pense, dit-elle sans forfanterie. Mais tu sais, tant qu'on n'est pas arrivé au bout... J'obtiens parfois des choses très éloignées de celles que j'imaginais.

— C'est ce qui fait l'intérêt de la création, non ?

Elle inclina la tête de côté, un pli de réflexion s'inscrivit entre ses sourcils épilés.

— Je crois que cette part d'imprévu compte beaucoup pour moi. Je crains de manquer de rigueur... Est-ce que les autres pratiquent ainsi ?

Lionel agita la main par-dessus son épaule.

— Oh les autres, laisse-les où ils sont ! Travaille comme tu l'entends, c'est ça l'important. D'autant que le résultat est excellent.

— Mmm... tu devrais peut-être t'en assurer, dit-elle en montrant les toiles rangées de profil au fond de la pièce.

Elle n'avait pas menti, il y en avait beaucoup.

— Je suis venu pour ça, mais j'ai un a priori favorable !

Spowart sortait les pièces de leur emplacement, les examinait, en posait certaines de côté, en remettait d'autres en place. Qu'il ressortait parfois peu après. À plusieurs reprises Johanne voulut faire un commentaire mais s'abstint. Il agissait en silence, avec des gestes doux. Toute intervention serait intempestive. Elle avait lu ou entendu que lorsqu'un tableau est présenté au public, l'artiste n'est pas là pour le défendre. L'œuvre parle d'elle même, ou ne parle pas. En fait, l'affirmation avait peut-être été donnée pour les livres et les librairies, mais le regard aigu de Lionel balayant les peintures n'en restait pas moins une excellente illustration.

Enfin il hocha la tête et revint vers elle. D'attentive et grave son expression devint amicale, avec toujours ce zeste de tristesse qu'avait remarqué Johanne le premier jour, qu'un sourire atténuait sans effacer. Il écarta les bras, comme en proie à un embarras profond.

— Dommage que je manque de place, j'en aurais volontiers pris d'autres... Mon a priori était justifié. Ce que tu fais est fascinant Johanne, bravo.

Ne sachant que répondre, elle murmura quelque chose d'incompréhensible et rougit en baissant les yeux.

— Tu permets ? demanda-t-il en montrant qu'il voulait poser un tableau sur le chevalet.

— Bien sûr.

Il procéda à l'échange, lui demanda d'approcher et fit la moue.

— Si tu permets aussi que je l'ôte, dit-il en désignant le ruban qui retenait ses cheveux.

Il le dénoua sans attendre la réponse.

L'habituer au contact.

Ses doigts effleurèrent sa nuque. La fliquette n'eut aucun mouvement de recul. Il arrangea ses cheveux, lui glissa une mèche derrière l'oreille et poussa légèrement sa joue pour qu'elle prenne une pose de trois-quarts, comme sur le portrait.

Son regard alla d'elle au tableau. Une longue minute.

— Réellement fascinant, dit-il enfin. Ta peinture est d'une sobriété rare et pourtant la ressemblance est frappante. Plus encore qu'avec celui que tu as laissé à la galerie. Tu ne saisis que l'essentiel, et c'est plus que suffisant. Peu de gens savent faire ça...

De nouveau elle murmura quelque chose d'indistinct en rougissant.

— C'est une chance extraordinaire que j'ai eue de te rencontrer, conclut Lionel.

Il s'avança et lui tendit le ruban qu'il avait gardé à la main. Elle le prit et commença à le renouer.

— Tu sais, je crois que c'est mieux sans.

Elle interrompit son geste.

— Ou alors, poursuivit Spowart, peut être autrement.

Il la guida devant le miroir accroché à la porte, récupéra le ruban et lui passa autour du cou. Il noua sans trop serrer. De nouveau ses doigts effleurèrent sa nuque, et ses épaules lorsqu'il écarta ses cheveux pour dissimuler la boucle.

— Voilà. Évidemment il est un peu long, mais sur le principe c'est pas mal, non ?

Johanne s'observa dans le miroir. Le résultat lui plu. Elle observa le regard de Lionel, qui lui plu aussi.

— Tu as raison, c'est mieux comme ça.

Il lui pressa l'épaule.

— On emballe les tableaux ? Tu as ce qu'il faut ?

Elle lui montra un rouleau de papier kraft.

Ils travaillèrent à même le sol, à genoux. En coupant, collant l'adhésif ou nouant la cordelette, Lionel s'arrangea pour toucher ses mains, parfois ses bras. La fliquette avait l'air plus détendue, sans être totalement à l'aise. Il surprit plusieurs fois son regard posé sur lui. D'expérience il aurait dit que son charme opérait. Mais des réactions d'une flic en contact avec ce qu'elle soupçonnait être un assassin de la pire espèce, il n'avait pas l'expérience. L'idée qu'il s'en faisait ne ressemblait pourtant pas à ça. Lionel parla de lui, de ses difficultés à tenir la galerie. Assez pour qu'elle comprenne qu'il était seul sans être solitaire, à l'aise sans être riche, et surtout, bon comme du bon pain. Ce que la fliquette raconta d'elle confirma les renseignements de CoolWebeur, pas ceux de Stracey. Le contraire l'aurait surpris.

Tyna repoussa la porte du pied. Combien de temps était-elle restée prostrée ? Aucune idée, elle n'avait pas regardé sa montre. Mais plusieurs heures sûrement. Une soif dévorante lui séchait la bouche et la gorge, avaler était douloureux.

Elle quitta le réduit. Un tuyau remontait le long d'une cloison, terminé par un robinet. L'eau devait être coupée depuis longtemps. Mais ce serait trop bête de ne pas essayer. Tyna voulu tourner le robinet; bloqué. Elle donna toutes ses forces; il ne bougea pas plus. Elle saisit une brique et cogna. Le laiton tordit, tordit, et finit par pivoter. Tyna dévissa jusqu'au bout. Rien ne coula. Elle n'avait fait que perdre un peu de sueur.

La corniche... Partir signifiait la franchir de nouveau. Les fers à bétons étaient toujours pointés vers elle. Pourquoi ne pleuvait-il pas ? Elle aurait pu boire aux gouttières. Gagner un peu de temps. De l'autre côté des verrières le ciel restait désespérément bleu. De toute façon il faudrait sortir un jour.

Tyna avança le pied, éprouva la solidité de l'appui, et tendit le bras.

Les tableaux empaquetés étaient rangés dans le couloir.

— Plus qu'à signer le contrat, dit Lionel avec une moue d'excuse.

— Oh je l'ai déjà signé ! Viens, allons dans le salon.

Il la suivit, attaché case à la main, et s'installa dans le fauteuil qu'elle lui désigna, séparé d'un canapé par une table basse. La fliquette ouvrit le tiroir d'un secrétaire et lui remit son exemplaire, dûment paraphé. La signature n'avait rien de complexe, *Desjardin* s'y lisait sans trop de problème. Lionel pêcha le second exemplaire dans sa mallette, le signa et lui tendit. La fliquette signa à son tour. Sans hésiter. Le même *Desjardin*.

— Eh bien voilà... Tout est en règle, à moi de jouer, dit Lionel en rangeant le document dans son attaché-case.

La fliquette était plongée dans la lecture de son feuillet.

— Quelque chose te gêne ? demanda Lionel.

Elle eut un petit rire et secoua la tête.

— Oh non ! Mon dieu non ! J'aurais été d'accord pour moins que ça. Je ne mérite p...

Spowart se pencha et posa l'index en travers de ses lèvres.

— Chut !

Elle le considéra avec surprise, sourcils froncés. Il pressa encore ses lèvres un instant, puis ôta son doigt et l'agita de gauche à droite.

— Ne dis jamais ça Johanne. On ne prête qu'aux riches. Des gens verront tes œuvres, beaucoup j'espère, ils les apprécieront. Mais il se trouvera toujours un imbécile pour critiquer, parce qu'il s'agira pour lui de prouver son existence, ou simplement parce que faire mal lui fait plaisir. Alors ne te dévalues jamais. D'autres s'en chargeront, qui n'auront pas besoin de ton aide. Reste toi-même, juste toi-même, et ils s'y casseront les dents. D'accord ?

Elle se tenait au bord du canapé, jambes serrées mains sur les cuisses, parfaite écolière qui approuva d'un hochement de tête. Lionel enchaîna.

— Tu ne mérites pas ce que je t'offre par ce que ce que tu mérites je ne peux pas te l'offrir, je te l'ai déjà dit. Mais je ne suis que le commencement de l'aventure.

Elle l'interrompit d'un geste.

— Tu sais, tout cela est nouveau pour moi, et je ne réfléchis pas aussi loin. Les projets ne sont pas mon fort. J'ai trop peur de me tromper.

Il lui prit le poignet et le serra.

— Alors dis-toi bien que je ne te fais pas de cadeau. Je n'ai pas les moyens de faire des cadeaux.

Elle rit, il lâcha son poignet qu'elle reposa sur son genou.

— Okay, je te crois, mais tu ne ressembles pas à un gros agent vorace !

Lionel rit à son tour.

— Ma foi non !

Redevenu sérieux il ajouta.

— L'honnêteté est un luxe que je peux me payer, alors je me le paye.

Puis il planta son regard dans le sien.

Johanne ne cilla pas, ni ne rougit. Elle détailla les iris bleus, y chercha ce qui produisait cet effet. Jamais elle n'avait ressenti la présence d'un homme avec tant d'acuité. Et depuis le premier jour ou presque. Chaque fois qu'il l'avait effleurée elle avait eu envie de prolonger le contact. Sans jamais oser, de peur qu'il imagine qu'elle s'offrait en prime. Mais maintenant que le contrat était signé, qu'il ne pouvait plus être question de ça, elle n'osait toujours pas. Elle qui ne s'était jamais embarrassé de préjugés avait peur de son jugement. Qu'il la méprise et s'en aille. Mais là il allait s'en aller de toute façon. Tant pis. Elle n'y pouvait rien.

Lionel la trouva semblable à toutes celles qu'il avait rencontrées. Avec n'importe laquelle de ces idiotes-là il aurait attaqué sur-le-champ. Mais cette idiote-ci était peut-être différente des autres. Peut-être pas idiote du tout.

— Je ne t'ai rien proposé à boire ! s'exclama Johanne. Tu veux quelque chose ? J'ai du Coca, de la bière, du whisky, de la vodka.

— Je prendrais volontiers un Coca, merci.

Elle disparut dans la cuisine. Lionel observa le salon comme il avait observé l'atelier et le couloir, par acquis de conscience. Repérer une netcam relevait de l'exploit, sans parler d'un micro...

Lorsque la fliquette revint un plateau à la main, il déplaça son attaché-case sur la table. Elle ouvrit les boîtes et remplit les verres.

— Zut ! J'ai oublié la glace !

Elle retourna dans la cuisine, Lionel entendit manœuvrer la porte du frigo. Il sortit un flacon de sa poche. Il avait pensé donner à la fliquette de quoi se détendre. Mais un flic pouvait reconnaître les effets de ses trucs-là et se méfier. Le flacon qu'il tenait dans la main ne contenait strictement rien, et il était passé trois fois au lave-vaisselle. Il le promena de manière ostentatoire au-dessus du verre de Johanne. Si quelqu'un surveillait, il ne la laisserait pas boire. Et promener un flacon vide au-dessus d'un verre n'était pas pénalement répréhensible.

Johanne revint et garnit leurs verres de glaçons. Ils trinquèrent. Elle but une longue gorgée sans la moindre hésitation.

— Que j'avais soif ! s'exclama-t-elle.

— Et moi donc ! renchérit Lionel.

Elle but de nouveau. Rien ni personne n'intervint.

Tyna avait repris son souffle, mais ne se décidait toujours pas à quitter le bâtiment.

Aller où ? Les Rock voulaient la tuer. Les endroits où chercher une aide, même hypothétique, seraient surveillés. Et puis elle avait l'air de quoi, avec son jean maculé de traces noires, son tee-shirt déchiré et tâché de sang. Quant à ce qu'elle ne voyait pas, elle l'imaginait. Elle toucha sa joue, la croûte séché se brisa, elle nettoya la coupure avec le peu de salive qui lui restait. Puis passa les mains dans ses cheveux et secoua la tête. Il en tomba quelques débris et de la poussière de plâtre. Dans cet état, le premier flic qui la verrait la contrôlerait.

Les flics... c'était peut-être la solution... Tyna songea à se rendre au Travelodge. Avec le flic Français ce serait peut-être mieux. Non, les flics sont tous pareils. Et puis celui-là était peut-être Français, mais il ne ressemblait pas à Navarro. Plutôt à ces enfoirés du FBI, vicieux et froid comme des serpents, qui se croient partout chez eux. Pour leur dire quoi de toute façon ? Ce qu'avait fait Broker ? Ils seraient aux anges, lui demanderaient de témoigner au procès. Et elle finirait comme d'autres qui avaient cru que la police les protégerait. Broker, elle avait encore le goût de sa sueur sur les lèvres, rien que d'y penser lui donnait envie de vomir. Alors merci bien, Broker, elle n'avait pas envie de le revoir.

Aller où ? N'importe où où elle pourrait boire. La faim commençait à se faire sentir aussi, brûlure légère au creux de l'estomac. De la rigolade à côté de la soif.

Elle passa la brèche, sans chercher à savoir si quelqu'un était resté en surveillance.

Johanne gardait la main posée à plat sur son verre vide. Lionel lui prit le poignet et l'éleva à hauteur de son visage.

— On parle toujours des *mains d'artistes...*

De la façon dont il la tenait il pouvait sentir son pouls.

— *Main d'artiste,* ça n'a pas de définition, mais il suffit d'en voir une pour la reconnaître.

Il posa le doigt sur l'ongle de son index.

— Peut-être que tout se tient là. Ou là, ou là.

Il descendit sur les phalanges, pressa à la jointure de l'index et du majeur. Elle écarta les doigts, et son pouls accéléra.

— Tu es une femme troublante, Johanne.

Et une fliquette troublée. Ou l'inverse. Ça se lisait dans ses yeux, se percevait dans ses veines. Elle ne disait rien, elle attendait.

Spowart lui caressa le front, glissa sur la joue, arriva à la commissure des lèvres. Qu'il lissa du doigt, avant d'appuyer.

Elle retint sa respiration et bloqua son doigt entre ses dents.

« Ça passe ou ça casse », pensa-t-il.

Elle ferma les yeux et soupira, la pression décrut. Il avança davantage, sa langue effleura son ongle.

Lionel pressa son épaule. Johanne obéit, s'inclina sur le canapé. Il l'embrassa, investit sa bouche, totalement. Puis glissa une main sous sa nuque et dénoua le ruban. Elle voulut l'enlacer. Lionel releva ses poignets loin au-dessus de sa tête, les maintint croisés et les lia avec le ruban. Un nœud serré mais simple. Il la sentit se raidir, et vit briller un éclat inquiet entre ses paupières entrouvertes. Le contact de ses lèvres sur ses aisselles la fit frémir, l'inquiétude s'effaça, elle gémit lorsque sa langue toucha sa peau, l'explora. Lionel l'embrassa de nouveau et changea de position. Il se tint au-dessus d'elle, caressa ses épaules, l'intérieur de ses bras, observant sur son visage la progression du plaisir. Ses pouces appuyèrent aux creux des aisselles. Elle frissonna sous la pression qui lui arracha une plainte, puis se laissa guider, s'étendit de toute sa longueur, une jambe passée sur l'accoudoir, l'autre encore repliée. Le mouvement découvrit un peu plus ses cuisses. L'offrit à l'œil de la netcam fichée dans l'attaché-case.

Lionel se pencha sur ses lèvres. Sa bouche était avide, sa langue cherchait la sienne. Il posa sa main sur sa gorge, la sentit palpiter, et descendit lentement sur la poitrine. Ses seins gonflaient la robe, leurs pointes durcies tendaient l'étoffe. Qu'il effleura de la paume. Elle se cambra, gémit dans sa bouche. Il dégrafa un bouton, deux, trois, écarta le tissu. Elle soupira comme libéré. Il massa un sein, puis en saisit le mamelon entre deux doigts et serra. Sa langue vibra contre la sienne. Il accentua la pression. Jusqu'à ce que ses gémissements se teintent de souffrance, et qu'un spasme de douleur la raidisse. Il quitta sa bouche, prit le mamelon entre ses lèvres et aspira. L'onde de plaisir la secoua, elle cria bouche grande ouverte, tête rejetée en arrière, et hoqueta durant son reflux. Lionel laissa courir la main jusqu'à son genou, puis remonta à l'intérieur de la cuisse. Il la sentait trembler. Elle étouffa un cri lorsqu'il pressa son pubis à travers le slip. L'étoffe était trempée. Il pressa de nouveau. Elle n'étouffa pas son cri, mais y ajouta une note de reproche lorsque Lionel se leva.

Il saisit ses chevilles et les réunies, détacha la bride de ses chaussures qui tombèrent. Lionel la regarda un instant, poignets liés, tête inclinée de côté, robe ouverte sur la poitrine, respiration saccadée, jambes tendues reposant entre ses mains. L'image lui plut. Ses mains remontèrent le long de ses jambes, retroussèrent la robe jusqu'aux hanches. Elle respira plus vite encore. Ses doigts se refermèrent sur l'élastique du slip. Il commença de l'ôter. Elle plia les genoux pour l'aider. Il l'en débarrassa, puis laissa ses jambes venir sur l'accoudoir, qui arrivait à la pliure des genoux. Lionel les maintint serrés, s'agenouilla devant eux, et y posa les lèvres. Sur l'un, sur l'autre, puis plus haut, d'un côté, de l'autre. Johanne obéissait à la pression de sa bouche, ses cuisses s'écartaient aux grès des baisers. Lionel ne la quittait pas des yeux. Elle laissait sa tête osciller de droite à gauche, lèvres entrouvertes sur des soupirs inarticulés. Il vit apparaître sa langue, comme mimant ce qu'elle imaginait. Les soupirs devinrent gémissements. Lionel remonta sur l'aine. Elle lui tendit son ventre. De la pointe de la langue il redessina son nombril. Puis plongea entre ses cuisses. Elle cria lorsqu'il pinça son clitoris entre ses lèvres, puis abattit les mains sur sa tête, pressant davantage sa bouche contre son ventre. Le ruban céda. Elle cria de nouveau lorsque sa langue entra en elle.

Tyna se repéra grâce à l'Autoroute Métropolitaine. Elle était toujours sur l'île de Montréal. Loin du centre, mais ça aurait pu être pire. Pourquoi le centre ? Elle ne s'était pas posé la question. Parce que c'était son terrain, et que même sans argent ni papier s'y rendre lui semblait logique, rassurant.

Elle marchait depuis une demi-heure et chaque pas brûlait un peu plus sa gorge. Boire devenait une obsession. Elle n'avait rencontré aucune fontaine sur son chemin, les bornes incendie étaient verrouillées, et le peu de gens qu'elle avait croisés l'avait regardée d'un drôle d'air. Pas de celui à offrir un verre.

Tyna tourna le coin d'une rue et manqua de heurter l'étalage d'un dépanneur. Des légumes, et surtout, des pommes, plein de pommes, de toutes les couleurs. Elle se retint de se jeter sur les fruits. La rue était plus animée, et le dépanneur se tenait sur le pas de porte. Elle passa devant lui comme s'il n'existait pas, puis après une cinquantaine de mètres s'arrêta et se cala contre un mur. L'homme discutait avec une cliente. La femme choisit quelques légumes et entra dans le magasin. Tyna se dirigea vers les étalages, rafla trois pommes au passage et dès la rue tournée se mit à courir. Personne ne cria. Elle enfila quelques ruelles, s'accroupit dans le renfoncement d'une porte cochère et dévora deux pommes. Trognons et pépins compris. Elle regarda longuement la troisième, et parvint à la coincer dans son jean. Avec le sentiment d'avoir triomphé d'une épreuve. Le soleil montréalais lui parut moins dur. Elle devinait *la montagne* au loin. Ce serait un bon endroit ça, le parc du Mont-Royal. Elle y trouverait de l'eau, la fraîcheur, la tranquillité.

Savoie eut un rire moqueur.

— Eh oui mon vieux ! C'est ça le métier ! T'y peux rien...

Le doré qu'il venait de tirer au sec faisait partie des très belles pièces.

— Bah ! risposta Brenner, si je pouvais pêcher au vif, tu verrais un peu ce que c'est le métier, le vrai !

— Ben tiens ! Et pourquoi pas à la grenade ?

Brenner leva les yeux au ciel.

— Je t'ai déjà expliqué, tu ne seras jamais un vrai pêcheur tant que tu n'auras pas pêché au vif. Un point c'est tout.

— Ouais, mais ici c'est interdit, on n'est pas des barbares !

— C'est bien des arguments d'Anglais ça ! – il montra le doré qui battait de la queue au fond de la barque – Parce que ton hameçon ne lui a pas fait mal à celui-là peut-être ? Tiens, il y a un film dont j'aime bien les premières scènes, tu vois un type, Belmondo, en train de fracturer des meubles superbes au pied-de-biche, et il dit : « Je suis un voleur, je fais un sale boulot, alors je le fais salement. »

— Dis ! Oh ! coupa Savoie, je suis pas Anglais, faut pas mélanger !

— C'est vrai, excuse... On s'énerve, et on dit des bêtises...

— Mmm... N'empêche, c'est ben vrai que les Français sont mauvais perdants.

— Chante, beau merle, la journée n'est pas finie !

Doug fusillait Broker du regard. Il l'avait insulté comme jamais, et Broker n'avait rien dit, parce qu'il n'avait rien à dire. Il avait loupé son coup, c'était pire qu'une connerie, c'était une catastrophe. Et il s'estimait heureux qu'Ohstrom ne lui ait pas vidé son .45 dans le ventre. Rien ne s'opposait à ce que ça arrive d'ailleurs, surtout s'il ne cravatait pas rapidement la petite pute.

— On l'aura Doug, t'inquiète pas, dit-il avec toute la conviction qu'il put trouver.

— En attendant elle est dans la nature, si elle n'est pas déjà chez les flics !

— C'est une pute, les putes vont pas chez les flics...

Ohstrom secoua la tête, comme navré.

— Parfois je me demande si t'es pas un peu con. Tu comptes là-dessus ? Sur la moralité d'une pute que t'as voulu assassiner ?

Broker serra les dents, une fois de plus. Si la pute balançait tout aux flics, ce serait à lui d'assumer, de porter le chapeau, de jouer le fusible. C'était la loi, la leur. Et aux autres de faire en sorte que par la suite les témoins ne témoignent jamais. C'était aussi la loi. Il voulait bien supporter la colère d'Ohstrom, mais bon, jusqu'à un certain point.

— On surveille le Travelodge, répliqua-t-il, et le SPCUM, et tous les endroits où elle peut aller, et même plus !

— Heureusement ! Mais les gars occupés à ça ne font rien d'autre, tu sais ce que ça nous coûte ?

— Moins que si la pute bavait.

— C'est sûr ! mais on ne pourra pas maintenir ce dispositif éternellement. Sans nerf, pas de guerre !

— Ça ne tardera pas. Elle est seule, sans papier, sans pognon, elle finira par s'adresser à quelqu'un, on sera là.

— J'espère, et ce coup-ci je ne veux pas de merde, si elle adresse un mot à quelqu'un, à n'importe qui, tu élimines.

— Même si c'est un flic ?

— J'ai dit *n'importe qui*. Et si c'est un flic, tu te débrouilles pour être aux US avant qu'il soit froid. Okay ?

— Okay.

Comme toutes les fins de semaine le Mont-Royal débordait d'activité. Joggers, VTT, randonneurs, simples promeneurs, touristes. Flics aussi.

Bien que les deux qui remontaient dans sa direction affichaient un air bonasse de mamans grassouillettes, Tyna jugea prudent de s'enfoncer dans la forêt. Plus de douze kilomètres de parc offraient toujours de quoi s'isoler.

Adossée à un arbre, elle suivit du coin de l'œil les deux femmes en uniforme qui plongées dans une discussion animée ne faisaient pas attention à grand chose. Tyna attendit tout de même qu'elles aient disparu pour regagner l'allée et descendre vers le Lac aux Castors.

La cafétéria grouillait de monde, elle évita de regarder les bocks de bière et les assiettes de frites en traversant la salle. Les trois wc des toilettes étaient occupés, mais personne n'attendait son tour. Tyna but à même le robinet d'un lavabo, à grandes goulées, autant qu'elle put en ingurgiter. Puis se passa la figure et les cheveux sous le jet. L'eau coula grisâtre. La femme qui sortit d'un wc marqua une seconde d'arrêt en la découvrant, mais ne fit pas de commentaires, audibles du moins. Tyna s'observa dans le miroir. Traits tirés, yeux cernés, joue coupée. À l'odeur aigre de sa sueur à laquelle elle avait fini par s'habituer s'ajoutait désormais celle de chien mouillé de ses cheveux. Pas terrible. Mais tout de même, ce brin de toilette lui avait fait du bien. Elle savonna ses mains et ses avant-bras, et rinça en massant du bout du doigt la veine encore douloureuse. À l'ouverture d'une autre porte elle rabattit sa manche, la boursouflure rouge violacé à la saignée de son bras gauche n'était pas à exposer. La femme s'installa devant le lavabo opposé, Tyna entra dans le wc.

Avant de le quitter, elle déroula une bonne longueur de papier, qu'elle plia avec soin pour le glisser dans sa poche. Ça pouvait toujours servir.

Assise au bord du lac, Tyna ôta ses baskets et enfonça les deux pieds dans l'eau. Criiis de bien que ça faisait ! Elle se laissa aller en arrière avec un soupir d'aise. La pelouse était douce, avec une bonne odeur d'herbe. Elle sortit la pomme de son jean et la croqua, allongée les pieds dans l'eau.

Quitter Montréal, elle y avait souvent pensé, c'est toujours mieux ailleurs, mais cette fois il fallait le faire, ailleurs ne pouvait être pire. Ottawa, bof... Les US, New York, vieux rêve... Sans passeport, sans papiers, sans argent... Pas besoin de passeport pour aller aux US. Mais de l'argent... Il en faudrait même pour rester ici... Trouver un client... Dans le parc, c'était risquer de racoler un provocateur qui la conduirait dans les bras des flics. Ailleurs, il y avait les Rock Machine, et tout ce qui travaillait pour eux et se ferait un devoir de les prévenir. Sans compter qu'avec la tête qu'elle se traînait, qui voudrait acheter son cul. Le prendre, oui, mais l'acheter... Retourner chez Chris, récupérer des vêtements et les dollars planqués dans l'apart. Certainement pas. Elle tomberait sur Broker, sur les flics, sur les deux peut-être. Sur le cadavre de Chris à tous les coups. Ça elle l'avait compris, ou entendu, elle ne savait plus trop. Un peu pute, un peu tox, mais pas complètement idiote. Si les tenants et aboutissants de l'affaire lui échappaient, elle s'en contrefichait, ce dont elle était sûre, c'était que tant que personne ne la trouverait, personne ne lui ferait de mal.

Stracey Layne jouait avec la télécommande et continuait de regarder l'écran couvert de neige.

— Pas mal, fit-elle en reculant dans le fauteuil.

— Oui hein, renchérit Spowart. Pas très active la fliquette, mais inépuisable. Elle a pris son pied, plus d'un même, et c'était pas du chiqué, tu peux me croire.

Stracey lança le film en arrière, chercha une séquence, stoppa sur une image et zooma. Le visage de Johanne occupa tout l'écran.

— On ne la sent pas en train de s'ennuyer.

Elle continua de rembobiner et ajouta.

— Mais à part ça ?

Spowart se versa un nouveau scotch et prit le verre en main.

— À part ça... C'est elle qui a peint les toiles, j'en suis certain. Et je vois mal une flic aller jusqu'à se laisser sauter par le suspect pour se faire une opinion.

— Elle avait peut-être envie de joindre l'utile à l'agréable, comme toi.

— Bah, fit Lionel en haussant les épaules.

— Tu es en train de nous dire quoi là, Spowart ? demanda Stracey d'une voix brusquement glaciale. Que tout ça n'est qu'une coïncidence ?

Lionel porta le verre à ses lèvres, et garda un peu de scotch sous la langue avant d'avaler. Les Layne l'observaient. Ils ressemblaient à ce qu'ils étaient. Des fondus, vicieux et dangereux. Un genre qu'il connaissait bien, le sien. Capable d'imaginer tout et n'importe quoi. Surtout n'importe quoi. De faire pire encore, par plaisir autant que par nécessité.

— Non, je ne dis pas ça. Je dis que je sais comment elle est arrivée jusqu'à moi, mais que je ne sais pas pourquoi. Si tu as une idée, je prends.

— Une idée..., soupira Stracey comme absorbée par les détails d'un des lustres de son appartement.

Spowart attendit la suite, pas longtemps.

— Tu as suspendu toute activité ? demanda-t-elle sans vraiment poser une question.

— Évidemment, je ne suis pas idiot.

— Définitivement ?

— Au moins jusqu'à ce que je sache où je mets les pieds.

— Donc tes installations restent opérationnelles ?

— Bien sûr.

— Les tableaux de la fliquette sont dans ta voiture ?

— Oui oui, je ne suis pas repassé à la galerie.

Stracey abandonna le lustre et dévisagea Lionel.

— Alors va en chercher quelques uns, j'ai envie d'investir.

— D'investir ?

— Oui, la cote de ta pouliche va grimper. C'est toujours ce qui arrive lorsqu'un peintre disparaît.

On pouvait passer la nuit dans le parc. Tyna l'avait déjà fait. *Le Chalet* proposait à ses clients des transats équipés de coussins confortables, rangés le soir en piles derrière le bâtiment. Un de ses premiers clients lui avait montré la combine. Un grand type qui se prenait pour un acteur de cinéma, qui l'avait besognée toute la nuit sans succès et qui s'était dépêché de filer au petit matin, sans payer. Tyna avait passé d'autres nuits dans le parc, seule, pour avoir la paix, parce que l'été est bref, ou qu'elle avait envie de pleurer sans témoin. On pouvait aussi trouver à manger dans les poubelles. Fallait juste arriver avant les animaux.

Il était encore trop tôt. Quelques dîneurs traînaient sur la terrasse du restaurant éclairée comme en plein jour. Tyna resta dans la forêt et s'accroupit au pied d'un arbre. Elle avait lu un bouquin une fois, pêché Dieu sait où. Il parlait d'enfants maltraités, réfugiés dans Central Park, qui mutaient en bêtes sauvages, entre vampires et loups-garous. Si le bouquin lui avait flanqué la trouille, elle n'avait jamais eu peur dans le parc la nuit. Question d'identification. Tyna retroussa les lèvres, cracha comme un chat en direction du restaurant et acheva sur un feulement de gorge.

Les lumières finirent par s'éteindre, les derniers promeneurs par aller se coucher. Tyna récupéra un coussin, et même une serviette de plage abandonnée. Mais rien à manger, les poubelles étaient cadenassées, à cause des bêtes.

Elle ramena le matelas à couvert, s'enroula dans la serviette et s'allongea.

Combien de miles depuis ce matin ? Plus qu'elle n'aurait jamais imaginé supporter. Et ce matin paraissait si loin. Alors que le suivant semblait déjà trop proche. Ce serait encore un matin à Montréal. L'idée pour qu'il soit le dernier prit lentement forme. Claire et imparable, comme tous les projets de la nuit, qui ne sont plus qu'idioties fumeuses au réveil.

Elle embrassa ses petits points bleus et se recroquevilla en chien de fusil.

Pourvu qu'il ne pleuve pas.

18

Rick puait l'essence, il avait siphonné comme un manche. Trois gallons avaient terminé dans le réservoir de la Chévy, ça tenait du miracle. Pas de quoi aller loin vue la consommation de l'engin. Mais loin, il ne comptait pas y aller tout de suite.

Depuis que cette salope de Tyna l'avait planté comme un étron, Rick avait réussi à se procurer des bricoles. Rien de génial, de quoi attendre la suite. Qui commençait à se faire sérieusement attendre.

Rick inspecta l'immeuble. Un block de briques brunes taggé à mi-hauteur, coincé entre deux autres.

Il n'avait rien trouvé dans le sac de la pute, en revanche il avait lu une adresse, sur un papier officiel. Lequel, il ne s'en souvenait plus, mais de l'adresse il s'était souvenu. Depuis deux jours il se la récitait. Celle de Chris à tous les coups. Suffirait d'aller le voir, et il le dépannerait. Et s'il n'était pas chez lui, ma foi, un mec comme ça garde toujours des trucs bien dans sa piaule, obligé. S'il tombait chez la pute, tant pis pour elle. Les putes aussi ça planque des trucs, de toute façon il aurait dû lui flanquer une raclée tout de suite au lieu de discuter.

Rick fouilla sous le siège passager et ramena un démonte-pneu qu'il enfila dans la doublure déchirée de son blouson. Le jour se levait. Rick n'avait pas choisi l'heure. Il n'était pas non plus doué pour les opérations commando. C'était juste que le besoin avait dépassé le seuil de trouille, de beaucoup.

Dans l'entrée il trouva le nom de Chris sur une boîte aux lettres. L'ascenseur le posa à l'étage. Il pressa la sonnette, à plusieurs reprises, sans obtenir de réponse. Avant de sortir le demonte-pneu il tourna la poignée. Et la porte s'ouvrit.

Rick avança à tâtons dans l'appartement obscur, démonte-pneu en main. Malgré l'odeur d'essence il trouva que ça puait un peu, mais il ne découvrit Chris qu'en basculant l'interrupteur de la chambre. Et ce fut moins le cadavre qui retint son attention que le flacon, la lanière de caoutchouc, la boîte et la seringue. Au trois quarts plein, le flacon. Il l'agita. De la vraie bonne. Ce con s'en était tellement enfilé qu'il en était crevé. Un type qui frimait en prétendant ne pas être accro... Un con de moins.

Rick récupéra la seringue entre les doigts du cadavre, cracha sur l'aiguille et l'essuya contre sa chemise, détacha la lanière, rangea le matériel dans la boîte et la fourra dans sa poche. Rien de tout ça n'était du toc. Que du matos de pro. Qualité chirurgicale.

Moins à cran, Rick aurait fouillé l'appart. Rien ne l'empêcherait d'y revenir, et se shooter en compagnie d'un macchabée ne l'inspirait pas. Il dévala l'escalier. Dehors le jour était levé.

Shari Pavelin aimait les petits matins d'été à Montréal. Quand pour quelques instants la citée lui appartenait. Surtout ses rues en pente. Elle se positionna en recherche de vitesse. Les roulements de ses patins à roues alignées tournaient sans vibration, presque sans bruit, un vrai bonheur. Jerry l'avait distancée de deux longueurs. Mais ça n'allait pas durer. Il était sorti premier de la formation des patrouilleurs en patins uniquement parce que ce jour-là elle avait eu une faiblesse. Le stress de l'épreuve chronométrée. Ici, pas de chronomètre. Aux exercices de tir elle l'avait toujours écrasé.

L'agente Pavelin sourit. Jerry venait de choisir l'option trottoir. A priori meilleure car offrant une trajectoire plus tendue. Mais sauter le trottoir c'était perdre quelques dixièmes. Et aussi trouver un revêtement de qualité moindre. Pas technicien pour deux sous, Jerry. Au coin de la rue elle allait te lui faire l'extérieur au premier de la classe, qu'il allait rien comprendre !

Jerry passa trois mètres à droite d'une Chevrolet pourrie garée en vrac. Shari lui rasa le rétro gauche. Son regard accrocha un type au volant, manche relevée, lanière entre les dents et seringue à la main. L'agente Pavelin crut ses yeux. Elle effectua un stop-demi-tour impeccable et se propulsa à hauteur du conducteur.

— Eh vous ! fit-elle en frappant à la vitre.

Rick qui n'avait rien vu venir découvrit soudain un casque, quelques mèches blondes, des yeux marrons, et surtout l'écusson du SPCUM en forme de flocon stylisé. Il réagit d'un coup de pied dans la portière et s'éjecta de la voiture. Accrochée à la poignée, Shari pivota sur ses roulettes. Puis d'une poussée contre le pneu s'élança derrière le type qui cavalait. Elle le rejoignit avant qu'il ait traversé la chaussée. Rick se retourna et décocha un coup de pied mal ajusté. Shari s'accroupit, lui crocha une cheville au passage et l'envoya cul par-dessus tête. Elle stoppa sur les pointes, dégrafa le capsicum de sa ceinture, se renvoya en arrière et pressa la capsule. Rick dégusta une giclée de gaz en pleine figure, qui le calma net.

Shari lui menottait les mains dans le dos comme l'agent Jerry Gagnon arrivait à leur hauteur, la chemise trempée de sueur.

Premier de promo, quelle rigolade !

Tête sous le lavabo, Tyna évacuait les brumes du sommeil. Bon, tout n'était pas à jeter dans ses réflexions nocturnes.

— Eh ! Les toilettes c'est réservé aux clients ! Tu sais-tu pas lire ?

Une femme de ménage se tenait sur le pas de porte. Seau et serpillière dans une main, dans l'autre un balai qui montrait l'écriteau. Elle se cala sur le manche et hocha la tête.

— Toi ma cocotte, t'as eu une nuit agitée, hein ? fit-elle d'un ton ironique.

Tyna acquiesça d'un battement de paupières.

— Ben t'as d'la veine. Mais maintenant tasse-toi que j'passe la mope. Si l'patron te pogne, ça va faire des histoires.

Elle trempa la serpillière dans le seau. Tyna quitta les toilettes.

Non, tout n'était pas à jeter. Bien joué, le coup pouvait ramener des vêtements, un peu d'argent, des papiers... À la lumière du jour il lui paraissait moins facile à réaliser, mais pas absurde.

Tyna retourna près du lac, et genoux serrés contre la poitrine continua de cogiter, s'efforçant d'oublier qu'elle avait faim. Elle avait bu assez d'eau pour y parvenir.

S'il y avait un endroit où elle n'avait jamais vu de Rock Machine, c'était bien dans un bar de l'Outremont. *La Vénus*, un bar pour gouines. Comme clientes elles n'étaient pas plus marrantes que les hommes, largement plus compliquées, et aussi plus rares. De toute façon, ce n'était pas les vraies qui l'intéressaient. Plutôt les minettes branchées en quête de genre et de sensations nouvelles. Enfin nouvelles... *La Vénus* n'étant pas très loin de l'université, il en traînait souvent des comme ça. Goudou d'un jour, mais pas goudou toujours. Ce qui n'excluait pas la sincérité.

Rejoindre *La Vénus* représentait une sérieuse marche. Tynà se leva et se mit en route.

— Toi aussi tu as l'air d'avoir passé un bon week-end, répondit Brenner. Tu rayonnes !

Johanne s'étira dans le fauteuil.

— Mmm... Génial ! La meilleure fin de semaine que j'ai connue depuis... Pff ! je sais plus... Mais longtemps ! Et toi ? Bonne nouvelle ?

Brenner reprit le fax qu'il venait de lire.

— Bof...

Sans être vraiment comminatoire, Carpita posait la bonne question : *Le commissaire Éric Brenner avait-il en sa possession des éléments justifiant la poursuite de sa mission au Canada.*

— C'est-à-dire ? demanda Savoie.

— Ben écoutez, le mieux c'est que vous lisiez, répondit Brenner en lui tendant la feuille.

Johanne lut par-dessus l'épaule de son collègue.

— Ouais... vos juges sont pas mieux que les nôtres, conclut-elle.

Savoie soupira, puis consulta sa montre.

— En parlant de juges, faut que j'y aille, je suis convoqué à la Cour.

— Tu reviens quand ? demanda Johanne.

— Fin de matinée ou début d'après midi, si tout va bien, il n'y a pas beaucoup de dossiers à moi, mais on peut jamais savoir...

Le téléphone sonna dix minutes après que Savoie était parti.

— Johanne Desjardin, bonjour. ... Ah salut ! ... Non il est à la Cour... Oui oui, je m'en occupe aussi. ... Merde ! ... Où ça ? – elle nota quelques lignes sur un bloc – Okay je vois, on arrive, merci Bret.

Elle raccrocha et se tourna vers Brenner.

— C'était Bret Giraud, de la section stupéfiants. Il vient de retrouver Chris chez lui, mort.

— Assassiné ?

— Je ne sais pas, ça a l'air embrouillé. Je t'expliquerai en chemin.

Bret Giraud mâchouillait un cigare éteint. Deux hommes du bureau scientifique achevaient les relevés. Des traces de révélateurs maculaient l'appartement. Brenner brûlait de mettre la main à la pâte. Mais brigade sur brigade sur brigade ne vaut. Surtout si la dernière est étrangère. Déjà que Giraud semblait apprécier moyennement la présence de sa collègue. Pas vraiment hostile, un rien condescendant.

Il ralluma son cigare.

— Difficile de se prononcer. L'autre camé a brouillé les empreintes qui pouvaient se trouver sur le matériel.

— Mais il est bien mort d'une overdose ? insista Johanne.

— Ça en a l'air. Il faudra attendre le résultat des analyses et de l'autopsie pour être certain, mais les tests préliminaires indiquent une pureté extraordinaire. Du concentré d'héro ! Rien d'étonnant qu'il ait claqué. Et s'il s'agit d'une mise en scène, elle a été bien faite, c'est tout ce que je peux dire pour l'instant.

— C'est fréquent un tel taux de pureté ? demanda Brenner.

Giraud examina son cigare une seconde.

— Courant, non, mais ça arrive. Chez vous aussi je suppose.

— Oui oui... À Nice nous avions même dû intervenir. Le procureur de la République qui passe une annonce dans la presse pour avertir les camés qu'une marchandise de trop bonne qualité est sur le marché, vous imaginez le truc ? Eh bien on l'a fait. Après trois overdoses.

Giraud esquissa un sourire.

— Chris était quoi pour toi ? reprit Johanne.

— Comme pour vous, un bon indic. Sinon, un touche-à-tout. Qui savait ne pas mélanger ses activités, came, cul, renseignements. Il ne me disait pas ce qu'il vous racontait, et vice versa. Un type à qui l'instinct tenait lieu d'intelligence. Il a peut-être eu une panne d'instinct.

— Et l'autre là, Rick ?

— Un usager, on l'a agrafé une fois ou deux déjà, rien de méchant. Si la patineuse ne l'avait pas coincé, il serait mort... vous croyez qu'il lui dira merci ?

— Tu l'interroges quand ?

— Ben t'as vu ce que j'en ai tiré... Il est en pleine crise, faut l'envoyer à l'hôpital d'abord. Tu veux assister à l'interrogatoire ?

— J'aimerais. Il dit qu'il a eu l'adresse par une Tyna amie de Chris. Elle nous intéresse aussi celle-là, si c'est la bonne.

— On n'a rien vu au nom de Tyna Langer dans l'appartement, juste quelques vêtements de femme dans une malle et des bijoux de pacotille dans le tiroir d'une table de chevet. Mais on avait une vieille fiche à ce nom-là, mineure à l'époque et déjà usagère et sûrement putasse... Une fiche sans photo. J'ai fait diffuser un avis de recherche. Seulement si elle s'est shootée le même produit... Dès que le môme sera prêt je te préviendrai.

— Merci. Si tu pouvais faire vite, c'est urgent pour nous.

Giraud eut un geste d'impuissance. Et Brenner un claquement de langue agacé.

— Vous ne pourriez pas lui refiler une petite dose, histoire de le remettre sur pied quelques heures ?

Comme les deux Québécois le regardaient d'un drôle d'air il ajouta :

— Pas d'héroïne, de méthadone ou quelque chose du genre. C'est ce que fera l'hôpital, alors un médecin doit pouvoir le faire dans vos locaux, pour peu qu'il estime que *la vie du patient n'est pas en danger*. Parce qu'à l'hôpital, je suppose qu'il peut y rester aussi bien une journée qu'une semaine.

Giraud s'adressa à Johanne.

— C'est urgent à ce point ?

— On est coincé là, et il sait peut-être quelque chose d'important.

— Mmm... Et tu voudrais l'interroger toi ?

— Oui, mais ton affaire et la nôtre sont certainement liées, alors ce n'est pas un problème à justifier.

— Ça, c'est toi qui le dit... Bon, je vais voir si je peux encore rattraper le coup. Mais c'est à charge de revanche Johanne, d'accord ?

— Évidemment.

— Tu peux me le répéter ?

— C'est à charge de revanche, évidemment.

— Merci ! s'exclama Giraud en se dirigeant vers la sortie.

— On peut jeter un coup d'œil, Bret ? demanda Johanne.

— Faites comme chez-vous ! répondit-il du couloir.

Johanne serra les dents.

— Bon sang, comme j'aimerais que Luc soit là.

— Pourquoi ? Tu t'en sors très bien seule.

— Peut-être, mais tu as vu comme Bret me parle ? On dirait qu'il me fait une fleur à chaque mot. Avec Luc il ferait moins le malin.

Doug Ohstrom baissa le volume du scanner balayant les fréquences du SPCUM. Bonne nouvelle. Si les flics cherchaient la pute, c'est qu'ils ne l'avaient pas à disposition. À moins qu'ils diffusent une recherche bidon justement pour le laisser croire... un peu tordu tout de même. Restait à ce que les flics ne la trouvent pas les premiers.

Ohstrom décrocha le téléphone intérieur.

Tyna s'était installée au fond de la salle. Là où la lumière manquait de force. Avec un peu chance, la pénombre lui donnerait un côté sauvageonne appétissant. Elle avait commandé un café et un browny au chocolat. *La Vénus* manquait de clientes. Quatre filles en cuir discutaient autour d'une table encombrée de *Molson*. Elles l'avaient à peine suivie du regard. Une femme seule s'occupait aux mots croisés d'un magazine. Grande, bottes et jeans collants, chemisier de soie, cheveux blonds coupés courts sans provocation, mise soignée. Parfois, quand elle levait la tête pour réfléchir elle observait

Tyna. Un peu comme si elle la trouvait à son goût. Parfois aussi elle regardait sa montre. Tyna ne lança aucun signe d'encouragement. C'était une vraie ça, et réclamer le petit cadeau final l'assurance de récolter une danse. Sinon, il n'y avait qu'un autre couple, yeux dans les yeux main dans la main. Trop amoureuses pour avoir seulement pensé à goûter leur thé.

La porte s'ouvrit sur une fille en tailleur strict, longs cheveux bruns ondulés, sac à main en bandoulière. Essoufflée comme après une course, elle fonça droit à la table de la cruciverbiste. Leurs lèvres s'effleurèrent, puis elles se mirent à parler à voix basse, penchées l'une vers l'autre. L'espace d'une seconde le regard de la grande blonde croisa celui de Tyna. Qui lui trouva une lueur d'ironie moqueuse, ou d'imperceptible défi.

Peut-être une professionnelle, qui avait repéré la professionnelle. Tyna fouilla sa mémoire, mais le visage de la femme n'éveillait aucun souvenir.

Si rien ne se présentait rapidement, l'addition allait être douloureuse. Tyna commanda un autre browny. Un ou deux, ça ne changerait pas le final.

Johanne replia les vêtements dans la malle et rabattit le couvercle.

— Soit elle en a emporté, soit elle ne possède pas grand-chose...

Elle repoussa la malle dans le placard. À l'intérieur, la plinthe mal jointe attira son attention. Johanne s'agenouilla et tira sur le carreau qui céda, découvrant une cavité qu'elle explora de la main.

— Vide ? demanda Brenner.

— Complètement, confirma Johanne.

— Ton collègue a peut-être trouvé quelque chose.

— On lui demandera.

Ils passèrent dans la salle de bains. La corbeille à linge sale avait été renversée. Johanne tria vêtements et sous-vêtements. Et préleva une jupe noire qu'elle tint une seconde devant elle.

— C'est ce qu'elle portait l'autre soir.

— Ma foi... j'en sais trop rien, fit Brenner qui avait cru à une question.

— Moi je sais, c'est ce que portait la Tyna qu'on a vue aux *Foufounes.*

— Alors il y a des chances que le camé ait croisé la bonne.

— À moins qu'il y en ait deux et qu'elles portent la même robe... Si on allait voir ce que fabrique Giraud ?

Une autre fille avait poussé la porte de *La Vénus*. Accoudée au comptoir, elle en rajoutait dans le genre affranchi, ses gestes ne manquaient pas de conviction, mais d'expérience oui, ça crevait les yeux. D'ailleurs une des amatrices de *Molson* lui adressa une remarque que Tyna ne comprit pas, mais qui déclencha l'hilarité des trois autres. La nouvelle venue fit celle qui n'avait pas entendu, saisit sa pinte de *Bleue* et se faufila entre les tables. Tyna nota qu'elle était de sa taille et de sa corpulence, et à peu de chose près de son âge. C'est celle-là qu'il lui fallait. Elle fit en sorte d'accrocher son regard.

Giraud rempocha son cellulaire à l'approche de Johanne et Brenner et afficha une mine complice.

— J'ai eu un toubib, c'est arrangé, on rapatrie Rick chez nous dès qu'il aura eu sa piquouze. Je te le laisse le temps que tu voudras. Ça va comme ça ?

— Parfait Bret, merci.

— Vous avez trouvé quelque chose là-haut ?

— Une jupe qui me paraît celle de la Tyna qu'on cherche. Et une cachette dans le placard, vide. Tu l'avais vue aussi ?

— Il y a toujours une planque chez les camés, alors je cherche à chaque fois. Avant que je la trouve elle était invisible.

— Il y avait quelque chose dedans ?

— Vingt dollars.

— C'est tout ?

Giraud ouvrit la portière arrière et montra un des scellés posés sur la banquette.

— Il y a quoi dans ce scellé là ? demanda-t-il.

Johanne prit le sachet en main.

— Un billet de vingt dollars.

— Alors s'il n'y a qu'un billet de vingt dollars dans le sachet, c'est qu'il n'y avait qu'un billet de vingt dollars dans la cachette.

Le ton était parfaitement neutre. Comme le regard. Johanne reposa le scellé sur le siège. Elle ouvrit la bouche pour dire quelque chose mais Brenner ne lui en laissa pas le temps.

— Vous n'avez pas trouvé de disquettes, dans l'appartement ? demanda-t-il.

Giraud secoua la tête.

— Non, ni disquettes, ni calepin, ni agenda. Tout dans la cervelle, le petit Chris. Par contre, un gamin nous a dit que des Rock Machine étaient passés chez Chris cette nuit, et que d'autres étaient déjà passés deux ou trois jours avant.

Brenner regarda Johanne, comme elle ne parut pas réagir il montra un groupe d'ados qui à bonne distance observait le manège des flics.

— Un de ceux-là ? On peut lui parler ?

Giraud ricana.

— M'étonnerait qu'il soit encore là ! Et même s'il y était il ne dirait plus rien. Le gamin qui m'a parlé a voulu jouer l'intéressant, depuis ses parents et ses copains lui auront fait la leçon. On ne témoigne pas contre les Rock Machine. Le taux de mortalité est trop élevé chez les témoins. Tu sais ça, toi, Johanne.

— Oui oui, je sais ça, confirma-t-elle.

— Je vous ai donné l'information comme on me l'a donnée, reprit Giraud. Faites-en ce que vous pouvez, comme moi.

— Et vous allez en faire quoi vous ? insista Brenner.

— La garder sous le coude. Ça n'arrive jamais chez vous ce genre de chose, monsieur le commissaire ?

Ce n'était ni le lieu ni le moment d'une leçon de droit comparé.

— Ça arrive, admit Brenner.

— Alors on se comprend... Dernière précision, selon le môme un des Rock portait un cuir avec *Broker* écrit dans le dos. Si Johanne ne connaît pas ce Broker là, Luc pourra sans doute vous en parler.

Sans attendre une confirmation dont il se fichait, Giraud ajouta :

— Votre camé sera bientôt chez nous, on se retrouve là-bas ?

Elle s'était assise à côté de Tyna, sur la banquette, avait dit s'appeler Alizée et être étudiante en histoire. Elle avait aussi confié se sentir mal dans sa peau depuis quelques mois.

Tyna avait compati, en posant sa main sur la cuisse nue que la fille pressait contre la sienne. Et Alizée avait démarré au quart de tour. Un rien touchante de gaucherie fébrile.

Tyna promenait ses doigts à l'intérieur de sa cuisse et Alizée frémissait à chaque contact. Si le skaï de la minijupe ajustée avait moins collé la peau, Tyna serait allé plus haut. Le boléro fermé par un lacet de cuir qui comprimait la poitrine d'Alizée lui découvrait le ventre. Tyna remonta sur sa hanche, caressa son nombril du bout de l'index et l'enfonça doucement. Alizée retint sa respiration et se mordit la lèvre pour ne pas gémir, le lacet de cuir se tendit, elle prit la main de Tyna et la pressa contre ses seins. Tyna se dégagea sans brusquerie et chuchota.

— On est entre nous ici et on fait ce qu'on veut. Mais pas plus que des hétéro dans un bar pour hétéro, d'accord ?

Alizée acquiesça d'un battement de paupière et murmura d'une voix rauque :

— J'ai tellement envie de toi, si tu savais...

Tyna enroula autour de son doigt la longue mèche qui tombait devant les yeux d'Alizée et lui passa derrière l'oreille.

— Moi aussi j'ai envie, très fort.

— On pourrait aller chez toi.

Tyna secoua la tête.

— Chez moi... C'est chez ma chum, et on s'est engueulé grave, très grave.

— Vous vous êtes battues ?

Tyna secoua de nouveau la tête, mais de haut en bas cette fois. Alizée effleura la cicatrice de sa joue.

— C'est elle qui t'as fait ça ?

— Oui. Si elle me voyait avec toi elle me tuerait. Elle te tuerait aussi sûrement.

Tyna la sentit frissonner, de peur autant que d'excitation.

— Je ne veux plus y retourner, je n'ai plus rien à me mettre mais je ne veux plus y retourner. Jamais.

Alizée l'entoura d'un bras protecteur.

— Je te prêterai des trucs si tu veux.

— Merci, dit Tyna en lui pressant la cuisse.

Alizée sortit une grosse montre gousset de son sac, l'ouvrit et soupira.

— Chez moi j'ai peur qu'il y ait encore ma mère...

Tyna jura intérieurement et dit d'une voix déçue :

— Deux filles, ça ne pose pas de problème en général...

Alizée eut un sourire pâle.

— Je sais... Mais j'ai l'impression que ma mère se doute de quelque chose. Et puis elle a dit des trucs tellement affreux sur les filles comme nous... J'aimerais mieux pas... Si elle l'apprenait ce serait terrible pour elle.

— Je comprends.

Une fille comme ça tenait du miracle. Tyna reprit ses caresses tout en réfléchissant. Alizée se souda à elle.

— Je connais un endroit tranquille, dit Tyna au bout d'un moment. Mais il faut un char et de l'argent.

— J'ai une voiture et un peu d'argent, pas beaucoup mais un peu.

— C'est un motel du côté de Laval, il loue les chambres à l'heure, c'est pas cher.

Alizée l'embrassa sur le front en riant.

— On y va ?

Johanne pila au feu rouge et tourna vers Brenner un visage fermé.

— Alors ?

Brenner soupira.

— Je t'ai coupé la parole parce que tu allais dire une connerie.

— Quoi ? Non mais dis ! Oh ! Tu te prends pour qui ? J'allais dire quoi selon toi ?

— Selon moi, quelque chose comme : *c'est ce que tu appelles à charge de revanche, Bret ?*

Johanne pinça les lèvres.
— Et c'est une connerie ça ?
— Oui madame.
— Mais t'as rien compris ou quoi ? Il a sous entendu qu...
— Le sous-entendu n'existe pas dans ce genre de chose. Il ne t'a pas avoué avoir détourné quoi que ce soit, donc tu ne le sais pas, et tu ne lui as rendu aucun service. Si tu dis lui avoir rendu un service, c'est que tu admets qu'il a détourné quelque chose et que tu ne t'y es pas opposé, tu deviens sa complice objective. Ça vaut pour toutes les polices du monde.
Johanne démarra sèchement.
— Si tu veux coincer un flic marron, reprit Brenner, ne le fais jamais sur du simple vraisemblable.
— Tu me prends vraiment pour une idiote, hein ?
— Non. Je voulais juste te donner un conseil, parce que j'ai vu pas mal de flics se planter à ce jeu-là. Mais excuse-moi, je me suis mêlé de ce qui ne me regardait pas.
Johanne l'observa de biais tout en continuant de surveiller la circulation.
— Tu as déjà coincé un flic marron toi ?
Brenner eut un rire sinistre.
— Ouais... C'est une des raisons qui m'ont conduit à Europol. Une belle promotion d'ailleurs, dont je ne me plains pas. Ce dont je me plains, c'est que si l'enfoiré en question roupille depuis dans un placard de province, il y roupille au même grade que moi. J'avais ouvert ma gueule un peu trop tôt... Il existe un *seuil de tolérance* pour les ripoux, un seuil à géométrie variable. Je le savais, j'avais dû oublier...
Ils roulèrent une centaine de mètres en silence, puis Brenner haussa les épaules.
— Enfin bon, qui te dit qu'il n'y avait pas que vingt dollars dans la planque ?
Johanne ôta une main du volant et ferma les doigts sauf l'auriculaire.
— Mon petit doigt.
— Objection ton honneur ! *Pas nécessairement significatif.*
Ce qui ne fit pas sourire Johanne, elle continua de rouler en silence.

— Qu'est-ce qu'il y a ? demanda Brenner. Ce matin tu étais gaie comme un pinson et maintenant tu tires la gueule. C'est cette histoire qui te met dans cet état ?

Elle esquissa une grimace en forme de sourire.

— Non... enfin, un peu sûrement... En vérité, je crois que je me demande si je suis faite pour ce boulot.

Brenner se cala contre l'appui-tête et leva les yeux au ciel. Les états d'âmes de flics, il avait connu et surmonté les siens, supporté ceux des autres, alors bon...

— C'est normal, on en arrive tous là un jour ou l'autre, mais ça passe, tu verras.

— J'y compte bien que ça passera !

Pour la première fois de sa vie, l'idée de se consacrer exclusivement à la peinture l'avait effleurée, et brusquement tout le reste lui était apparu sordide et plat. Ou plutôt, cette idée qu'elle avait toujours eue en elle était apparue envisageable. Et c'était idiot bien sûr. Il faudrait un miracle pour cela. Un autre. Elle en avait conscience. Mais ça rendait le reste ni moins plat ni moins sordide.

Johanne s'ébroua et parvint à dire en riant.

— Je crois même que ça passe !

Alizée conduisait sa Hyundai Pony l'air concentré. Tyna la guidait sur les boulevards de la zone commerciale, plus le *Palm Beach* se rapprochait, plus elle se demandait si c'était une bonne idée. Elle était déjà venue dans ce motel. Les boîtes environnantes ne manquaient pas de directeurs désireux de varier de leurs secrétaires. Le Palm Beach était plutôt de bonne compagnie. On y trouvait aussi des couples, légitimes ou non, qui jugeaient plus intelligent de prendre l'amour sur leur temps de travail que sur leur temps de repos. On y trouvait même des touristes égarés, plutôt le soir. Tyna avait vu tout ça, mais jamais de Rock Machine. Pas vraiment hôtel de passe, plutôt hôtel de passe-temps. N'empêche que sa façade s'ornait d'une enseigne proclamant : *4 chambres confortables.*

Et lorsqu'on cherche une pute, on la cherche sous ce genre d'enseigne plutôt que sous celle du *Frontenac*. Une pute de son calibre, du moins.

Alizée avait sûrement de quoi payer un peu mieux.

Encore un réflexe de paumée, songea Tyna. Qu'il était maintenant trop tard pour corriger.

— Quatre chambres confortables ! pouffa Alizée en découvrant l'inscription. Les autres sont comment alors ?

— Confortables, c'est avec des glaces au plafond et un matelas à eau, les autres sont normales. Tu veux essayer les glaces ?

Alizée rougit.

— Ben non, je m'en fiche des glaces moi, pis du matelas pareil.

— Moi aussi je m'en fiche. Prends à droite, et puis encore à droite et va te garer au fond.

— Pourquoi ? Y a de la place devant, pis on fait rien d'interdit.

Non, rien. Mais elle pourrait voir si une Harley traînait dans le secteur. Sans compter qu'elles ne pouvaient passer pour des touristes, que deux gouines intriguent toujours, et que cet intérêt provoque des réactions imprévisibles. Tyna ne tenait pas à développer ces raisons là. Elle chercha une explication plausible.

— Au fond tu pourras te garer à l'ombre.

Alizée passa devant la réception et vira immédiatement à droite.

— Bof, tu trouves qu'il y a plus d'ombre ici toi ?

Pas vraiment, mais il n'y avait pas de Harley non plus, ni beaucoup de voitures sur le parking du motel.

— C'est pas grave, stationne là j'irai chercher la clef.

Alizée stoppa face à la pelouse, puis fouilla dans son sac, ouvrit un petit porte-monaie et en sortit un billet de vingt dollars.

— Ça suffira ?

— Bien sûr.

Arrivée au sommet de l'escalier, Tyna examina le hall avant de pousser la porte. Hormis le réceptionniste dans son cagibi, un seul couple grignotait un sandwich debout devant le comptoir de l'espace déjeuner.

Tyna avait toujours vu le même type à la réception, Steph, le beau frère du patron ou quelque chose comme ça. S'il la reconnut il ne le montra pas, sauf peut-être en demandant d'emblée :

— Pour une sieste ?

— Oui, répondit Tyna.

Qui faillit préciser « d'une heure » mais dit :

— De deux heures.

Ça laisserait le temps de profiter de la douche, ou de la baignoire.

Steph prit le billet et glissa une clef sous le passe-monaie.

— La 404.

Alizée ne lui laissa pas le temps de vérifier si la 404 était douche ou baignoire. Le verrou de la porte tourné, elle pressa ses lèvres contre les siennes. Tyna accompagna son mouvement. Puis dénoua le lacet de cuir, et le dégagea lentement des œillets. Alizé ferma les yeux. Gémit quand la main Tyna remonta sous le boléro. Et lui griffa le cou lorsqu'elle enveloppa un sein.

Tyna la fit pivoter et la poussa doucement vers le lit.

Steph cogitait à l'alternative, prévenir les flics ou ne pas les prévenir.

Le *Palm Beach* entretenait de bons rapports avec la police, et tenait à les conserver en l'état. Surtout que le flic qui de grand matin était venu lui signaler la recherche pour témoignage de Tyna Langer avait insisté sur l'importance du témoignage.

Mais balancer quelqu'un, fût-il une pute, c'est pas très beau. Pas très bon surtout. Les putes ça jase, ça se méfie, ça change de crémerie. Et le chiffre d'affaires baisse.

D'un autre côté, avec les flics la baisse pouvait devenir chute, brutale.

Steph avança la main vers le téléphone. Et arrêta son mouvement.

Elle avait pris une sieste de deux heures. Faut pas ce temps-là pour se faire brosser. Ou alors c'est qu'elle voulait soigner le client. Ou se refaire une beauté, parce qu'elle en avait besoin...

Steph sentait naître l'idée lumineuse. Le moyen terme génial.

Une heure. Il lui accorderait une heure. De quoi faire ses petites affaires. Et quand les flics viendraient la cueillir, il se serait écoulé assez de temps pour qu'il puisse protester sa bonne foi.

Si je l'avais balancée, je l'aurais fait tout de suite, non ?

Steph régla le chrono de sa montre sur une heure et pressa le bouton d'alarme.

— Elle s'en sortira pas, ricana Giraud en tirant sur son cigare.

— Elle s'en sort très bien, dit Brenner froidement.

— Ma foi... On parie ?

— Mille dollars ?

— Heu... cent ? fit Giraud brusquement moins assuré.

— Tenu.

— Tenu, dit Giraud en soufflant sa fumée.

Dans le box vitré Rick et Johanne se faisaient face, séparés par une table scellée. La conversation parvenait aux deux hommes par un haut-parleur.

Johanne les surveillait du coin de l'œil. Elle aurait préféré qu'ils soient ailleurs. Ou que Luc soit à ses côtés. Mais c'était comme ça et elle n'y pouvait rien. Sauf se concentrer pour empêcher la sueur de lui tremper le dos davantage.

— C'est de la merde votre truc. Le flash, putain, le flash ! Y a que ça ! répétait Rick pour la trois ou quatrième fois.

Johanne hocha la tête et demanda :

— Tu te crois où ?

— Au SPCUM, ç'te connerie !

— Bien, et tu y es pour quoi à ton avis ?

Rick leva les yeux au ciel.

— Parce que je me suis fait pogner avec de l'héro.

— Tu es idiot à ce point ou tu en rajoutes ?

— Eh ! Z'avez pas le droit de m'insulter !

— Je ne t'insulte pas, je te pose une question.

— C'est une question qui insulte ma dignité, répliqua Rick en redressant la tête fier de sa répartie.

— Finalement, j'aurais dû prendre mille, fit Giraud avec un sourire en coin.

Johanne considéra Rick d'un air méprisant très réussi.

— Ta dignité..., murmura-t-elle.

Puis elle enveloppa le box d'un mouvement de main, montra Giraud et Brenner et ajouta :

— Tu crois que tu serais là avec moi, qu'un autre enquêteur et un commissaire d'Europol assisteraient à l'interrogatoire, rien que pour un p'tit Rick pogné avec de l'héro ?

— J'en sais rien. J'y connais rien à vos conneries.

Mais le ton comme le coup d'œil inquiet en direction des deux hommes montrait que la question avait porté.

— Rick, des camés comme toi, on en ramasse vingt par jour, s'il fallait les interroger comme ça, le SPCUM n'y suffirait pas. Tu le sais très bien puisque tu as déjà été ramassé.

— J'aurais dû insister pour mille, ironisa Brenner.

— Oh oh, doucement, c'est pas fini, protesta Giraud.

— Simple question de temps, murmura Brenner.

De nouveau Rick jeta un coup d'œil aux deux hommes.

— Ils entendent ce qu'on dit ?

— Bien sûr, il y a un haut parleur. Mais toi tu n'entends pas ce qu'ils disent, évidemment.

— Putain mais c'est quoi ce bordel ! s'énerva Rick.

— Tu ne le sais vraiment pas ?

— Mais non, putain de merde, faut que je le dise combien de fois ?

— Comme tu voudras... On va procéder autrement. Tu as bien été surpris dans ta voiture en possession d'un flacon d'héroïne, d'une seringue et de tout le matériel nécessaire à une injection intraveineuse de stupéfiant ?

— Oui, je l'ai déjà dit.

— Ce matériel se trouvait bien précédemment dans la chambre du dénommé Christian Meunier, dit Chris, qui était également un de tes fournisseurs en stupéfiants ?

— Oui, ça aussi je vous l'ai dit !

— L'héroïne contenue dans le flacon était bien d'une extrême pureté ?

— Si je l'avais su, l'autre connasse de patineuse m'aurait pas pogné en train de me shooter avec. Chuis pas con quand même !

— La connasse t'a sauvé la vie.

Rick avala un peu de salive, baissa les yeux et ricana faux.

— Ouais, p'têtre, et alors, fallait que j'fasse quoi, que je l'embrasse ?

— Ça n'aurait pas été une mauvaise idée, ça m'aurait peut-être permis d'avoir un doute.

Rick fronça les sourcils et renifla.

— Un doute sur quoi ?

— Nous avons reçu le rapport d'autopsie, Chris est mort d'une overdose, mais le problème c'est qu'on lui a injecté de force un produit mortel. On l'a assassiné. Avec l'héroïne et la seringue que tu avais en ta possession.

Rick se décomposa.

— Vous essayez de faire croire quoi ? Que je l'ai tué ? Vous êtes dingue ! Pourquoi j'aurais tué Chris, ça a pas d'bon sens !

— Les histoires de camés n'ont jamais de bon sens.

Il essaya de se dresser mais la chaîne de ses menottes le ramena en arrière.

— Mais réfléchissez ! hurla-t-il. Si j'avais su que l'héro était mortelle je me serais pas shooté avec ! La patineuse m'a vu ! Vous la croyez quand même ? C'est pas une preuve ça ?

— Oui je la crois, et non ce n'est pas une preuve. Elle n'a vu que ce que tu lui as montré. Peut-être que si tu l'avais embrassée, justement, ta version aurait été plus solide. Ce qui est vraisemblable, c'est qu'en apercevant les patrouilleurs tu as fait semblant de te piquer.

Rick essaya de se masser les yeux, mais là encore les menottes l'en empêchèrent.

— C'est pas moi, fit-il d'une voix geignarde. Je suis allé chez lui parce que j'avais besoin de came, je l'ai trouvé crevé, j'ai pris la came et le matos et je suis parti, c'est tout ce que j'ai fait. Je vous le jure.

— Malheureusement, personne ne peut témoigner que Chris était mort à ton arrivée. Tout ce qu'on sait, c'est qu'il était mort à ton départ.

— C'est pas moi madame, c'est pas moi... Je venais juste acheter de la came, et j'ai profité que Chris était mort.

— Tu pensais payer avec le démonte-pneu ? Tu n'avais pas une piastre sur toi ! Tu as de quoi te payer un bon avocat ?

Rick secoua la tête de gauche à droite.
— C'est pas moi...
— Tu ne convaincras pas un jury comme ça. Tu sais ce que coûte un meurtre avec préméditation ?
Il se mit à pleurer et répéta :
— C'est pas moi.
— Alors si ce n'est pas toi, qui est-ce ?
— Je sais pas. Je vous jure. Si je savais je vous dirai.
— Chris avait une amie, Tyna Langer. Elle sait peut-être quelque chose, mais elle a disparu.
— C'est une pute, je la connais pas tellement. On a juste passé une journée ensemble, je l'avais trouvée à la Mc Gill, elle cherchait Chris aussi. On l'a cherché tous les deux mais le soir elle m'a laissé tomber.
— Raconte-moi ça en détail, on verra si on peut en tirer quelque chose de favorable pour toi.

Central à patrouilles. Le témoin recherché Tyna Langer est signalé au Palm Beach Motel. Qui prend ?
L'agent Moiroud décrocha le micro de bord.
— Voiture 37, je suis du côté de Bourrassa et je connais le Palm Beach, je peux prendre.
Il y eut quelques échanges à la radio, puis de nouveau la voix du Central.
— Okay 37, tu prends.
— D'accord, mais c'est à Laval...
— C'est arrangé avec Laval. Tu passes chez eux, tu signes la paperasse et ils t'accompagnent au motel.
— C'est parti.
L'agent Moiroud enclencha la sirène, se dégagea de la file et accéléra.

Rémi remonta la fermeture Éclair de son blouson, copie conforme de ceux des flics. Comme la plaque bidon qu'il avait dans la poche.
Il adressa un signe à Oshtrom qui lui répondit par :
— La rate pas.

— C'est une question de vitesse relative, dit Rémi en ouvrant la porte.

En l'apercevant, le pilote de la Kawasaki ZXR qui attendait dans la cour pressa le bouton du démarreur. Rémi lui donna l'adresse et sauta en selle. Le compte-tours de la Kawa se planta dans le rouge.

— T'as rien contre la volute ?

— Au contraire, répondit Tyna amusée.

Alizée écarta le drap et se pencha sur son sac. Elle y pêcha un briquet et un joint qu'elle tendit à Tyna.

— À toi l'honneur.

Tyna alluma le joint, aspira la fumée à plein poumon et la garda aussi longtemps qu'elle put, avant de la recracher lentement.

Alizée effleura la saignée de son bras gauche.

— Tu as l'habitude de mieux ? demanda-t-elle d'une voix grave.

Tyna aspira une nouvelle goulée.

— Non, pas vraiment. Du PCP et de la coke quand je peux. Mais c'est tout. Ça, c'est... un accident. Un coup de déprime.

— À cause de ta copine ?

— Voilà.

Tyna aspira une troisième bouffée puis passa le joint. Alizée se blottit contre elle et remonta le drap. La clim maintenait une température basse. Tyna se sentit bien. Alizée lui baisa l'oreille et murmura.

— Je suis heureuse de t'avoir rencontrée.

Tyna lui pressa les lèvres contre sa joue.

— Moi aussi... Si tu savais...

Alizée posa la tête dans le creux de son épaule, tira sur le joint et ferma les yeux, aux anges. Faire l'amour l'avait détendue. Elle avait confié que c'était la première fois, avec une fille. Et que maintenant plus jamais un homme ne la toucherait.

Tyna lui caressa le front, vaguement honteuse de se moquer d'elle, et s'appuya contre la tête de lit, les yeux perdus dans le mur d'en face.

— Tu sais, la nuit dernière, ou celle d'avant je sais plus trop, eh ben j'étais morte.

Alizée fronça les sourcils.

— J'étais morte, à cause de ça – elle montra la trace de piqûre –, et puis j'ai ressuscité.

Alizée prit appui sur un coude et la considéra les yeux ronds.

— Morte... Tu as vu le tunnel, la lumière, tout ça ?

Tyna secoua la tête.

— J'ai rien vu du tout.

— Tu n'étais peut-être pas vraiment morte alors.

— Peut-être... J'étais sur une chaise, quand le flash est arrivé j'ai cru que tout mon corps se volatilisait. Après, j'étais allongée par terre. Je ne sais pas combien de temps il y a eu entre les deux. Entre les deux, il n'y a rien.

Elle ferma les yeux et frissonna.

— Rien.

Comme elle gardait le silence Alizée lui caressa la joue.

— En tout cas, si tu n'avais pas ressuscité je ne t'aurais jamais rencontrée.

Tyna lui prit la main et en baisa la paume.

— On a eu de la chance toutes les deux alors. Tu m'attends ? Je vais prendre une douche.

Rick avait parlé sans se faire prier. Mais sa journée en détail représentait peu de chose. Johanne revenait sur quelques points.

— Un contact au Travelodge, fit-elle incrédule. Tu ne trouves pas ça curieux ?

— Si, mais c'est ce qu'elle m'a dit. Moi j'en sais rien je suis resté dans la Chévy. En tout cas quand elle est revenue elle avait des cigarettes, au PCP je veux dire.

— Elle y est restée combien de temps ?

— Je sais pas... J'étais mal, et dans ces cas-là le temps... Mais pas longtemps je crois.

— Pas longtemps ça fait quoi ? Cinq minutes ? Une heure ?

— Je sais pas... Dix minutes peut-être.

— Elle t'a parlé de ses activités et de celles de Chris ?

— Non. Mais c'était pas la peine, je les connais ses activités, et celles de Chris aussi.

— Même les pornos ?

— Ben ouais, mais le porno je m'en fiche. J'ai tout ce qui me faut moi, j'ai pas besoin de ça.

— *Broker*, ça te dit quelque chose ?

Rick secoua la tête.

— Non, c'est qui ?

— Un Rock Machine.

Il fit une grimace.

— Ceux-là, je les évite.

— Ils ne font pas crédit ?

Rick grimaça de nouveau.

— Pas vraiment...

— Bon... Eh bien nous n'avons pas beaucoup avancé.

— J'ai dit tout ce que je savais.

Johanne recula sa chaise.

— Qu'est-ce que vous faites ? demanda Rick anxieux.

— Je m'en vais.

— Et moi, qu'est-ce que je deviens ?

— Tu attends là.

— Mais posez-moi d'autres questions, j'y répondrais ! Y a peut-être des trucs qui me reviennent pas !

— Elle vous le laisse à point, remarqua Brenner.

— Ouais, admit Giraud. Mais c'est pas un exploit, l'était pas ben gros dans sa culotte celui-là.

— Ça fait quand même cent dollars.

Giraud tâta sa poche. Brenner lui fit signe de s'écarter du box.

— Merci, dit il en empochant le rouleau que l'autre avait tiré de sa veste.

Ils revinrent devant la vitre comme Johanne ravançait sa chaise.

— Essayons ça : as-tu fouillé l'appartement de Chris ?

— Non je l'ai pas fouillé, je l'ai déjà dit.

— Même pas la cachette derrière la plinthe dans le placard ?

— Mais je la connaissais pas ! J'ai rien cherché, je vous jure.

— Étonnant. Les dealers ont toujours des planques chez eux, non ?

— Ouais mais j'avais trop envie d'un shoot, et ça me disait pas avec un macchabée, c'est un coup à flipper ça. Et pis...

Il n'ajouta rien.

— Et puis quoi ? demanda Johanne.

Rick soupira.

— Et puis je pensais que je pourrais revenir après, pour fouiller.

Il releva soudain la tête, comme frappé par une idée heureuse.

— Eh ! Si je voulais revenir, c'est bien que j'avais rien à me reprocher ! C'est pas une preuve ça ?

Johanne se leva.

— À la rigueur un commencement de doute.

Elle montra son collègue et ajouta.

— Le sergent enquêteur Bret Giraud a des questions à te poser. Si quelque chose te revient, tu pourras lui dire. On se reverra peut-être.

Elle sortit, referma la porte, et soupira comme après un effort.

— Tu as obtenu des trucs intéressants ? demanda Giraud.

— La confirmation de deux ou trois points, rien de plus. Tu devrais y aller, il est en veine de confidences.

— Oh moi, ce ne sera pas bien long !

Il posa la main sur le bouton de porte et ajouta :

— La bande, je continue dessus et j'en fais une copie ou tu veux l'originale ?

— Une copie ça ira.

— Okay, je te l'amène dès que j'ai fini.

— Merci Bret.

Il les salua d'une inclination de tête et entra dans le box.

Étendue sur le lit, Alizée écoutait la douche couler dans la salle de bains. Elle s'étira comme une chatte et se leva pour récupérer son boléro. Ç'avait été si bon quand elle lui avait enlevé. Elle imagina Tyna la déshabiller de nouveau, enfila le boléro et commença de repasser le lacet dans les œillets.

La ZXR stoppa devant la réception. Rémi gravit l'escalier d'un bond sans ôter son casque. Il poussa la porte et d'un même mouvement baissa la fermeture de son blouson et exhiba sa plaque.

— Lieutenant Mangin des Homicides. La fille est où ? T'as un double de la clef ?

Plus que le vêtement ou l'insigne, ce qui frappa Steph fut le gros revolver, nez planté dans le holster, crosse dépassant du blouson.

— La 404, c'est là-bas, au fond. J'ai pas de double, faut que j'en fasse refaire justement...

Rémi dégagea le revolver et le maintint canon vers le sol. Il pointa un index sur Steph et sur deux clients qui traînaient là.

— Restez ici et ne bougez pas ! ordonna-t-il. Elle est dangereuse.

Il sortit en coup de vent.

La douche avait cessé de couler. Alizée entendit un cliquetis provenant de l'entrée. Elle regarda dans cette direction, vit le bouton de porte tourner puis revenir en place, et peu après le battant voler en éclat.

Rémi découvrit une fille assise sur un lit. Une main devant le pubis l'autre serrant un carré de tissu contre sa poitrine. Elle commençait d'ouvrir la bouche pour hurler.

Il leva le revolver et pressa la détente. Le projectile coucha Alizée en lui emportant la moitié du crâne.

Rémi balaya la chambre du regard. Aucun vêtement d'homme. La porte de la salle de bain fermée. Il hésita. Une sirène de police trop proche l'incita à ne pas traîner.

19

Quand la porte d'entrée vola en éclat Tyna s'apprêtait à revenir dans la chambre. La décharge d'adrénaline la renvoya en arrière. Elle poussa le verrou de la salle de bain par réflexe, au moment où retentissait le coup de feu. Le même réflexe la fit bondir sur la cuvette des wc à la recherche d'une issue. Des barreaux empêchaient la fenêtre de pivoter au-delà de quelques centimètres. Par l'ouverture elle vit un homme enfourcher une moto dont la roue arrière fuma au démarrage. Un homme habillé en flic. Elle entendit aussi les sirènes.

Tyna se précipita dans la chambre et enfila ses vêtements. En s'efforçant de ne pas regarder Alizée. Ce qui restait de sa tête. La flaque gluante sur le mur.

Les sirènes étaient proches.

Elle récupéra la clef de la Pony sur la table de chevet, rafla le sac à main d'Alizée et fonça dans la cour.

Aucun mouvement sur le parking. Dans ce genre d'endroit un coup de feu provoque plutôt l'ouverture des issues de secours que n'importe quoi d'autre.

Tyna mit le contact. Les sirènes hurlaient devant l'entrée du motel. Elle n'en sortirait pas. Au-delà de la pelouse un passage piéton séparait les bâtiments. Ensuite une haie rabougrie. Et un boulevard.

Tyna engagea le rapport court et écrasa l'accélérateur. La Hyundai bondit sur la pelouse. Le pare-chocs perdit ses formes bio. Le rétro droit se volatilisa contre un mur. Une aile racla le béton. Les branches de la haie fouettèrent le dessous de caisse. Et Tyna se retrouva sur le boulevard. Elle freina, braqua, passa en drive et réaccéléra. Aller ailleurs. N'importe où. Vite.

— Quoi ? fit Brenner qui mettait la dernière main à son fax.

Johanne pouffa.

— C'est pas toi qui disais de ne jamais se baser sur du simple vraisemblable ?

— Rien à voir, répliqua Brenner avec une mauvaise foi très française. Ce n'est que l'exposé de faits dans leur ordre chronologique. Une fille est assassinée, pour un snuff-movie, on demande à un indic de se renseigner sur les snuff, il disparaît, son amie cherche à me contacter, l'indic est retrouvé mort, son amie disparaît. Après c'est affaire d'interprétation. Et ce n'est pas moi qui vais interpréter.

— Ben voyons... Surtout rédigé comme ça...

— Si le juge y voit un faisceau d'indices convergents justifiant la poursuite de la mission du commissaire Brenner au Canada, que veux-tu... c'est que mon intime conviction aura transparu.

— Oui... Sauf qu'on n'est même pas sûr que Sophie a été assassinée ici, que jusqu'à preuve du contraire Chris est mort d'une overdose, et que même s'il a été assassiné il existe vingt autres raisons pour cela. Quant à la disparition d'une prostituée toxicomane...

— Une intime conviction ça ne s'explique pas, ça se partage. Tu la partages ?

Johanne hocha lentement la tête.

La porte du bureau s'ouvrit brusquement sans que quiconque ait frappé. Giraud s'y encadra.

— Eh ! Ça va vous intéresser : Tyna Langer vient de se faire descendre dans un motel de Laval. J'y vais, si le cœur vous en dit...

D'un mouvement de souris Brenner mit la formule de politesse et la signature de son texte en surbrillance, puis pressa la touche *Suppr.*

— Un chapitre à ajouter..., dit il en se levant.

N'importe où, c'est grand. Et pas simple à situer. Tyna avait enfilé des boulevards et des avenues. Pour échouer dans le parking d'un supermarché, et garer sa voiture parmi d'autres. Les effets de l'adrénaline s'étaient dissipés. Elle n'était plus survoltée. Seulement fébrile. Des larmes coulaient sur ses joues sans qu'elle en ait conscience. Le couple qui remplissait le coffre du break voisin imagina un chagrin d'amour. Tyna essayait d'ordonner ses pensés, de se trouver un futur proche. Et butait sur *les Rock Machine veulent me tuer, les flics veulent me tuer*. Pas une seconde elle n'avait envisagé qu'on ait voulu tuer Alizée. On n'assassine pas les Alizée. Les Tyna oui. Un théorème à admettre. Ou à se démettre.

Tyna tourna le bouton de l'autoradio. Une émission culturelle de Radio Canada diffusait une chanson de Jacques Brel.

C'est trop facile...

Tais toi donc, grand Jacques

Laisse-les donc crier...

Puis un homme à l'accent presque français évoqua la rive gauche, Saint-Germain des Prés, Paris.

Tyna ferma les yeux. Ça devait être tellement beau l'Europe. Et c'était tellement loin...

Et puis il fallait un passeport. Un billet d'avion. De l'argent.

Elle renversa le sac à main sur le siège passager. Une boîte plastique contenait deux tampons et une bande de cachets au paracétamol. Le porte-monaie cent dollars et quelques pièces. Elle retrouva la grosse montre à gousset. Des papiers d'identité. La licence de conduite. Un stylo. Un étui avec deux paires de lunettes, de soleil et de vue. Des emballages de bonbons. Deux joints dans un paquet de Players. Un miroir. Un eyeliner. Une carte de crédit. Un trousseau de clefs.

Les photos des papiers ne lui ressemblaient pas moins qu'à l'Alizée qu'elle avait connue. Les clichés dataient de quelques années, elle portait ses lunettes.

Tyna les essaya. Ses pupilles durent effectuer une mise au point. Elle n'avait pas remarqué qu'Alizée portait des lentilles. Peut-être qu'elle n'en portait pas et naviguait dans le flou.

Et puis une fille ça change tout le temps de coiffure. De couleur de cheveux.

— Alizée Morel, dit-elle au rétroviseur.

L'animatrice de Radio Canada parla de Vezoul, de Vierzon. De Knokke-le-Zout.

— Alizée Morel de Knokke-le-Zout.

Ça sonnait autrement mieux que Tyna Langer de Montréal.

Mais on allait la rechercher...

Tyna eut un demi sourire étiré vers le bas.

— Pourquoi on chercherait une morte ? demanda-t-elle au rétroviseur.

Par contre la voiture...

Instinctivement elle regarda autour d'elle. Le parking était très ordinaire, sans uniforme, sans blouson de cuir, sans Harley-Davidson. Les lunettes lui flanquèrent le tournis, elle ne pourrait pas les porter longtemps, elle les remplaça par les noires.

Si quelqu'un avait relevé le numéro de la Hyundai...

Il faudrait l'abandonner. Dès que possible.

Tyna examina les papiers posés sur ses genoux, le trousseau de clefs, la carte de crédit, et remit dans le sac ce qu'elle en avait sorti.

Entre Alizée Morel et Tyna Langer, il n'y avait pas à hésiter. Quant à la voiture, il suffirait d'un peu de chance. Juste un peu de chance. Pendant une heure à peine. Elle n'en demandait pas plus.

Tyna embrassa ses petits points bleus, mit le contact et se dégagea du stationnement.

Puis s'y réinséra. Une heure de chance, elle n'en avait pas connu autant de toute sa vie. Elle coupa le contact et laissa la clef dans le barillet. La Pony passerait inaperçue dans le parking. Au moins quelque temps. Et si quelqu'un voulait la voler, eh bien il n'aurait pas à se fatiguer.

Tyna accrocha le sac à son épaule et se mit en quête d'un bus. Le métro ne venait pas jusqu'ici, et puis le métro...

Beaucoup de monde pour une chambre de motel qui n'avait rien d'une suite au Carlton. L'enquêteur de la Brigade Homicide de la police de Laval avait néanmoins laissé entrer ses collègues.

— C'était bien elle que vous recherchiez ? demanda-t-il.

Giraud souffla.

— Vu ce qui en reste, tu veux reconnaître quoi... Qu'est-ce qui a fait ça ?

— .44, hollow point, fit le policier du bureau scientifique en exhibant un morceau de plomb en forme de champignon.

— Revolver ou carabine ?

L'autre haussa les épaules.

— Revolver, avec une carabine il n'en serait rien resté et il y aurait un trou dans le mur. Ou pistolet, mais on n'a pas retrouvé la douille.

Johanne secoua la tête et pointa l'index sur le ventre d'Alizée.

— Ce n'est pas elle. Tyna Langer portait un anneau dans le nombril, cette fille-là n'en a jamais porté.

— Pourtant le réceptionniste est formel, il a reconnu Tyna Langer et lui a donné la clef.

Johanne secoua de nouveau la tête.

— Alors elles étaient deux.

Elle montra un soutien-gorge rangé parmi les scellés, puis le boléro à demi lacé sur la poitrine du cadavre.

— On ne porte pas ça avec un soutien-gorge.

Le légiste qui crayonnait quelque chose sur son carnet désigna le pubis d'Alizée du bout du stylo.

— En tout cas, cette fille était en état d'excitation sexuelle intense. D'autre part, il n'y a aucune trace de sperme, ni aucun préservatif nulle part.

Et l'état du lit montrait qu'on n'avait pas fait qu'y dormir.

— Des gouines..., grogna Giraud d'un air dégoûté.

Le type du bureau scientifique fit à propos des lèche-à-tout une remarque qui déclencha quelques rires. L'enquêteur de Laval toussota.

— Alors c'est le client qui a été abattu, et c'était une cliente. La pute, elle, a filé avec la voiture.

Johanne avait du mal à détacher son regard de la bouillie qu'était le visage de la morte. Des esquilles d'os. Des cheveux dans la matière cervicale contre le mur. D'un œil sur l'oreiller.

Brenner qui la surveillait du coin de l'œil se piqua une cigarette entre les lèvres.

— Excusez-moi mais le spectacle me lasse. Tu viens Johanne ?

Elle l'accompagna et à l'extérieur s'appuya contre le mur en plein soleil.

— Ça va ? fit-il en allumant sa cigarette.

— Oui, mais pas fâchée d'être sortie.

— C'est ton premier ?

— Dans cet état oui.

Brenner ne commenta pas. Il aspira la fumée. Son premier *vrai* cadavre avait un hachoir de boucher enfoncé dans le crâne jusqu'aux incisives. Et quelques jours de faisandage dans une soupente de la rue Rossetti, au mois de juillet. Il n'avait pas gerbé son déjeuner, mais n'avait jamais oublié le nom du type, Séraphin Lafayette, un vieux pédé.

L'enquêteur de Laval les rejoignait.

— Qu'est-ce que vous en dites ? demanda-t-il sans s'adresser à quelqu'un en particulier.

— C'est incroyable que personne n'ait rien vu, répondit Johanne.

— Non. D'où il se tient, Steph n'entrevoit qu'une voiture qui passe. Quant aux clients, ils ne peuvent pas être appelés à témoigner de ce qu'ils n'ont pas vu.

— Donc on recherche une voiture avec quatre roues !

— Blanche ou crème, japonaise ou coréenne, sans rétro droit, endommagée côté gauche, avec un pare-chocs brisé.

— C'est tout de suite mieux, grinça Johanne.

— Si vous avez une idée je prends, répliqua le flic de Laval.

— On pourrait demander l'intervention de la Sûreté du Québec et de la GRC.

Le visage du policier se ferma aussitôt, il reprit d'une voix froide :

— Eh ! du calme ! Il s'agit du meurtre d'une fille que vous ne connaissez pas, commis sur mon secteur. Pour l'instant on a deux gouines dans un motel, une se fait descendre, et l'autre se tire, ce qui est logique. Le reste, c'est vos suppositions.

— Tu oublies que l'assassin est peut être un policier, qu'en tout cas il savait que Tyna était là.

— Se déguiser en flic n'est pas difficile, et n'importe qui écoutant vos fréquences pouvait savoir que votre pute était au Palm Beach.

— Ça demande tout de même un minimum d'organisation, intervint Brenner.

— Exact, admit l'enquêteur.

— Et ça montre que Tyna était visée, ajouta Johanne.

— Tu n'en sais rien. Il a pu suivre l'une pour trouver l'autre. Giraud plaisantait en disant que ça pouvait être un mari sourcilleux sur la morale, mais l'explication tient. Des comme ça ça existe, y compris chez les flics.

— Surtout que flic et con c'est pas incompatible, grinça Brenner. Reste que le type qui a fait le coup est gonflé. À quelques minutes près les patrouilleurs lui tombaient dessus. Ça peut expliquer qu'il n'ait pas descendu la bonne. Ou n'ait pas eu le temps de finir l'autre.

— Et puis..., commença Johanne.

L'enquêteur de Laval agita les mains comme pour demander le silence.

— Écoutez, je transmettrai les renseignements à la Sûreté et à la Gendarmerie Royale, et je suis disposé à collaborer avec vous, mais à condition de garder la maîtrise de l'enquête. D'accord ?

— D'accord, dit Johanne.

— Bon. Donc, on ne sait pas qui était cette fille, on ne sait même pas exactement ce qu'elle foutait ici. Elle était peut-être la cliente de votre Tyna, c'était peut-être des amantes venues s'offrir du bon temps, ou elles pouvaient faire équipe pour s'occuper d'un homme qui aura filé avec la survivante. Une sieste de deux heures, c'est long pour une simple passe... On peut discuter dans le vide longtemps, on en saura plus lorsqu'on aura identifié la morte. J'espère que le SCRC nous la sortira.

— Et s'il ne la sort pas ? demanda Brenner.

— S'il ne la sort pas, c'est la sloche... On peut reconstituer les traits d'un visage d'après le squelette du crâne. Mais là il va d'abord falloir reconstituer le squelette, et le légiste est sceptique. Si ça marche, on diffusera le portrait. Sinon, il n'y aura plus qu'à éplucher les signalements de disparition, attendre qu'on pogne Tyna Langer, ou au moins la voiture.

— Si je peux me permettre, reprit Brenner, s'agissant d'une affaire où un policier pourrait être impliqué, et où une erreur de cible est envisageable, il serait bon de ne pas avertir les journalistes.

— Je ne comptais pas les avertir, mais ne vous méprenez pas, uniquement parce qu'une erreur sur la victime est possible. Cela dit, les journalistes aussi écoutent les fréquences de la police. Ce qui m'étonne c'est qu'ils ne soient pas encore là. Quand ils se pointeront on fera appel à leur sens civique...

Tyna pesa sur le bouton de la sonnette. Si madame Morel ouvrait la porte, elle prétendrait avoir rendez-vous avec Alizée. Sa dégaine ne devrait pas offusquer les parents vu le look de la fille.

Le pavillon demeurait silencieux. Sur la pelouse, un cygne en plastique disputait une mare bleu des mers du sud à une biche en plâtre. Tyna sonna de nouveau, puis sortit le trousseau de clefs et au deuxième essai trouva la bonne.

La maison ne comptait qu'un rez-de-chaussée. Avec une autre clef elle ouvrit la deuxième porte du couloir, derrière se trouvait la chambre d'Alizée. Tyna s'assit sur le lit, face au poster d'une chanteuse punaisé au mur.

Il ne fallait pourtant pas traîner. Un flic risquait de venir porter la mauvaise nouvelle, les Morel pouvaient rentrer. Aux Morel elle pourrait dire qu'Alizée lui avait demandé de l'attendre, en lui confiant les clefs, belle preuve. Quant aux flics, comment feraient-ils pour savoir qui était la morte. Les empreintes... oui, évidemment...

Depuis quelques jours l'esprit de Tyna travaillait en accordéon, se renvoyait des balles. Elle avait fini par s'en accommoder. Presque à y prendre plaisir. C'était grisant. Tyna contre le Monde. Et le Monde gagnerait. Il gagne toujours. Autre théorème.

Mais pour la première fois de sa vie elle n'agissait que pour elle-même et par elle-même.

Tyna resta assise.

Pourquoi n'avait-elle pas une chambre comme ça. Avec tous ces livres, le bureau, l'ordinateur, la fenêtre sur pelouse. Le souvenir d'un anniversaire accroché à la porte.

Pourquoi ne pas dire à madame Morel qu'elle était prête à remplacer Alizée. Comme fille elle en valait une autre.

Oui... évidemment...

Tyna se leva et ouvrit l'armoire. L'évolution d'Alizée se lisait de gauche à droite. Elle négligea le droit branché et choisit dans le gauche les vêtements qu'elle jeta sur le lit.

Comment les Morel réagiraient à la disparition des vêtements de leur fille. Concluraient-ils qu'Alizée avait quitté la maison. Ça supposait de connaître sa garde-robe.

Les chaussures étaient un peu trop grandes, à peine, toujours mieux que trop petites.

Sa propre mère en aurait été incapable. Son père, elle n'en avait qu'un souvenir : « T'es qu'une chierie comme ton père ! » avant de se faire sortir de la maison à coups de pied. Jusqu'à s'en faire sortir pour de bon, avec interdiction d'y revenir.

Un vaste sac polochon reposait sur l'étagère du haut.

Dix-sept ans en Abitibi. Ce matin-là le froid avait au moins l'avantage d'empêcher la neige de tomber, et la sloche d'envahir la route. Le soir elle était à Montréal. Dans une Jeep. Avec trois hommes qui l'invitèrent chez eux. La suite s'inscrivait en gros caractères, mais Tyna n'était pas contre. Sans abri par moins trente, ça n'existe pas longtemps.

Tyna préleva une poignée de sous-vêtements dans la commode.

Le premier lui releva la robe jusqu'aux aisselles et frotta contre son pubis une bite trop molle pour ne pas le rester. Il la gifla. Son copain l'arracha à elle et l'expédia sur le canapé où il cuva sa bière en ronflant.

Elle fit le tour de la chambre. Les bouquins d'une bibliothèque témoignaient aussi de l'évolution d'Alizée. Pour Tyna ce n'était que titres abscons sur couvertures tristes à pleurer. Dans l'autre bibliothèque les couvertures étaient belles.

Le deuxième parvint à baisser ses collants et son slip. Il bandait ferme, jouit très vite et lui tartina le ventre en couinant.

Elle examina deux ou trois livres. Une couverture montrait une fille aux cheveux roux, aux yeux en amande, un couteau à la main, menaçante et belle. La quatrième de couverture parlait d'un étudiant Français à l'UQAM et de son ami Haïtien. Et de la fille, mortellement dangereuse. Elle jeta le bouquin sur le lit. *La peau blanche**.

Le troisième avait suivi la scène en silence, assis dans un fauteuil, jambe croisées. Il se leva, la prit par la main et l'entraîna dans la salle de bains.

* *La peau blanche*, Joël Champetier, éditions Alire.

Le tiroir du bureau était verrouillé. Une clef fit jouer la serrure.

Il la déshabilla lentement, sans un mot. Elle avait froid. Il lui montra la baignoire. Elle s'y accroupit. Il régla la température de l'eau. Promena le jet sur son corps. La savonna de la tête aux pieds. La rinça. Il trempait son costume sans paraître s'en soucier, à genoux près de la baignoire.

Le tiroir contenait des papiers, des lettres et un cahier. Un journal. Tyna lut la première page, faillit le prendre, et le remit en place. Il y avait un coffret aussi.

Il planta son regard dans le sien tandis que sa main s'enfonçait entre ses cuisses. Tyna les ouvrit. Elle se sentit rougir lorqu'il écarta les lèvres de son sexe. Et sursauta quand il serra son clitoris entre ses doigts. Il continua, plus doucement.

La dernière clef ouvrait le coffret. Un passeport, un chéquier, cinq cents dollars. Tyna rafla le tout et revint vers le lit choisir sa tenue. Elle faillit opter pour jean tee-shirt, mais pensa qu'une jupe droite et un chemisier seraient de meilleur goût. La jupe la serrait, sans excès, elle s'y habituerait.

Il continua. D'une seule main, toujours à genoux sur le carrelage, sans un mot, les yeux dans les siens. Elle jouit agrippée à la faïence, sous la lumière d'un néon.

Tyna récupéra quelques affaires et une trousse sur l'étagère du cabinet de toilette. Puis se regarda dans le miroir. Un peu de travail sur les cheveux et ce serait parfait. Elle mit les lunettes. Une jeune fille sage.

— Alizée Morel.

Rien d'incongru.

Elle revint dans la chambre et entreprit de boucler son sac. Les cheveux attendraient.

Après il la ramena au salon. Ses copains avaient gerbé partout. Il vira les pochetrons, et à eux deux ils nettoyèrent le désastre. Il la garda quinze jours.

Tyna s'approcha de nouveau de la bibliothèque, la triste. Elle promena un doigt sur le dos des livres. Et retira un pavé dont le titre lui plu. *Les sept piliers de la sagesse.* Qui pourrait voir une paumée aux abois dans une jeune fille occupée à lire *Les sept piliers de la sagesse ?* Malgré son poids le bouquin finit dans le sac.

Elle dormait dans la chambre de sa fille. Chaque soir il venait, allumait la lampe de chevet, s'agenouillait près du lit, glissait une main sous le drap. Et la regardait. Sans prononcer une parole.

Tyna jeta un dernier coup d'œil à la chambre. Elle n'avait laissé aucune trace.

Une seule fois il l'avait embrassée, en pleurant toutes les larmes de son corps. Il avait continué de pleurer, seul dans le salon, elle l'avait entendu.

Elle passa dans la cuisine et ouvrit le réfrigérateur.

Le seizième jour il la conduisit devant la gare centrale et lui remit de l'argent. Madame et mademoiselle rentraient de voyage. Elle était incapable de se souvenir du son de sa voix. Dans l'après-midi elle rencontra Chris.

Tyna but deux verres de jus d'orange et coupa une tranche de gâteau au fromage. Elle s'avança vers la porte, fit demi-tour, revint dans la cuisine et fouilla les tiroirs. Elle récupéra un grand couteau à découper, puis quitta la maison, le sac à l'épaule, le gâteau à la main.

Pourquoi s'était-elle souvenu de tout ça. Rien ne pouvait le lui avoir rappelé. Parce que rien, justement.

La première poubelle venue reçut ses vieux vêtements roulés en boule.

Rémi acquiesça, modeste, et renchérit.

— Je n'ai pas eu le client, mais c'était trop court, vraiment.

Doug était décidément de bonne humeur, il écarta les mains, magnanime.

— Pas grave, elle n'a certainement pas raconté sa vie à un micheton.

Il montra le scanner et ajouta.

— Et puis le client a filé sans demander son reste, s'il avait eu quelque chose à dire il serait resté.

Broker suivait l'échange. Il appréciait moyennement Rémi, son statut particulier, que personne hormis Doug ne connaissait réellement. Qu'il soit exécuteur des hautes œuvres ou chargé d'une opération délicate, il ne rendait compte qu'à Doug et agissait toujours seul. Comme si les autres étaient bons à rien. Il avait réussi là un joli coup, mais bon, ce concert de louanges devenait pénible. Broker aurait même franchement détesté Rémi s'il n'avait été persuadé qu'il ne cherchait pas à prendre sa place.

Quant à savoir ce que cherchait ce type au juste, à quoi il marchait, mystère.

À croire que le pognon l'intéressait plus que le pouvoir. Pour Broker c'était le contraire.

Ohstrom se tourna vers lui.

— Maintenant que cette affaire est réglée, tu ferais bien de réorganiser les équipes. Ça nous a déjà coûté assez cher.

En clair, Doug lui demandait de sortir. Ce qu'il fit.

La porte refermée, Ohstrom étala quatre photos sur son bureau.

— Tu connais, dit-il.

Rémi hocha la tête. Johanne, Brenner, Thomas et Stracey Layne.

— Ces gens sont peut-être liés, ajouta Doug.

Rémi demeura impassible. Il ne pouvait affirmer, ni infirmer, donc il n'affirmait, ni n'infirmait.

— Les Layne, tu sais quoi sur eux ?

— Quand elle t'a contacté tu m'as demandé de me renseigner. Depuis je ne m'en suis plus occupé.

— D'accord, mais tu crois qu'elle peut marcher avec les flics ?

— Elle me paraissait claire, sinon je te l'aurais dit. Évidemment, maintenant le doute est permis. Si elle avait eu un problème avec les flics d'ici on l'aurait su, mais en Europe... Ils peuvent la tenir, c'est très possible.

— Et les ritals ?

— Quoi les ritals ?

— Tu les mets où dans l'histoire ?

Rémi secoua la tête.

— Nulle part. S'ils étaient dans le coup ils auraient laissé une trace, et je n'en vois aucune. La famille Ménani a des problèmes de son côté. Quand elle les aura résolus elle recommencera de nous faire chier, pour l'instant je n'y crois pas trop.

— Oui... J'en étais arrivé là aussi. Dis-moi, les Layne comptent tourner leurs saloperies ici, tu as une idée de qui peut s'en occuper ?

— Non, mais je peux chercher.

— Ce serait bien. Si rien n'est prévu pour le tournage, je trouverais ça très curieux.

— Mmm... Layne est prudente, elle peut déplacer une équipe d'Europe au dernier moment.

— Possible, mais tout cela demande une infrastructure minimum.

— C'est vrai, admit Rémi.

Ohstrom empila les clichés.

— Tu t'occupes de ce beau monde ?

— Okay.

— Si tu as besoin de gars, tu vois Broker.

Rémi approuva d'un battement de paupières.

Savoie balança sa serviette sur une chaise, s'installa sur une autre et s'exclama :

— Je n'ai même pas été appelé à témoigner ! Parce qu'un connard d'avocat n'a pas reçu je ne sais quelle paperasse en temps et en heure. Comme s'il n'avait pas pu le dire tout de suite cet enfoiré !

Brenner qui s'apprêtait à expédier son fax nanti d'un nouveau paragraphe remit l'envoi à plus tard. Avec le décalage horaire ce n'était plus urgent de toute façon.

Johanne dit encore deux phrases au téléphone et raccrocha.

Et ils lui racontèrent ce qu'il avait manqué. Puis écoutèrent l'enregistrement de l'interrogatoire.

— Ça, fit Savoie avec une grimace, si Bret déclare avoir trouvé vingt dollars, tu peux être sûre qu'il y avait deux cents, ou deux mille. Pis un ou deux p'tits sachets...

Johanne utilisa une expression québécoise que Brenner ne comprit pas, mais qui au ton n'avait rien d'une amabilité. Savoie haussa une épaule.

— Juge pas trop vite Johanne. À part ça Bret est un bon flic.

— Oui, à part ça, grinça Johanne.

Savoie et Brenner échangèrent un coup d'œil. Johanne les regarda alternativement.

— Je ne sais pas lequel ressemble le plus à l'autre, fit elle d'une voix lasse.

— Comprends pas, soupira Savoie.

— Moi je me comprends, murmura Johanne.

— Bon, intervint Brenner, on a plus important à discuter, non ?

— Clairement oui, approuva Savoie. Surtout que la Cour, c'est encore l'endroit où l'on rencontre le plus de connards au mètre carré. J'ai eu le temps de bavarder. Et de l'avis général il ressort que les Rock auraient des soucis en ce moment. Lesquels, évidemment, mystère.

— Ce gang n'a pas un chef qu'on puisse interroger ? demanda Brenner.

— Doug Ohstrom. Pointe-toi chez lui et son secrétaire te dira qu'il est en voyage, que de toute façon monsieur Ohstrom ne reçoit pas, mais que tu peux toujours prendre rendez-vous.

— Vous ne pouvez pas le convoquer ?

— Oui... Monsieur Ohstrom étant en voyage, tu verras débouler son avocat. Ses avocats. Avec une preuve tu boucles un connard, sans preuve tu la boucles.

Sentant que Luc allait ajouter quelque chose Brenner prit les devants.

— Ne me demandez pas si ça marche comme ça en France !

Savoie sourit puis fit la moue.

— On peut toujours interroger Broker. On n'en tirera rien, mais ça ne peut pas faire de mal de mettre la pression.

— Parfait, dit Brenner. Alors si on doit traîner en ville ce soir, je vous invite. J'avais parié avec Giraud que Johanne mènerait l'interrogatoire sans problème.

Il sortit cent dollars de sa poche et les posa sur le bureau.

— Eh ben, ricana Savoie, ça a dû le faire marrer de te les donner ceux-là !

Johanne prit les billets et les compta. Puis elle saisit la corbeille, la vida sur le plancher, attrapa le briquet de Brenner et brûla les billets.

— Merde, du pognon que j'avais gagné à la sueur de ton front !

Elle lui lança un regard venimeux, puis éclata de rire.

Tyna était descendue du bus depuis dix minutes. La courroie du sac lui sciait l'épaule. Elle cherchait à se repérer, à retrouver l'adresse. Un foyer pour femmes battues. Où elle avait effectué un bref séjour quelques années auparavant, suite à une période difficile avec Chris. Un passage éclair. Elle n'avait rien de commun avec ces bonnes femmes. Et méprisait souverainement les créatures pâles et résignées qu'elle avait rencontrées là. Non, rien de commun. Mais c'était un endroit où l'on n'était pas regardant sur les admissions, pour peu qu'on arrive avec une bonne histoire et qu'on la raconte du ton adéquat. Tyna voulait souffler, un jour, ou deux, se reposer, travailler son personnage. Elle s'était trouvé plein de raisons, et le foyer était apparu le lieu idéal. Peut-être était-il moins facile de quitter Montréal que l'Abitibi.

Elle reconnut la rue et s'y engagea.

La pièce était silencieuse et sombre, un silence feutré. Deux tableaux semblaient comme suspendu dans le vide. L'éclairage dosé avec précision tombait sous l'angle idéal. La lumière provenait des toiles elles-même.

— Qu'en penses-tu ? demanda Stracey.

— Je n'aurais pas fait mieux, répondit Spowart avec sincérité.

Stracey croisa les bras.

— Tu sais, plus je regarde ces toiles, plus je me dis que notre fliquette n'est pas dépourvue de talent.

Spowart approuva d'un hochement de tête.

— Tu n'as pas changé d'avis ? fit Stracey d'un ton neutre.

— Non non. Je vais la contacter pour lui annoncer la bonne nouvelle.

— Tu restes dîner et on parle de tout ça ?

— Je pensais la contacter ce soir.

— Tu as ton cellulaire. Et puis il ne faut pas la brusquer, elle pourrait se méfier.

— Je n'ai pas l'impression qu'elle se méfie de grand chose...

— Moi non plus, c'est ce qui m'inquiète.

Lionel fit non de la tête.

— Je ne connais personne plus disposé à te croire qu'un peintre à qui tu dis qu'il a du talent. À part un écrivain à qui tu dis qu'il est génial. Ils te croient simplement parce qu'ils ont envie de te croire. Besoin, plutôt.

— En entrée, huîtres ou foie-gras ?

Tyna avait raconté son histoire les yeux baissés. Concubin jaloux, gifles et coups de poings, sur fond d'insultes et de menaces, coups de pied aussi. Elle avait entamé sans l'achever un geste vers sa joue. Elle avait parlé d'un nouveau travail, dans quelques jours, d'une nouvelle vie. La femme de l'accueil avait examiné ses papiers en diagonale, avant d'exposer le fonctionnement du centre, règles et devoirs.

« J'ai de quoi payer » avait murmuré Tyna comme la femme précisait qu'une contribution était demandée pour les repas. Et la femme avait hoché la tête, soulagée de n'avoir pas à se justifier, à déplorer le manque de budget du centre. Les campagnes d'informations avaient provoqué un afflux de demandes, pas de finances.

Tyna avait décliné l'offre de rencontrer une psychologue, peu convaincue de parvenir à rouler une psy dans la farine. Elle avait ajouté qu'elle ne se sentait pas encore prête, mais que plus tard, peut-être. La femme avait souri, lui avait pressé l'épaule et l'avait conduite à sa chambre.

Entre chambre d'hôpital et internat, plus grande que l'une moins que l'autre, moins gaie que l'autre et plus que l'une. Deux des trois lits étaient occupés. Par une jeune femme enceinte jusqu'aux dents qui l'avait saluée et une vieille qui n'avait pas levé les yeux de la pointe de ses pantoufles.

Pour la troisième fois Magali racontait sa vie et les projets qu'elle avait pour sa fille – Magali comme sa grand-mère et ce ne pouvait être qu'une fille. Avec des variantes sans doute, mais Tyna n'écoutait plus. Son bavardage l'avait empêchée de lire, jusqu'à ce qu'elle comprenne que l'autre n'avait aucun besoin de son attention. Depuis, allongée sur son lit, elle était plongée dans *La peau blanche.* La vieille décapsulait une *Bleue*, l'alcool était interdit, la bière ne devait pas entrer dans cette catégorie.

Tyna aurait pu compter sur ses doigts les livres qu'elle avait lus. Elle ne détestait pas lire, mais attraper un bouquin n'était pas un réflexe, en chercher un moins encore. Ses lectures avaient toujours été le fruit du hasard. Ce bouquin-là l'avait cramponné dès les premières pages. Il parlait de la Sainte-Catherine, de la Saint-Denis, des squares où les deux jeunes se cherchaient une pute. Il jugeait les filles d'une laideur consommée, ringardes, avilies.

Tyna avait serré les dents. Elle ne se trouvait pas laide, non, du moins pas à ce point. Et avilie non plus. Non, ce n'était pas ça. Et puis elle ne travaillait pas comme ça elle, elle choisissait. C'était... pas ça.

Oui...

Le paragraphe lui avait fait mal, mais elle avait poursuivi. Heureusement, peu après la rouquine poignardait le client. Un bon coup de couteau dans la gorge. Voilà, celle-là aussi choisissait ! Tyna sourit en pensant au couteau dans son sac.

— Batince ! il va voir ce qu'il va voir !

La vieille avait crié en cognant le poing sur la table.

— Elle parle de son mari, expliqua Magali.

Tyna les observa par-dessus son livre.

— Vous pourriez pas la fermer ! dit elle sèchement.

La vieille plongea le nez dans sa bière en reniflant, Magali baissa les yeux et s'excusa. Tyna continua de les observer. La vieille n'était peut-être pas si vieille, c'était sûrement l'alcool, à l'allure où elle descendait la Bleue elle devait être habituée à plus costaud. Tu parles que le mari allait voir... L'autre recommença de parler à son ventre, en silence, bougeant à peine les lèvres. Ce n'était plus que de simples présences. Des animaux de compagnie. Voilà ce que c'était : des animaux de compagnie. Qui l'auraient méprisée s'ils avaient su qui elle était.

Oh non elle ne leur ressemblait pas !

Tyna revint à son livre.

Broker sentit un picotement dans la colonne vertébrale. Il avait reconnu les trois flics qui remontaient la rue. Calé contre sa 1340, le Rock Machine tapota un éperon sur le rebord du trottoir comme pour en faire tomber quelque chose.

— Broker ? demanda Savoie en exhibant sa plaque.

— C'est écrit dessus, répondit-il en lui tournant le dos.

Il reprit position pour ajouter :

— À qui ai-je l'honneur ?

Savoie fit les présentations.

Broker eut une grimace et s'exclama :

— Coudon ! y a plus assez de Québécois au Québec qu'on embauche des Français au SPCUM ?

— Il ne s'agit pas d'embauche mais de collaboration, répliqua Brenner. Et si tu ne connais pas Europol, ne t'inquiètes pas, un jour tu connaîtras.

Des trois le plus tordu était sûrement celui-là. Ça se voyait à son regard, autant qu'à son attitude ou à ses paroles.

— Ouais... ben la collaboration c'est pas mon truc à moi, tu peux demander à tes amis là.

Brenner sourit en coin.

— Ce n'est qu'une question de circonstances, et les circonstances, ça change.

Broker ricana, essuya une tache invisible sur le réservoir de sa Harley et se tourna vers Savoie.

— Et y me veut quoi, le sergent enquêteur ?

— Chris, tu connais ?

— Non.

— Pourtant tu l'as vu aux *Foufounes électriques.*

— Si tu savais le nombre de types que je croise chaque jour...

Savoie lui tendit une photo. Broker secoua la tête.

— Ça me dit rien. Y a quelque chose qui fait que je devrais le connaître ?

— Il est mort. Assassiné.

— Condoléances, mais c'est pas une raison ça.

— Quelqu'un a vu des Rock Machine chez lui juste avant sa mort.

— C'est bien les gens ça ! Y voient un cuir et une moto et y disent tout de suite Rock Machine ! Est-ce qu'ils avaient des Harley au moins ? Parce que s'ils n'avaient pas d'Harley, c'était pas des Machine, nous on fait travailler nos frères US, pas ces saloperies de Japs !

— L'un d'eux avait écrit *Broker* sur son blouson.

— Je connais au moins vingt types qu'ont écrit ça sur leur blouson, c'est la mode. D'ailleurs faut que je change. Mais amène ton témoin, je suis sûr qu'en me voyant il te dira que c'est pas moi. C'est toujours pareil, dès que les témoins me voient, y se rendent compte de leurs erreurs.

— Tyna Langer, ça te dit quelque chose ?

— Non. Qu'est-ce qu'elle a celle-là ?

— Elle a été assassinée.

— Ben dis donc !... Tu me cites tout le Mont Royal ou quoi ?

— Ces deux-la ne sont pas encore enterrés. Les autopsies c'est long. Instructif, mais long.

— Sûrement... Pas de photo de la dame ?

— Pas encore. Mais tu l'as déjà vue aussi, aux Foufounes, elle était à ma table et toi à deux tables de nous. Une fille d'une vingtaine d'année.

Savoie décrivit Tyna.

— Désolé, ça m'a pas marqué.

— Bon... Et sinon, comment vont les affaires ?

Broker fit la moue.

— Pas pire... Mais tu sais, je me contente de peu – il caressa le réservoir de la moto – un gallon dans ma 1340 et je suis un homme comblé.

— Tu as l'air comblé, en effet.

— Normal, j'ai le plein.

Il désigna Johanne de la main et ajouta.

— Mais je suis navré de ne pas entendre le son de la voix de madame. Je l'imagine agréable et douce.

Broker remarqua la crispation des mâchoires de l'enquêtrice, et ça lui fit plaisir. Une jeunette encore émotive.

— On peut réparer, dit Johanne. Je me demandais justement à quoi vous occupiez vos journées, où vous trouviez de quoi remplir votre réservoir.

Broker hocha la tête.

— Pas si agréable que ça, finalement, ta voix... Les Harley n'ont plus de secret pour moi. Les bons mécanos sont rares, alors on m'appelle dans les cas désespérés et on me paye bien. Tu veux voir mes fiches de paie ?

— Inutile, je suis persuadée qu'elles sont sans reproche.

— Tu as raison. Pis je me fais de bonnes semaines, à côté les tiennes te paraîtraient ternes. Chuis pas un traîne-lattes qui vit de l'Aide Sociale.

De nouveau il la vit serrer les dents et se retint de rire.
— Sinon, j'aime bien être là à regarder passer les gens. C'est un spectacle extraordinaire. D'ailleurs, si vous n'avez plus rien à me demander, j'aimerais bien les regarder passer tranquillement.
— On vous laisse monsieur Broker, dit Johanne d'une voix tellement basse que le Rock Machine eut du mal à entendre, mais je suis sûre qu'on se reverra bientôt.
Broker eut un geste évasif, et les trois flics tournèrent les talons.
— Je vous invite quand même au restaurant, fit Brenner plus bas dans la rue.

Il y avait eu une brève protestation quand Tyna avait saisi la télécommande, interrompant l'opéra savon qu'elles suivaient depuis des semaines. Tyna avait maté la rébellion d'un seul regard appuyé et zappé sur les informations.
Ni le *Téléjournal* de Radio-Canada ni aucune autre chaîne n'évoquait l'assassinat d'Alizée. Pas normal. Il aurait dû faire au moins une annonce. C'était la preuve que les flics étaient dans le coup.
Les informations achevées, Tyna posa la télécommande sur sa table de chevet et se leva d'un bond.
— Je vais me chercher un plateau, annonça-t-elle.
— Tu peux m'en prendre un aussi s'il te plaît ? demanda Magali d'une voix plaintive.
Elle se massait les reins en grimaçant. Tyna faillit l'envoyer paître. Mais les animaux de compagnie, faut bien s'en occuper.
— D'accord.
Magali n'ajouta rien ni ne bougea de sa chaise, elle allait devoir lui payer son repas par-dessus le marché. La vieille écrabouillait ses boîtes de bière vides et se dépêcha de les enfouir dans un sac plastique qu'elle tendit à Tyna.
— Tu pourrais me jeter ça à la poubelle ?
Avant que Tyna réplique qu'elle n'était pas là pour nettoyer ses saletés, la vieille précisa :
— Moi elles me surveillent.
Ses yeux larmoyaient. Tyna prit le sac et soupira.

— Okay... Tu veux que je te ramène un sandwich, quelque chose ?

La vieille secoua la tête.

— Non, merci, j'irai manger au réfectoire, je préfère.

— Comme tu veux, dit Tyna en ouvrant la porte.

Magali s'était approchée de la table de chevet et d'un doigt avait soulevé la couverture des *Sept piliers de la sagesse*, puis avait tourné quelques pages. Elle sursauta comme pris en faute lorsque Tyna entra dans la pièce un plateau dans les bras.

— T'as qu'à le lire si tu veux !

— Tu ne m'en crois pas capable ?

Tyna ne put soutenir son regard.

— Je n'ai pas dit ça, fit-elle en posant le plateau sur la petite table.

Mais l'ironie du ton en avait suggéré plus encore.

— Je ne suis pas idiote tu sais.

— Je n'ai pas dit ça, répéta Tyna. Pis viens manger, c'était déjà pas chaud quand je l'ai pris.

Elle disposa les couverts. Magali s'appuya contre son lit.

— J'ai vu le film, *Lawrence d'Arabie*, et j'ai bien aimé. Mais le livre a l'air plus compliqué.

— Les livres sont toujours plus compliqués, bon, tu préfères les repas froids ou quoi ?

— Je vais te rembourser le plateau hein, t'inquiètes pas.

— Laisse filer, c'est pas important. Elle n'est pas là l'autre ?

— Elle va toujours se promener avant d'aller au réfectoire.

— Bon, ben moi je commence.

Tyna s'attabla, Magali vint s'asseoir face à elle.

— Je te rembourserai, je gagnais bien ma vie quand j'étais coiffeuse.

Tyna dissimula son intérêt soudain.

— Tu avais un salon ?

— Non, je travaillais dans un salon, et j'étais pas mauvaise.

— Tu as arrêté parce que tu étais enceinte ?

Magali eut un rire silencieux.

— Ça n'empêche pas de travailler ça, du moins au début. J'ai arrêté parce que je ne sais faire que ça, coiffeuse, et pour me retrouver mon mec n'a qu'à faire le tour des salons. La première fois que je suis partie il m'a retrouvé comme ça. Cette fois il ne me retrouvera pas.

— C'est sa fille ?

Un éclair de colère traversa les yeux de Magali, elle répliqua avec véhémence.

— C'est la mienne ! Lui il n'est rien ! Ça aurait pu être n'importe qui d'autre à sa place ! Il n'a aucune importance.

— Je comprends, dit Tyna.

— Tu as de la chance... Moi j'ai mis longtemps à comprendre. Et sans ma fille je n'aurais toujours pas compris. J'ai eu peur pour elle, c'est ce qui m'a donné la force. Sinon...

Tyna hocha la tête.

— Et tu as des projets maintenant ?

Magali posa les mains sur son ventre.

— C'est pour dans un mois, après je reprendrai mon travail, mais pas à Montréal. J'ai déjà des propositions à Québec et à Ottawa.

— J'espère que ça marchera pour toi.

— Merci.

Magali la regarda un long moment en silence et ajouta :

— Je t'avais déjà raconté tout ça, mais tu n'avais pas écouté, hein ?

Tyna baissa les yeux.

— Non... Excuse-moi... Je... J'avais envie de lire, de penser à autre chose.

— Je sais, on est toutes là pour les mêmes choses, à se raconter les mêmes histoires, et ça n'intéresse personne.

Tyna manqua de répliquer qu'elle c'était différent, qu'elle avait une autre histoire. Elle se contenta de rire :

— En tout cas c'est sympa d'avoir une copine coiffeuse, surtout quand on a des cheveux comme les miens !

Peu habituée à trouver des messages sur son répondeur, Johanne n'avait pas remarqué la diode rouge qui clignotait. Elle s'était assise sur le canapé, devant un verre d'eau, et s'aperçut qu'on l'avait appelée lorsque le téléphone sonna.

— Bonsoir Johanne, c'est Lionel. Tu as trouvé mes messages ?

— Bonsoir ! Non, je rentre à l'instant et je n'ai pas interrogé mon répondeur.

— Okay, j'ai cherché à te joindre parce que j'ai une bonne nouvelle.

Johanne sentit son cœur accélérer. Elle ferma les yeux quelques secondes.

— Une bonne nouvelle ?

— Oui, c'est un peu long à expliquer au téléphone. À vrai dire, je comptais t'en parler de vive voix, mais maintenant il est tard, tu dois être fatiguée.

Johanne faillit hurler que non, qu'il pouvait venir, qu'il devait venir, lui parler de peintures, de couleurs, de beauté. Qu'elle avait eu son compte de mensonges et d'atrocités aujourd'hui. Qu'il lui fasse l'amour aussi.

— Non, je ne suis pas fatiguée, dit elle simplement.

— Tu es sûre ? Je peux passer ?

— Si tu ne viens pas je ne fermerai plus l'œil de la nuit !

— Si les flics avaient quelque chose contre toi ils t'auraient embarqué.

— Je sais Doug, mais j'ai préféré t'en parler. Ils sont quand même venus m'interroger comme ça, en pleine rue, c'est pas courant.

— Tu as bien fait. C'est plutôt encourageant, on dirait des flics qui pataugent. Ils n'imaginaient tout de même pas que tu allais leur répondre.

Broker sourit.

— J'espère bien !

— Alors c'est du cinéma. Continue le bizeness comme si de rien n'était. Rémi s'occupe des Layne, on verra ce qu'il en sortira.

Il entra et lui tendit la main, gêné. Johanne qui avançait la tête bloqua son mouvement, au moins aussi empruntée. Ils se sourirent et trouvèrent un moyen terme, bises sur les joues.

Elle l'invita à passer au salon, elle avait préparé du café.

— Voilà, commença Lionel, une cliente est venue à la galerie cet après-midi, Stracey Layne, elle est tombée en arrêt devant tes toiles et en a pris deux.

Il sortit un chèque de sa poche et lui remit. Johanne ouvrit de grands yeux. Plus que quatre semaines au SPCUM.

— Mais c'est génial !

— Et si tu connaissais madame Layne, tu saurais que c'est bien davantage.

— Qui est-ce ?

— Une Européenne, riche, amateure d'art, en particulier de peinture. Elle passe souvent un ou deux mois d'été au Québec et j'ai parfois la chance de la voir à la galerie. C'est quelqu'un de très influent, elle peut faire beaucoup pour toi.

Johanne le regardait, abasourdie. Lionel poursuivit.

— Elle m'a rappelé peu après, elle souhaite te rencontrer.

— Moi... Pourquoi ?

— Parce qu'elle attache autant d'importance aux peintres qu'aux peintures, et je suppose pour s'assurer que tu es bien l'auteur des toiles qu'elle a achetées. Si elle fait ça, c'est qu'elle compte te promouvoir, sinon elle ne s'embarrasserait pas de ce détail. Elle me l'a d'ailleurs laissé entendre.

Lionel l'avait bien observée, elle n'avait pas cillé. Johanne secoua la tête et murmura :

— J'y crois pas...

— Moi non plus..., renchérit Lionel en s'appuyant contre le dossier. Dans la profession on parle de peintres qui explosent du jour au lendemain, de tableaux qui se vendent seuls... Je croyais que c'était des histoires qu'on se racontait pour se donner du courage... Et puis voilà que ça m'arrive.

Johanne remplit de nouveau leurs tasses.

— Je dois faire quoi ? Je n'ai pas l'habitude...

— Rien d'autre qu'être toi-même, ça tu as l'habitude. C'est la sincérité de ta peinture qui a touché Stracey Layne, Johanne Desjardin la touchera de la même manière.

— J'espère... Rien que d'y penser j'en ai la chair de poule... Elle veut me voir quand ?

— Mercredi soir, chez elle. Si tu es libre je dois lui confirmer.

— Mais c'est dans deux jours !

— Tu seras la même dans deux jours que dans quinze, et puis si madame Layne n'a qu'un défaut, c'est celui d'être une femme pressée.

— Bon... Tu m'accompagneras ?

— Bien sûr !

Ils se regardèrent par-dessus les tasses.

— Et ce soir, tu restes ?

20

Elle sut qu'il pleuvait avant d'ouvrir les yeux. Le bruit de la pluie, l'odeur de la pluie. Tyna conserva les paupières fermées quelques minutes. Elle avait dormi comme une masse, sans rêve. Tout juste la vague conscience d'avoir entendu gémir Magali, quelque part dans le sommeil.

Elle s'étira et ouvrit les yeux. Du lit voisin Magali lui adressa un petit signe, qu'elle lui rendit. La vieille n'était déjà plus là.

— Elle est allée prendre son dej', dit Magali qui avait suivit son regard. Et puis il pleut.

— Oui j'ai entendu, tant mieux, il fera moins chaud.

— Tu as passé une bonne nuit ?

— Pas pire, et toi ?

Magali caressa son ventre.

— Bien aussi, elle ne s'est pas trop agité.

Tyna sauta du lit pour se diriger vers la fenêtre.

— Tu n'as pas de chemise de nuit ? objecta Magali étonnée.

Tyna qui lui tournait le dos se mordit la lèvre pour ne pas rire. Une chemise de nuit... L'idée ne l'avait même jamais effleuré. Elle fit non de la tête sans se retourner.

— Je peux t'en prêter une si tu veux.

— J'ai des tee-shirts, ça ira, merci.

Elle en enfila un qui lui tombait à mi-cuisse et ouvrit la fenêtre. Hormis quelques flaques profondes la cour était vide. Tyna la trouva plus jolie ainsi. Peuplée de femmes qui tournaient en rond en parlant à voix basse, elle ressemblait à une cour de prison. C'était le souvenir qu'elle gardait de son précédent séjour. Même si elle n'avait jamais connu de prison. L'air était frais, presque froid. Elle comptait faire des courses en ville, ça lui épargnerait une bonne suée. Et puis un jour de pluie, c'est idéal pour une petite coupe de cheveux.

La pluie tombait serrée d'un ciel de novembre. « Pour qu'on n'oublie pas », se dit Johanne penchée sur la fenêtre.

Lionel reposa son bol vide sur la table. Il s'approcha d'elle, baisa sa nuque et l'entoura de ses bras. Elle s'appuya contre lui.

— Tu sais, dit-il dans un soupir, j'arrive à regretter qu'il y ait une histoire d'argent entre nous.

Johanne se raidit.

— Pourquoi ? Quand ça a commencé entre nous il n'y avait pas d'argent, non ?

— C'est vrai mais... Un jour ou l'autre...

— Eh bien laissons madame Layne où elle est.

— Je n'ai pas le droit de te demander ça. Et toi tu es folle de le proposer !

Il la serra plus fort, embrassa son oreille, puis sa joue.

— Si tu fais ça je... Je ne t'embrasse plus jamais ! Ou alors que le samedi !

Il la sentit se détendre, et rire.

— Bon, si tu m'obliges à devenir riche et célèbre, tant pis, je le deviendrai...

Elle prit sa main et en appliqua la paume sur ses lèvres. Heureuse et honteuse. Lionel plaçait sa sincérité en exergue, et elle ne lui avait toujours pas dit qu'elle était enquêtrice au SPCUM. Elle avait failli, à plusieurs reprises, mais n'avait pas osé. Pourtant il faudrait, un jour ou l'autre. Quelle stupidité de ne pas l'avoir dit tout de suite. Elle n'avait pas honte de son métier, au contraire. Alors quoi ? L'image flic le jour peintre la nuit lui était sans doute apparue ridicule, capable de faire rire n'importe qui.

Lionel suivit le contour de son visage et descendit sur sa gorge. Pendant qu'elle dormait il avait jeté un coup d'œil de ci de là. Trouvé sa plaque, son arme de service, et même un uniforme dans un placard. C'était une flic, pas de problème. Mais Lionel était de plus en plus convaincu qu'elle ne jouait pas la comédie. Alors quoi ? On verrait bien. Sa conviction n'était pas le genre d'argument à opposer à Stracey. Et puis la fliquette offrirait de quoi s'amuser un moment.

— On devrait peut-être faire la vaisselle ? dit-il.

Johanne se détacha de lui à regret.

— Oui, tu as raison.

Ils débarrassèrent la table. En revenant dans la cuisine Lionel montra l'ordinateur et le modem sur le bureau.

— Tu te sers d'Internet ?

Johanne suivit son regard.

— Hein ? Oh ! Oui, ça m'arrive...

Elle manqua d'ajouter « c'est grâce à ça que je t'ai connu » mais se reprit.

— Quand j'étais un peu déprimée j'étais contente de trouver quelqu'un de sympa là-dessus pour discuter. Et maintenant que ça va mieux, eh bien j'ai laissé tomber les amis que je m'y étais fait. Pour quelqu'un de sincère, c'est pas fort.

— Bah, tout ça n'est que virtuel, ce n'est pas destiné à durer.

— Oui... Je crois que ça peut être plus quand même... Tu t'en sers toi ?

— Uniquement pour mon travail. Je n'arrive pas à prendre le reste au sérieux.

Il posa les bols dans l'évier, la prit par la taille et l'attira à lui.

— Alors que toi tu es là, pas du tout virtuelle. Pourquoi tu ris ?

— Parce que je repense à ce que disait un Français sur le Net...

— Quoi donc ?

— Heu... Érection du matin, retard au turbin !

Elle soupira et ajouta.

— Et j'ai plein de boulot ce matin...

Lionel hocha la tête et consulta ça montre.

— Et moi donc... S'il y a un contrordre avec Layne je te laisse un message. Et s'il n'y en a pas je t'en laisse un quand même !

— Tu ne viens pas ce soir ?

— Non, j'ai un rendez-vous prévu depuis longtemps que je ne peux pas remettre, et j'ai peur qu'il s'éternise...

Son air désappointé lui chauffa le cœur.

Magali regarda le passeport et fit la moue.

— C'est pas génial génial, je peux faire mieux tu sais.

— Oui mais... J'ai essayé plusieurs genres, et ça ne m'a pas trop réussi, je crois que j'ai envie de redevenir ce que j'étais. C'est encore ce que j'ai connu de moins mal.

En professionnelle habituée à ne pas contrarier la clientèle au-delà d'une limite raisonnable, Magali n'insista pas. Elle écarta les cheveux de Tyna de place en place, souleva quelques mèches et siffla.

— Pffui ! Clairement oui t'as essayé plusieurs genres ! Va falloir nettoyer tout ça d'abord, pis reteindre...

Elle examina de nouveau le passeport.

— Et même si je suis bonne coiffeuse, je peux pas rallonger. Je peux te faire une coupe identique, mais un peu plus courte.

— Ça ira va, j'ai de la teinture dans mon sac.

— Laisse, j'en ai aussi, et de la meilleure.

Elle chaloupa jusqu'à son armoire, chercha sur une étagère et revint avec deux boîtes.

— Allez ! La tête dans le lavabo !

Savoie leva la tête de son agenda.

— Alors, il en dit quoi ton juge ?

Brenner croisa les jambes.

— Que *pris dans le désordre les faits ne sont pas réellement signifiants*.

— Ah... et ça signifie ?

— Que monsieur le juge me laisse *la pleine et entière décision* de la poursuite de ma mission. En d'autres termes, à moi de voir si je continue d'épuiser l'argent du contribuable pour rien. Si je continue de poursuivre des criminels fantômes au Québec alors qu'on en a de bien vivants à la maison.

— Celui qui a flingué la fille du motel était bien vivant aussi...

— Oui... Dommage qu'il ne l'ait pas flinguée à Paris. Ou à La Haye.

Brenner ouvrit l'écran de son portable et l'alluma.

— Tu vas rentrer ?

— On est mardi... Je vais faire tirer jusqu'à la fin de la semaine. La France devrait s'en remettre.

L'icône ICK cherchait la connexion, et la trouva.

— Je connais cet enquêteur de Laval, c'est un bon gars, il fera son possible pour nous aider. Pis avec la Gendarmerie et la Sûreté, la fille ne restera pas longtemps dans la nature. Et de toute façon, même si tu t'en vas, on ne lâchera pas le morceau, plus maintenant.

Le pseudo d'Ulrike venait de s'afficher en ligne, Brenner cliqua sur *message*.

Coucou ! Ça va ?

— Si on pouvait au moins identifier la morte, dit-il.

— C'est mal parti, ses empreintes sont négatives, et avant que les toubibs puissent lui tirer le portrait...

L'ordinateur émit l'avertissement de réponse.

— C'est ta collègue Allemande ?

— Oui.

Terrible ! Hier j'avais 40 de fièvre, aujourd'hui 39 !

Brenner tapa une réponse

Toi, tu es encore allée baguenauder sur les canaux avec un bellâtre ! Tu sais pourtant que l'humidité ne te vaut rien !

— Tu sais ce que j'aurais fait à la place de Tyna ? demanda-t-il. J'aurais pris les papiers de la morte et je me ferais passer pour elle.

Tu crois pas si bien dire :-) En tout cas, c'est gentil de te rappeler que j'existe !

— Si elle cherche à se cacher, c'est sûrement ce qu'elle a fait. Raison de plus pour l'identifier. On y arrivera peut-être avec la voiture.

J'ai été occupé, il s'est passé pas mal de choses ici.

— Comme dit Johanne, une voiture avec quatre roues...

Ah bon, raconte.

— Je lui résume l'affaire, indiqua Brenner en cliquant sur l'icône *Chat request*.

Wao ! Pas mal en effet ! conclut Ulrike. *Qu'en dit le juge ?*

Brenner soupira.

Pas convaincu.

Oui... remarque c'est normal, mets-toi à sa place.

Je ne suis pas à sa place !

Okay... T'as peut-être mis un coup de pied dans la fourmilière, ou tu es peut-être en train de joindre des pièces qui ne joignent pas. D'après leurs stat, ça flingue pas mal au Québec, non ?

Tu ne vas pas t'y mettre aussi !

Non non... J'ai vu avec Frébault, il a fait un topo sur CoolWebeur. Ce n'est pas un informaticien mais un prof en disponibilité, donc il peut développer des logiciels à ses heures perdues. Pour le reste, divorce, enfant, tout a l'air bon. Un homme apprécié de ses voisins et tout et tout. Mais c'est de l'enquête de proximité. Pour fouiller il faut plus de temps, et est-ce que ça en vaut la peine ?

On a que lui à se mettre sous la dent !

:-) Pour tout te dire, l'OCRTEH approfondit la recherche. Et moi j'ai laissé la bécane branchée sur son serveur de courrier...

Un genre d'écoute illégale ! tapa Brenner en souriant.

Tout de suite les grands mots ! Pff ! On voit bien que t'as raté la magistrature de peu toi ! Comme je n'étais pas là hier, j'ai peut-être loupé quelque chose, mais ça m'étonnerait. En tout cas, les messages que j'ai récupérés sont d'une banalité affligeante. Tu les veux ?

Envoie toujours, ça m'occupera.

L'icône de transfert de fichier clignota. Johanne entra dans le bureau à ce moment là. Machinalement Brenner jeta un coup d'œil à sa montre. Johanne hocha la tête.

— Eh oui ! À Montréal aussi il y a des embouteillages !

Magali posa le sèche-cheveux et acheva le brossage. Tyna mit les lunettes de vue et s'examina dans la glace. Magali arrangea une mèche.

— Voilà, tu lui ressembles maintenant !

Plus que les paroles ce fut le ton qui surprit Tyna. Elle ôta ses lunettes et chercha son regard dans le miroir. Magali l'évita.

— C'est normal, il n'est pas si vieux mon passeport, fit Tyna d'une voix qu'elle voulait détachée.

— Bien sûr, dit Magali toujours sans la regarder.
— Pourquoi tu dis ça comme ça ?
— Pour rien... Je... Je n'aurais pas dû.
— Pas dû quoi ?
Magali parut comme à la torture. Elle recula et s'assit sur le lit.
— Écoute Alizée, si tu me dis que c'est ton passeport je te crois, mais ce n'est pas ta photo. Ce n'est pas une question de visage, à ton âge les filles changent, c'est juste les cheveux. Les tiens sont beaucoup plus épais. Une coiffeuse voit ça au premier coup d'œil, mais rassure-toi, à part une coiffeuse personne ne verra la différence.
— Tu t'en étais aperçu hier quand je t'ai montré le passeport ?
— Oui. Mais j'avais envie de t'aider. Et puis je t'admire, j'aimerais tellement faire comme toi, changer.
— Tu vas bien changer aussi, non ?
Magali eut un sourire triste.
— Je vais faire la même chose qu'ici, mais ailleurs, c'est pas vraiment changer de vie ça. Alors que toi...
— Moi je vais changer de nom, mais si ça se trouve ailleurs je ferais la même chose qu'ici, alors tu vois...
— Peut-être... Mais quand même... je trouve ça tellement... extraordinaire...
Elle haussa les épaules et ajouta :
— Et voilà, j'ai voulu faire la maline, te montrer que je n'étais pas stupide, et j'aurais mieux fait de me taire. Mais je n'en parlerai à personne, jamais, je te le jure, tu me crois ?
Tyna hocha la tête. Faire quoi d'autre de toute façon. L'image du couteau lui avait traversé l'esprit, et lui avait flanqué la nausée. Elle prit les mains de Magali dans les siennes.
— On s'en sortira toutes les deux, tu verras. Toutes les trois, ajouta-t-elle en posant une main sur son ventre.

Johanne parcourut une des feuilles qu'avait crachées l'imprimante.
— C'est vraiment la peine de s'acharner sur CoolWebeur ?
Brenner haussa les épaules.

— Si tu veux savoir, il n'est pas informaticien mais prof en disponibilité, répondit Brenner peu convaincu de son argument.

— La belle affaire ! Moi je suis employée à la Générale du Québec ?

Elle agita la feuille et ajouta :

— Pis c'est pas ben correct ce que tu fais-là.

— Peut-être, mais c'est toujours mieux que de rien faire ! répliqua Brenner.

— Excuse-nous monsieur le commissaire ! Nous sommes obligés de nous tenir à nos compétences !

— Je ne disais pas ça pour vous. Ça ne te réussit pas les embouteillages !

Johanne fronça les sourcils, puis sourit.

— Non... faut croire que non... Mais tu ne crois pas que tu ferais mieux de te rapprocher de la Sûreté du Québec ou de la GRC maintenant ?

— J'y ai songé, mais ça demanderait de nouvelles formalités, et puis tout le monde me dit que je suis en train d'additionner des faits sans rapports, alors je finis par le croire. Et de toute façon, je vais rentrer à la fin de la semaine.

— Cette fin de semaine ? Ravis de l'apprendre ! grinça Johanne.

Brenner manqua de lui faire remarquer que *si elle était arrivée plus tôt...* et jugea que ce n'était pas la meilleure répartie.

— Je viens de le décider. À moins bien sûr qu'un fait nouveau et indiscutable survienne dans l'intervalle.

— Dommage, je commençais à m'habituer...

— Eh oui, on s'y attache à ces petites bêtes.

— Quand vous aurez fini tous les deux, on pourra peut-être y aller ! coupa Savoie.

— Aller où ? demandèrent en chœur Johanne et Brenner.

— Voir Alessandro Sigismondi.

— C'est qui ça ?

— Un type à qui j'avais rendu un petit service quand j'étais patrouilleur. Il était plus ou moins en cheville avec la mafia de l'époque. Plus maintenant, activement du moins. La mafia et les Rock, c'est je t'aime je te tue, il pourra peut-être nous renseigner sur ce qui tracasse les Machine.

Le trottoir louvoyait. Tyna ôta ses lunettes, cœur au bord des lèvres, et se massa les yeux. Le décor se stabilisa, Tyna assura ses paquets et reprit son chemin. Elle avait effectué quelques achats, réglé par chèque, et là elle avait mis les lunettes pour signer. Femme à lunette, femme coquette, les caissières n'y avaient vu que du bleu. Une avait trouvé qu'Alizée était un joli prénom. Elle avait aussi essayé la carte de crédit. Suffisait de repérer un magasin utilisant le fer à repasser, il y en avait encore beaucoup heureusement.

Tyna se sentait détendue, détachée ; effet de sa nouvelle coupe, de sa robe sage, ou de chaussures enfin à sa pointure. Elle parvenait à ne plus sursauter au bruit d'une moto, ni à transpirer à la vue d'un uniforme. Tout de même, elle n'avait pas poussé jusqu'à Saint-Laurent.

Son regard accrocha la vitrine d'une agence de voyage. Elle continua quelques mètres, s'immobilisa, et revint sur ses pas.

Des panneaux cartonnés proposaient Paris, Rome, Amsterdam ; des photos d'avions, Air-France, KLM, Alitalia.

Tyna poussa la porte.

Quelques mots d'italien avaient créé l'ambiance. Pas réellement complice, mais dans cette voie tout de même. Ni Johanne ni Savoie ne parlaient italien, et visiblement faire marner les Québécois ne déplaisait pas à « Sandro ». Avec Brenner il avait évoqué Nizza, Genova, Portofino.

Portofino ! Porca Madona !

Porca Madona, oui... Pour Brenner, ce port de luxe où paradent les plus grands yachts de Méditerranée et d'ailleurs avait un goût de perquise choux-blanc. Et celui du champagne pris sur le sun-deck d'un Azimut 60 en compagnie des carabiniers, et du propriétaire. Difficile de lui refuser ce plaisir, il était venu spécialement de Genève en avion privé pour assister à l'opération.

Otimo champagne ?

Amaro !

Sandro avait souri. Et en était revenu au français.

— J'ai moi aussi entendu dire que les Rock Machine avaient des soucis. Mais lesquels... Je peux vous assurer que *gli amici* n'en sont pas l'origine, c'est tout. Ohstrom est un homme intelligent, il verrouille bien ses troupes, et sait tirer les leçons du passé.

Savoie effleura sa moustache.

— Une affaire privée, autrement dit.

— Je pense, oui.

— En rapport avec ce dont je t'avais parlé ?

Sandro ôta ses lunettes, les examina un instant et les remit en place.

— Le snuff, tu sais, mes amis n'y touchent pas. Aucun homme d'honneur n'y toucherait, c'est pour les pervers, les dingues, la vermine.

Sandro fit la grimace, comme dégoûté. Brenner avait cru entendre une réplique de film. Où les hommes d'honneurs, au sortir de la messe, se résolvaient à vendre de la drogue, mais uniquement aux nègres, voire aux juifs, à la rigueur aux pédés. Sandro dut lire ses pensées, car il ajouta.

— Il y a aussi que ce n'est pas un marché de rapport, de grand rapport je veux dire. C'est forcément un boulot d'amateur, difficile à situer. Les Rock peuvent s'en occuper, c'est leur genre, mais je ne peux pas affirmer qu'ils le font. À vrai dire, j'en doute.

Voilà qui ressemblait plus aux répliques d'écoutes téléphoniques. Le coef' dix mille, à part sur la came...

La conversation se poursuivit sur le mode *dolce amaro*. Puis les policiers prirent congé. Guère plus avancés.

À elle seule Tyna occupait une grande table, *Les sept piliers de la sagesse* devant elle, une tasse de chocolat et deux brownies à droite, les prospectus de l'agence à gauche. Un peu de mousse ourlait sa lèvre supérieure, qu'elle fit disparaître du bout de la langue.

Tyna soupira. La fille de l'agence l'avait inondée de propositions.

Prendre un billet, foncer à Mirabel, sauter dans un avion, et hop !

Ça ne pouvait pas être si simple... Dans les films ce n'était jamais aussi simple. Il y aurait des flics à Mirabel, des contrôles, quelque chose qui ferait qu'on l'attraperait par l'épaule... Ou qu'on l'abattrait sur place.

Elle avait proposé des départs de New-York. C'était moins dispendieux et les vols étaient plus fréquents.

Pas besoin de passeport pour les US, des contrôles succincts. Ensuite, les flics de Newark n'avaient rien contre elle. Dans les films, les flics ne s'entendent jamais. Sauf qu'il y avait bien un Français à Montréal. Et puis dans les films, on retrouve le fuyard en pistant ses chèques et sa carte de crédit. Quelqu'un finirait par trouver curieux qu'une morte fasse des achats. Ils remonteraient à l'agence. Et le flic Français l'attendrait à Paris. Celui-là ou un autre.

Tyna referma une brochure où figurait la Tour Eiffel.

Le mieux serait de filer aux US et d'y rester.

Il y avait Rome aussi. Et Bruxelles. En Belgique la langue ne serait pas un problème. Ou Genève.

Changer de continent était tout même plus excitant. Terrifiant et excitant. Tyna jouait avec sa peur. Elle faillit commander un troisième browny et se ravisa. Le liquide, elle devait le préserver. Tyna feuilleta les brochures, le bout de ses doigts tremblait.

— Tu en dis quoi, toi ? murmura-t-elle à l'attention des petits points bleus.

Les essuie-glace balayaient le pare-brise en couinant. La pluie tenait du crachin gris.

— Il t'a dit quoi en partant ? demanda Johanne

— Il m'a souhaité bonne chance.

— Ben dis donc, c'est long *bonne chance* en italien !

— Il m'a souhaité bonne chance et m'a dit qu'il comptait prendre sa retraite en Toscane, sous les oliviers, près de San Giminiano, où il serait heureux de me recevoir.

— Et tu lui as répondu quoi ?

— Qu'il ne manque pas de me faire signe.

Johanne hocha la tête.

— Tu lui as rendu quoi comme service ? demanda-t-elle à Savoie.

— Son fils a été assassiné, ce n'était pas une histoire de mafia, juste une connerie. Le môme n'avait pas aimé la façon dont deux types reluquaient sa blonde. Il leur a fait la remarque. Les deux types n'ont pas aimé la remarque, ils étaient bourrés, ils lui ont défoncé la tête. Moi je les ai coffrés.

— T'appelles ça lui avoir rendu un service ?

— Moi non, c'est Alessandro qui l'a pris comme ça.

Ce n'était pas la bonne question. Brenner croisa le regard de Savoie dans le rétroviseur.

— Ils sont devenus quoi les deux types ? demanda Johanne.

— Ils ont fait une mauvaise chute, sur un tesson de bouteille.

Bonne question, mais incomplète. Cette fois Brenner croisa le regard de Johanne. Elle s'abstint de demander où et quand.

— Si on allait faire un tour à Laval ? proposa-t-elle.

Magali n'était pas dans la chambre. La vieille oui, qui lui dit bonjour en hochant la tête d'un air approbateur.

— Tu es beaucoup plus jolie comme ça, avant on aurait dit une souillon !

Tyna la remercia et entreprit de ranger ses achats. Puis elle prit *La peau blanche* et s'allongea sur le lit.

Elle ne parvint pas à se concentrer et posa le livre sur sa poitrine. Elle pensait au billet. Elle l'avait acheté. Avec une telle facilité qu'elle en était encore surprise. Si la prudence n'avait commandé la discrétion, elle l'aurait sorti de sa pochette pour le regarder, le toucher, s'assurer de sa présence.

New-York Genève. Elle avait décidé brutalement. Ça ne coûtait rien. Juste une empreinte de carte. Et une bouffé de chaleur quand la fille avait disparu dans l'arrière boutique, carte en main. Tyna s'était tenue prête à foncer vers la sortie. Mais la fille était revenue en s'excusant du contretemps et avait imprimé le billet.

Dans quatre jours elle devrait se trouver à Newark. C'était plus qu'il n'en fallait. Dans quatre jours elle changerait de monde. Elle était d'une autre race maintenant, de ceux qui partent. En sortant de l'agence, et plus loin sur les trottoirs de Montréal, elle s'était étonnée que les passants ne l'applaudissent pas. Bientôt elle ne verrait plus leurs sales têtes, ni leurs godillots piétiner la sloche. Plus jamais. C'était fini ça.

Et pourquoi ça ne se passerait pas comme ça, hein ?

Tyna reprit son livre. À la question « *Oui, mais si je ne meurs pas ?* » le jeune Français répondait :

— *Et bien je t'aimerai quand même.*

Tyna fronça les sourcils, et revint une page en arrière pour comprendre cette réponse étrange.

La première chose que regarda Johanne en rentrant fut le répondeur. La led rouge clignotait.

Lionel confirmait le rendez-vous avec Stracey Layne.

Suivait une longue phrase tendre, qui s'achevait sur un baiser. Elle réécouta le message. Pour le plaisir de sa voix.

Leur passage à Laval n'avait rien donné. Il fallait attendre, encore. C'était un métier où il fallait toujours attendre. Savoie lui avait dit : cinquante pour cent d'attente, cinquante pour cent de désillusion, le reste c'est les bons moments.

Johanne croisa les doigts. Avec de la chance, elle n'aurait peut-être plus besoin de ce métier. La maison lui parut vide comme jamais. Même l'envie de peindre était absente.

Elle s'approcha de l'ordinateur et l'alluma.

CoolWebeur figurait offline sur le panneau ICK. Elle envoya néanmoins un message, il pouvait être en *invisible.*

Coucou !

Le message resta sans réponse. Johanne ouvrit le navigateur et appela le Virtuel Chat. Elle suivit les conversations sans s'en mêler. C'était d'une platitude désolante et Cool n'était pas là non plus.

ICK émit soudain un appel. Une icône clignota devant CoolWebeur.

Salut toi ! :-) Longtemps que je ne t'avais pas vue ! Comment vas-tu ?

Difficile à dire... La personne de la galerie est venue, j'ai un contrat, il a déjà vendu deux tableaux, demain nous avons rendez-vous avec une grosse cliente... J'ai de plus en plus l'impression de me regarder à la télé...

Le retour mit quelques minutes à venir.

Mais c'est plus que formidable ça ! Wao !! J'aimerais bien parler de tout ça avec toi, mais je suis déjà en chat avec un copain... Ça m'embête de le planter là... Flûte de flûte !

On peut faire un chat à trois, si tu es d'accord et lui aussi.

Encore une minute pleine avant la réponse.

Bien sûr. Tu parles espagnol ?

Non... Anglais, et un peu allemand.

Attente exaspérante, et :

Lui ne parle qu'espagnol, ça va être dur. Zut !

Ça ne fait rien, ce n'est pas grave.

Cette fois le retour fut plus rapide.

Non mais c'est bête... :-(

Je te recontacte bientôt, d'ici là j'aurais vu cette cliente et j'aurai encore plus de choses à raconter !

Okay Johanne, je t'embrasse. Et n'oublie pas : Hasta la victoria siempre !

Johanne sourit et coupa le navigateur. Elle s'apprêtait à fermer également le panneau ICK lorsqu'il sonna de nouveau et qu'une icône clignota devant CoolWebeur.

Envoie-moi un petit mail si tu veux.

Johanne hocha la tête.

D'accord.

Et elle ouvrit son logiciel de courrier.

Le correcteur orthographique balaya le texte. Le message fut placé en file d'attente. Au moment de cliquer sur *envoi*, Johanne interrompit son geste. À La Haye une machine intercepterait le message, ça lui était sorti de l'esprit. Elle cliqua sur le bouton *supprimer*, le logiciel lui demanda confirmation. Après deux secondes d'hésitation elle annula la suppression et rouvrit son texte.

Ce message pouvait être amélioré.

21

Tyna tira la fermeture Éclair du sac et le soupesa. Quel poids !...

— Salut fille ! dit la vieille. Porte-toi bien.

— Merci, toi aussi.

Elle s'approcha de Magali et lui tendit *La peau blanche.*

— Tiens, lis-le, c'est bien.

Magali prit le roman.

— Tu verras, ajouta Tyna, les filles dont il parle au début, eh bien j'étais comme elles. Pas comme les rousses, comme les autres. Tu comprendras en lisant.

Magali hocha la tête, elle semblait au bord des larmes, et se pencha vers Tyna pour lui faire la bise.

— Bonne chance Alizée.

— Bonne chance à vous, répondit Tyna d'une voix moins ferme qu'elle aurait souhaité.

Elle empoigna le sac, le suspendit à son épaule et quitta la chambre.

Le soleil était revenu, la température restait agréable mais vers midi le thermomètre approcherait les trente degrés, et Montréal deviendrait un four.

Vers midi elle ne serait plus à Montréal.

Hubert Turgeon adorait les supermarchés. C'était un peu sa réserve de chasse. Incroyable, le nombre d'imbéciles qui oublient de verrouiller les portières en allant faire leurs courses. Quand ils n'oublient pas carrément les clefs sur le contact. Traumatisés par le magasinage, sans doute.

Hubert baguenauda d'allée en allée, sifflotant mains dans les poches.

Puis, ce supermarché n'étant pas peuplé d'abrutis ce jour-là, il se dirigea vers un autre.

Coucou ! synthétisa ICK.

Brenner cliqua sur le pseudo d'Ulrike.

Salut ! J'ai des messages pour CoolWebeur, ça te dit toujours ?

Salut ! Oui, envoie, sait-on jamais...

Tu as raison, il y en a un de ta châtain clair.

Johanne ??

Pourquoi, tu en as plusieurs ?

Moule-moi un peu avec ça, stp.

Okay okay, oui, LA Johanne.

Que dit-elle ?

Tu liras, mais je te rassure, rien de grave. En tout cas je te félicite, cette jeune femme me paraît intéressante. C'est vrai que tu as toujours bon goût avec les femmes...

C'est marrant cette capacité à t'autocomplimenter...

Si je comptais sur toi... Je t'envoie le courrier et je me sauve, je dois porter la bonne parole à une association de Verts inquiets de la menace qu'Europol fait peser sur les libertés publiques. T'y crois à ça !

Offf ! Mais, hum, rappelle-moi, qui de nous deux a voté pour Cohn Bendit ?

Gnia gnia gnia !

Assume !

:-) Ça y est, c'est parti. Ciao, amour de ma vie !

Ça arrive. Dis, tu as combien de vies ?

Autant que n'importe quel Brenner ! Bye !

Bye !

Ah au fait, je réponds à ta question : Je n'ai plus de fièvre et je vais très bien, merci.

Le pseudo passa offline.

Longueuil, terminus de la Ligne jaune. De l'autre côté du Saint-Laurent, l'île de Montréal. Tyna lui jeta un dernier coup d'œil. Plus émue qu'elle n'avait imaginé par les façades des buildings illuminées de soleil.

À partir de là, rejoindre la 15, l'autoroute qui conduit à New York, et faire du pouce. L'auto-stop était interdit sur les autoroutes, mais il n'était pas interdit de demander gentiment, un peu à l'extérieur, dans les stations-service par exemple.

Tyna marcha jusqu'à un carrefour proche d'une entrée.

Brenner imprima les messages et lut en priorité celui qui l'intéressait.

Johanne le regardait, ironique, et aussi, mais c'était plus difficile à deviner, inquiète. Il hésita sur la conduite à tenir. Trouver un truc drôle, la féliciter... Il opta pour la neutralité absolue, fit une boulette de la feuille et la laissa tomber dans la corbeille. Si elle avait vraiment voulu un commentaire, elle l'aurait sollicité de vive voix. Là c'était *je te le fais savoir de cette manière parce que j'avais envie de te le dire mais que je n'osais pas et que je n'ai pas envie d'en parler surtout.* Quelque chose comme ça.

Johanne se replongea dans le dossier qu'elle étudiait. Déçue, un peu, mais surtout, et là ce n'était pas difficile à voir, soulagée.

Brenner poursuivit la lecture des autres messages, chiants comme la pluie.

— Caaalisse ! sacra Hubert du ton d'Elvis Gratton en apercevant la clef qui pendait au contact de la Hyundai.

Le char avait des bosses... Mais c'était un modèle récent, et ces petits machins trouvaient facilement acquéreur. En deux trois coups de tas, d'autogène et de pistolet, le frangin Turgeon allait lui rendre l'éclat du neuf, en même temps qu'une virginité à toute épreuve.

Hubert se glissa au volant, démarra, sortit du stationnement et mit cap sur l'atelier de son frère. Convertissant mentalement la Pony en piastres craquantes, et tombantes, dans sa poche.

Tyna commençait à se dire que le stop n'était pas une idée géniale. Sans un couple de touristes égarés dans Longueuil, elle serait encore à faire du pouce au carrefour. Des Belges sympathiques, qui lui avaient fait regretter d'avoir choisi Genève plutôt que Bruxelles, mais qui visitaient le Québec et pas les USA. Ils avaient gentiment accepté un petit détour pour la déposer à une station avant de prendre le chemin des écoliers à l'est, direction Cowansville.

Depuis Tyna avait rencontré trois sortes d'individus, ceux qui n'allaient pas aux USA, ceux qui y allaient mais n'avaient pas la place ou l'envie de s'encombrer d'un passager et ceux qui l'avaient reluquée de telle manière que c'était elle qui n'avait plus eu envie de monter.

Alizée n'avait jamais été une pute, et ne l'aurait sans doute jamais été. Si Tyna devait reprendre ses anciennes occupations, elle les reprendrait, mais tant qu'elle pourrait éviter, elle éviterait. Sûr qu'habillée en Tyna elle aurait moins attendu.

Un motel jouxtait la station. Au pire elle pourrait y passer la nuit.

Assise sur un banc, elle aspirait un Coca à la paille en surveillant les mouvements des véhicules. Un Kenworth orange éclatant manœuvrait sur l'aire poids-lourd, mais il venait de la frontière et n'allait sûrement pas y retourner.

— T'as pas de chance, fit un pompiste adossé au mur, ou alors c'est que t'es trop difficile.

Tyna lui lança un regard hautain, le type haussa les épaules.

Deux motos passèrent sur la nationale. Qu'elle identifia avant de voir, au bruit, des Harley. Elle jeta sa boîte de Coca dans la poubelle.

Ils ne vont pas venir là, ils ne peuvent pas me reconnaître et puis je suis morte, ils ne me cherchent plus !

Les Harley obliquèrent vers la station. Tyna fila vers les toilettes.

Elle s'assit sur la cuvette, sac sur les genoux, cœur dans la zone rouge.

Hubert avait toujours compté sur son physique bon chic bon genre et son aplomb phénoménal pour passer au travers des contrôles de police. Malgré quelques déceptions, il continuait de miser dessus, la proportion passages/interpellations lui étant de très loin favorable. Aussi ne prit-il pas garde immédiatement à l'attention soutenue que lui portait un gendarme. Mais dès que celui-ci esquissa un geste, Hubert écrasa l'accélérateur, et grilla le feu avant que le geste soit devenu invite à se ranger.

De calice en ciboire, d'hostie en chierie de bordel de marde, Hubert zigzaguait dans la circulation, sans parvenir à distancer la voiture de la Gendarmerie Royale qui l'avait pris en chasse. Mais les flics n'arrivaient pas à se rapprocher. Hubert les amenait où il voulait. Vers l'échappatoire repérée de longue date. On ralentit, on saute en marche, et on cavale, le temps que les flics percutent, on est à l'abri. Astuce direct from US.

À plusieurs reprises il avait deviné dans le rétro un flic accroché à son micro, ça devait crépiter sur les ondes. Fallait arriver au bon endroit avant les renforts. La prochaine rue à droite.

Hubert vira limite en long dérapage. La Pony remise en ligne, il accéléra, puis freina, et comme les flics viraient à leur tour sur deux roues, ouvrit sa portière et s'éjecta.

Un peu trop tôt, un peu trop vite. Il glissa, perdit la peau de ses mains sur le bitume, boula une fois, deux, et ne parvint à se redresser qu'en déséquilibre, courant mains sanguinolentes et tendues vers le RamCharger qui déboulait en face, et dont le conducteur se mit droit sur le frein. Le pick-up s'écrasa sur ses amortisseurs. Au lieu de toucher Hubert à la ceinture, le pare-chocs le cueillit aux genoux. Il voltigea par-dessus le pavillon et retomba dans la benne. Nuque sur la ridelle. Crac.

Le gendarme au volant écrabouilla lui aussi la pédale, la Ford partit en travers, pivota, et percuta le Dodge de biais. La tête du gendarme au micro fracassa la vitre latérale. Celle du chauffeur encaissa le choc en retour contre le pied-milieu. La Pony avait conclu dans le coffre d'un break, en douceur.

Tyna n'avait quitté les toilettes qu'en entendant le martèlement des moteurs en accélération. Elle était revenue à son poste, avait essuyé quelques refus et, tenaillée par la faim, avait décidé de grignoter au casse-croûte voisin.

Attablée près de la vitrine, elle avait ouvert *Les sept piliers de la sagesse*. Quelques secondes suffirent à éliminer le *tableau synoptique* et la *préface de Lawrence*. Presque quarante pages gagnées d'un coup. La première phrase du *chapitre premier* lui demanda une minute. Elle avança sur les autres un peu comme on avance dans le noir. La ride qui lui barrait le front lui donnait l'air d'une intellectuelle au travail. Au point que la barmaid vint remplir son gobelet de café sur la pointe des pieds, presque en s'excusant. Tyna stationnait sur la *carte I*. S'efforçant de faire la part des pays et des mers parmi ces lignes noires, ces lignes de chemin de fer, ces lignes de front et ces O signifiant ouadi – *cours d'eau ou vallée*.

Des noms de dessins-animés et d'actualités télévisées, de contes et de guerres, à faire rêver ou à faire peur. Certains tout bonnement imprononçables.

Jusqu'à ce qu'elle se dise que tout ça n'avait pas d'importance. Comme les contrées aux noms exotiques que Schwarzenegger traversait épée à la main dans les films qu'elle allait voir avec Chris. Comme de la science-fiction qui serait vraie. Qui l'avait été. 1917.

Elle parvint à tourner la page. Pour buter très vite sur une phrase.

Celui qui accepte d'être possédé par des étrangers mène la pire vie d'esclave parce qu'il a vendu son âme à une brute.

Tyna serra les dents. Avilie pour l'un, esclave pour l'autre, voilà ce qu'elle était pour ces gens. Oui elle avait été possédée par des étrangers, oui elle s'était vendue, et oui, bien sûr, certains étaient des brutes. Mais elle était esclave de personne, elle avait vendu son corps et rien d'autre. Surtout pas son âme. Quant à sa vie, elle était pas pire, elle connaissait des gens qui en vivaient de pire. Et elle n'était pas idiote, elle comprenait bien que Lawrence ne parlait pas d'elle. Mais c'était cette image qu'il avait fait naître. Plus haut il disait déjà *prostituer*. Et elle avait senti le dégoût que lui inspirait le mot. Le mépris qu'inspirent les victimes.

La preuve qu'elle n'avait pas perdu son âme, c'est qu'elle avait pu en changer !

Et le prochain qui oserait la...

— Ben t'es encore là toi ! Mais où tu vas donc ?

Tyna sursauta. Le pompiste la regardait en rigolant, mains sur les hanches, gants de cuirs dépassant de la poche arrière de sa combinaison Chevron. Elle mit ses lunettes et ajusta la mise au point.

— À New-York, répondit-elle froidement.

— Dommage, j'ai fini mon service, j'aurais pu t'emmener, mais c'est pas ma direction là.

— J'ai le temps, dit Tyna toujours glaciale.

— Vaut mieux. J'en ai vu attendre des jours. C'est pas un bon coin pour faire du pouce ici. Pis maintenant les gens se méfient. Pis y a les assurances et tout. Mais j'ai une idée, attends.

Il tourna les talons et s'approcha du comptoir.

— Eh ! cria-t-il à la cantonade. Ce serait-y qu'y aurait personne là-dedans pour emmener cette jeune dame-là à New-York ?

De la main il désignait Tyna raide comme un passe-lacet. Il y eut des sifflets dans la salle, et quelqu'un pour lâcher une série de cris de plaisir mal imités. Tyna se sentit rougir. Personne ne bougea. Sauf un type qui abandonna le comptoir pour s'approcher de sa table.

— Ben j'vais pas à New-York, j'arrête à Plattsburgh, pis avant j'dois livrer du côté d'Sherrington et Barrington, mais si t'es pas pressée, pour moi c'est pas problème.

Pas très grand, bien enveloppé, tee-shirt Budweiser et casquette à longue visière de la même marque, qu'il avait ôtée avant de parler. Une bonne tête sympathique. Et puis Plattsburgh, c'était au moins vingt-cinq kilomètres après la frontière.

— Ce serait gentil, je vous remercie, dit-elle avec un sourire.

— Ben on dit comme ça alors. Mon truck c'est celui-là là-bas.

Tyna repéra sans mal le semi-remorque aux couleurs Bud.

— D'accord, vous partez quand ?

Il montra son assiette sur le comptoir.

— Le temps de finir l'casse-croûte, cinq dix minutes. Tu seras-tu prête ?

— Oui oui, j'ai fini.

Elle sortit le porte-monaie de son sac et posa le compte juste dans la soucoupe.

— Oui je prends ! s'exclama Savoie.

Il plaqua la main sur le micro pour annoncer « Laval » et l'ôta aussitôt.

— C'est Luc, salut, quoi de neuf ?

Johanne et Brenner suivirent sur son visage l'annonce de l'information.

— Ça se précise, dit-il après avoir raccroché. La GRC a interpellé une Hyundai qui correspondait au signalement. Y a eu de la casse. On y va ?

Une bouteille de Bud factice suspendue à un ressort oscillait entre les pare-soleil au rythme des raccords de bitume. Le chauffeur avait dit qu'elle pouvait l'appeler Michel, vu qu'il s'appelait comme ça.

— Et toi c'est comment ?

— Alizée, dit Tyna.

Un instant la tête de Michel se balança en phase avec la bouteille.

— C'est joli ça, Alizée. Et tu fais quoi dans la vie ?

— Je suis étudiante en histoire à l'UQAM.

— Et ça te plaît ? Tu veux faire quoi plus tard ?

— C'est très intéressant, plus tard je serai professeur, enfin j'espère.

— T'as de la chance, moi ça fait vingt ans que je fais la route, c'est pas que je m'en plains remarque, mais des fois j'me dis que j'aurais pu faire mieux.

Il montra *Les sept piliers de la sagesse* posé sur le tableau de bord et ajouta.

— Alors c'est un livre d'histoire ?

— Oui, sur la guerre en Arabie, en 1917.

Michel gonfla les joues, impressionné.

— J'aimerais ben lire des trucs comme ça, mais les dates, tout ça, j'y arriverais jamais.

— Oh, ce n'est pas bien dur, suffit de lire doucement.

— T'as peut-être raison, mais faudrait que je commence par un moins gros alors !

Un camion remontant de l'autre côté de l'autoroute klaxonna sur plusieurs notes. Michel répondit et ajouta un appel de phare.

— C'est Jim, ça fait un bail qu'on se connaît, depuis un moment on se croise toujours au même endroit, ici, à la même heure. C'est bizarre la route. J'en aurai des histoires à raconter, tu sais... Bon, on sort à la prochaine pour Sherrington.

Lorsqu'ils arrivèrent sur zone ils ne virent qu'un gendarme occupé à surveiller le chargement de la Pony sur un camion.

Puis ils aperçurent l'enquêteur de Laval qui sortait de sa voiture.

— Y a plus personne ? demanda Savoie.

— Non, je vous attendais. La GRC a identifié le propriétaire de la Pony, Alizée Morel, une étudiante. Le conducteur de la Hyundai a été identifié aussi, Hubert Turgeon, il a déjà eu des problèmes pour vol de voiture. Ce qui est bizarre c'est qu'il avait les clefs.

— C'est Alizée Morel qui a été tuée au Palm Beach ? demanda Brenner de la banquette arrière.

— On ne sait pas encore. On a relevé des empreintes, mais il faut le temps de les comparer. Et puis il y avait un gendarme bon pour l'hôpital et un avec une tête comme un compteur à gaz, ça n'a pas accéléré les choses. Une équipe de la GRC est allée chez Turgeon, une autre est au domicile de la fille avec un de mes collègues. J'y vais, vous me suivez ?

L'officier de la GRC approuva d'un battement de paupières.

— On en a obtenu de meilleures empreintes ici, pas de doute c'est Alizée Morel qui a été abattue au Palm Beach.

— Et Tyna ?

— On a aussi ses empreintes dans la Pony et dans la maison, surtout dans la chambre d'Alizée.

— Sa mère la connaît ?

L'officier secoua la tête.

— Non. Mais elle a dit qu'elle connaissait peu les amies de sa fille. Elle pensait qu'Alizée avait quitté la maison. Ça n'allait pas très bien entre elles. Le matin où Alizée a été tuée, elles s'étaient chicanées fort, et le soir en rentrant elle avait remarqué qu'il manquait des vêtements, un sac, ses papiers, de l'argent, etc.

— Pas de mots d'explication ?

— Non.

— Et monsieur Morel ? demanda Johanne.

— Ça fait dix ans qu'il a fichu le camp sans laisser d'adresse.

— Vous auriez dû empêcher cette femme d'aller reconnaître le corps de sa fille, intervint Brenner.

L'officier pinça les lèvres.

— J'aurais voulu vous y voir ! Tant qu'elle n'a pas vu le corps elle peut croire qu'on se trompe. Je n'ai pas pu l'en empêcher, mais un de mes hommes est avec elle.

— Vous imaginez ce qu'elle va trouver... Pour l'interroger après ça...

— Je n'ai pas pu l'en empêcher, répéta l'officier d'un ton sec.

L'enquêteur de Laval se racla la gorge.

— Pas de vêtements et de papiers dans la Hyundai ?

— Non. J'ai contacté notre équipe chez les Turgeon, ils n'ont rien trouvé non plus. Mais ce genre de type n'a pas qu'une planque, et avant qu'on les localise toutes...

L'enquêteur posa le doigt sur le plan du pavillon étalé sur la table.

— C'est la chambre d'Alizée ?

— Oui c'est ça.

Les policiers échangèrent un regard.

— Les points rouges marquent les endroits où vous avez relevé les empreintes de Tyna ?

— Affirmatif.

— On dirait que la petite a passé la chambre au peigne fin, remarqua Savoie.

— C'est aussi mon impression, dit l'officier de la GRC.

Il ouvrit sa serviette et en sortit une feuille qu'il leur tendit.

— J'ai diffusé un avis de Recherche Un par le réseau interne. Avec une photo d'Alizée Morel au cas où elle essaierait de lui ressembler.

Il regarda sa montre et ajouta :

— L'avis de recherche est effectif depuis cinq minutes, sur le territoire fédéral et aux frontières. Vous demandez un mandat pour vérifier le compte en banque d'Alizée ou vous préférez que je le fasse ?

— Je m'en charge, répliqua l'enquêteur de Laval, et je vous transmettrai les résultats. Mais on n'obtiendra rien d'un juge avant demain.

— Nous on pourrait aller à l'Institut, dit Savoie, essayer d'interroger madame Morel.

Le semi-remorque effectua un demi-tour devant l'entrepôt et passa le portail dans le même mouvement. Tyna eut un sifflement admiratif.

— Pffui ! Y avait pas beaucoup de place là !

— Oh, fit Michel modeste, depuis l'temps que j'manœuvre ce Mack, je l'mets au pouce près. Y a des coins pires. Sinon ça va, on n'a pas été trop long ?

Durant les livraisons Tyna avait pu avancer de trente pages dans son *livre d'histoire*. Mais elle sourit en disant :

— Non non, de toute façon je ne suis pas pressée.

Le camion quittait Barrington et prenait la direction de la 15.

— Maintenant on ne s'arrête plus avant Plattsburgh ! déclara Michel. Au fait, je t'ai même pas demandé, tu y vas pourquoi à New-York, études, vacances ?

— Un peu les deux, je vais chez des amis, et puis je dois faire des recherches à la bibliothèque.

— La bibliothèque de New-York, ça doit être quelque chose...

— C'est la plus grande du monde, assura Tyna qui n'en doutait pas.

La CB émit quelques phrases en français et en anglais, hachées de parasites.

Michel fronça les sourcils, régla le canal et décrocha le micro.

— C'est quoi ç't'embarras à la frontière que tu causes là ?

— Bah chais pas trop, je m'en viens des US pour Montréal par la 15, pis c'est dans l'aut' sens qu'ça a pas l'air d'aller.

Tyna blêmit. La radio crachouilla quelques secondes, puis une autre voix retentit.

— Ben moi j'viens d'passer. C'est les flics qui tannent !

— Les nôtres ou les US ? demanda Michel.

— Les nôtres, les ricains y s'en secouent !

— Qu'est-ce qu'y zont ces criss de chiens sales ?

— Ben y voudraient pogner une nana on dirait.

— Oh ? Et pourquoi ?

— Tu veux-tu qu'j'te dise, m'ont pas fait d'confidence ! Mais ça a l'air pas trop rude, y regardent plus les chars qu'les trucks. M'ont juste montré la photo d'une jeunesse, pis m'ont demandé si je l'avais vue ou prise en stop. Je regrette ben, qu'j'ai répondu, parce qu'à soir chuis seul !

L'homme éclata de rire, la CB envoya une bordée de parasites. Tyna s'était rencogné contre sa portière et fixait la bouteille de Bud qui se balançait.

— En tout cas, reprit la voix, si tu la croises dis-y bonjour, elle s'appelle Tyna ou Alizée, paraît que ça dépend des moments. Une drôle, quoi !

La bouteille devint floue.

— Sûr qu'j'le ferai ! s'exclama Michel.

Il raccrocha le micro et se tourna vers elle.

Le légiste qui les conduisait à grands pas le long d'un couloir de l'Institut était furieux. Il stoppa devant une vitre et tendit le bras pour montrer ce qui se trouvait de l'autre côté.

— Voilà ! s'exclama-t-il. Voilà ce qu'elle a vu ! Vous imaginez le résultat ?

— Assez bien, soupira Johanne

Un corps sans tête étendu dans le bac inox. Des mâchoires et des fragments d'os blanchis et grossièrement assemblés posés sur une table de travail. Des photos.

— Vos collègues ont déconné, reprit le médecin, ils auraient pu me prévenir ! Là on était en train de rafistoler les morceaux... Elle est tombée pile dessus.

— Où est-elle ? demanda Savoie.

— À l'hôpital tiens ! Elle nous a fait une crise nerveuse, elle aurait pu en mourir vous savez !

— Vous pensez qu'on pourra lui parler ? demanda Brenner.

Le médecin haussa les épaules.

— Vous pouvez toujours essayer ! Qui sait, vous arriverez peut-être à ne pas l'achever.

Michel regardait la route, puis elle, puis de nouveau la route, puis de nouveau elle.

— C'est toi qu'y cherchent ?

Tyna murmura « je crois » du bout des lèvres.

Michel fixa la route et demanda sans tourner la tête :

— Alors c'est quoi, Tyna ou Alizée ?

— Alizée, répondit Tyna sans hésiter.

— Et pourquoi y te cherchent ?

— J'ai quitté mon mari.

Michel frappa le volant du plat de la main, comme on salut une bonne blague.

— Tu me niaises-tu ? Depuis quand les flics arrêtent les femmes qui quittent leurs maris, hein ? Ça occuperait la GRC à l'année ça !

— Désolée, soupira Johanne, mais ce soir je peux pas.

— Tu as un rendez-vous ? demanda Savoie.

— Oui j'ai un rendez-vous.

— Important ? insista Savoie.

— Coudon, répliqua Johanne agacée, je demande pas souvent grand chose, et je veux bien croire que ce serait mieux si c'était une femme qui parlait à madame Morel, mais moi je ne peux pas ce soir, voilà !

— Okay, t'énerve pas, fit Savoie en passant en drive. De toute façon l'hôpital est sur le chemin, si on peut lui parler Éric et moi on s'en chargera, pendant ce temps tu rentreras au SPCUM. Nous on se débrouillera avec un taxi, ça va comme ça ?

Johanne hocha la tête.

Tyna mit de sa vie, de celle de Magali, de celle d'Alizée. Elle parla lentement, d'une voix lasse, en regardant défiler les vergers de la plaine de Monténégrie.

— C'était pas vraiment mon mari mais c'était tout comme. Il me cognait souvent, dans le ventre, chaque fois qu'il était saoul. Je suis partie plusieurs fois, mais il venait me chercher à l'Université et je croyais ce qu'il me disait. Mais la dernière fois j'ai cru qu'il allait me tuer, il m'a cogné la tête, il a cassé mes lunettes, tu vois, j'ai encore la trace – elle effleura sa joue. J'ai eu peur, j'en ai eu marre. J'ai décidé que cette fois il n'y aurait pas de retour. Avant de partir, j'ai cassé tout ce qui lui appartenait, sa chaîne, ses C.D., son computer, ses vêtements, sa coupe de hockey. Pis j'ai pris son argent, sa carte de crédit, son chéquier et ses papiers. Et sa voiture aussi. J'ai gardé que l'argent, le reste je l'ai jeté dans le Saint-Laurent. J'ai eu un accident avec la voiture, elle roulait plus, je l'ai laissée et j'ai fait du pouce. Je pensais pas que ce salaud oserait prévenir les flics.

Un croisement approchait, Michel ralentit.

— Tu sais quoi, dit-il d'une voix grave, c'est exactement ça que ma femme m'a fait.

Tyna ferma les yeux quelques secondes. Lorsqu'elle les rouvrit le Mack virait à droite sur une route secondaire, alors que l'autoroute était à gauche. Elle songea au couteau. Il était au fond du sac sur le reposoir derrière eux. Jamais elle n'aurait le temps de l'atteindre.

— Tu ne prends pas l'autoroute ? demanda-t-elle.

Savoie n'avait pas disparu dans le hall de l'hôpital que Johanne jetait un coup d'œil à la montre de bord. Relevant la tête elle croisa le regard de Brenner.

— Quoi, tu le savais pas toi que j'avais rendez-vous ce soir ?

— Bien sûr que si. D'ailleurs je t'en félicite, et j'espère qu'il sera fructueux, tu le mérites.

— Merci.

— De rien, on dirait que ça va bien pour toi, j'en suis très heureux, mais ne précipite pas les choses tout de même.

Johanne eut un bref sourire.

— Tu sais, pendant des années je ne me suis pas précipitée à pousser la porte d'une galerie. Là je me suis décidée, et voilà. C'est un peu grâce à toi aussi.

— Je faisais allusion à ton envie de laisser tomber la police, c'est ce que tu as écrit à CoolWebeur, tu n'as pas dit police mais j'ai traduit. Je ne crois pas que ce serait une bonne idée.

— C'est ce que j'ai écrit. Mais je ne suis pas sûre de le vouloir vraiment. Le soir où j'ai envoyé ce mail j'étais fatiguée, il y avait eu les cadavres, Giraud, tout ça. Enfin si, de le vouloir j'en suis sûre, tu n'aimerais pas toi ne plus être obligé d'être commissaire ? Moi j'aurais très envie de passer mes journées sans autres soucis que peindre... Mais ce serait une drôle de vie... Et puis je crois qu'aller tous les matins au SPCUM sans y être obligée me ferait voir le travail sous un autre angle, plus détaché, plus à l'aise. En tout cas rassure-toi, je ne déciderai rien sur un coup de tête.

Le ton de la dernière phrase était un rien moqueur. Brenner fit la moue.

— Okay, excuse-moi, je te parle comme si j'avais des leçons à te donner...

— C'est rien, tu m'as donné un avis, il est bon, ne t'excuses pas.

— Parfait ! Et ce rendez-vous alors, tu penses qu'il peut en sortir quelque chose de positif ?

— J'espère. Je ne connais pas cette personne, je ne l'ai jamais rencontrée, je sais seulement qu'elle a acheté deux de mes tableaux et posé une option sur d'autres. Le directeur de la galerie dit que c'est une passionnée de peinture qui adore découvrir de nouveaux talents et les faire connaître, et qui se trompe rarement. Je souhaite qu'elle ne se trompe pas sur mon compte.

— Si elle a acheté des toiles, c'est qu'elle y croit. Eh ! Ça veut dire que le portrait que j'ai va prendre de la valeur ! Je spéculais sans le savoir !

Johanne éclata de rire.

— Qu'est-ce que tu crois ? Que je t'ai fait un cadeau au rabais ?

Savoie ouvrit la portière, se laissa tomber sur le siège en grognant :

— Elle est sous calmant, elle dort, on peut pas lui parler. Shit !

— Tu ne prends pas la 15 ? demanda Tyna un peu plus fort.

Michel parut sortir d'un rêve.

— Hein ? Non, je vais tâcher de passer par Moœrs, si ça bloque sur l'autoroute ça peut durer des heures, c'est un poste achalandé, j'ai pas envie de rester planté là.

Tyna faillit demander « Et moi ? » mais il ne lui en laissa pas le temps.

— Quand je dis qu'elle a fait ça exactement, c'est pas vraiment vrai, elle a pas piqué mon char vu que c'est moi qui l'avais. Y a ben huit ans qu'elle s'est tassée avec tout mon pognon, pis je l'ai jamais revue. Criss de coup qu'elle m'a fait là.

Tyna ne commenta pas. Elle regardait au loin. La frontière était à moins de vingt kilomètres, peut-être quinze. Combien de temps à pied, trois heures, quatre heures. Passer la frontière à travers champs ne poserait aucun problème, surtout de nuit. À condition que l'autre n'aille pas la livrer aux flics, ou ne décide pas de s'amuser un peu. Son regard se porta sur le bas côté, qui défilait à une vitesse ahurissante. Pour sauter il faudrait profiter d'un ralentissement.

Mais toutes ses affaires étaient dans le sac. Et elle ne pourrait pas le prendre.

— Tu veux que je te dise ? s'exclama Michel. C'est ce qu'elle a fait de mieux ! Depuis j'bois pus d'bière que l'samedi, des fois l'dimanche. Avant c'était dès que je voyais sa tête, ou que j'pensais à elle, tout le temps quoi. J'avais eu des problèmes avec les flics, ça aurait fini qu'y m'auraient retiré ma licence pour de bon, et j'aurais eu l'air fin moi. À part conduire je sais rien faire. Ouais, c'est ce qu'elle a fait de mieux d'se tasser. Je lui en n'ai pas voulu. Je dis pas sur le coup, mais après. En tout cas j'ai pas prévenu ces mange-marde de flics. Ça risquait pas ç't'histoire là.

Michel freina et rétrograda, puis freina encore. Tyna approcha la main de la poignée de porte.

Lionel déplaça un registre. Bientôt l'heure d'aller chercher la fliquette. Il ouvrit le tiroir de son bureau et prit une disquette. Elle contenait le fichier chiffré à l'attention de Cool-Webeur. Il observa un instant la disquette, comme indécis, puis la glissa dans la poche intérieure de sa veste.

Le camion s'immobilisa. Tyna se crispa sur la poignée. Michel qui observait le rétro extérieur se tourna vers elle en entendant jouer le mécanisme.

— Tu fais quoi ?

— Je vais continuer à pied.

— Avec ton sac qui pèse une tonne, t'es pas rendue !

Tyna commença d'écarter la portière. Michel lui prit le bras.

— Attends deux secondes avant de descendre, voilà du monde, c'est pas la peine qu'on te repère.

Une voiture dépassa le camion. Tyna se dit qu'elle aurait mieux fait de se montrer, au contraire. Mais la voiture était déjà loin. Et puis il avait raison, traîner son sac sur vingt kilomètres...

— Si tu veux y aller seule, je te retiens pas, reprit Michel. Si tu veux que je t'emmène, je t'emmène, mais pas dans la cabine, faut que tu passes dans la cellule.

Du plat de la main il tapota la cloison derrière lui. Tyna serra les dents. Et voilà, on y était... Alizée n'aurait pas résisté longtemps. À moins que ce soit Tyna qui lui paye son voyage. Elle pourrait voir les choses comme ça. Se les raconter comme ça. Et même se dire que ce serait la dernière fois. Une dernière fois de plus.

— D'accord pour la cellule, dit-elle dans un soupir.

— Je peux pas te garantir qu'ils la fouilleront pas, mais ça m'étonnerait, à moins que t'aies tué Jean Chrétien. T'as pas tué Jean Chrétien au moins ? demanda-t-il en riant.

Tyna secoua la tête.

— T'as pas tué ton mari non plus ?

— Ben non.

— Alors ça ira.

Il attrapa le sac, le tira sur le siège et sauta à terre. Tyna descendit de son côté. Michel la rejoignit, ouvrit la porte de la cellule, jeta le sac sur la couchette, grimpa dans l'habitacle, dissimula le sac sous le coffre de la bannette et revint près d'elle.

— Bon, t'attends quoi là, le déluge ?

Tyna grimpa à son tour, s'assit sur la couchette et attendit. Ce serait pas pire. Il avait l'air propre et la cellule sentait bon l'eau de toilette.

Michel prit appui sur le marchepied et écarta le rideau qui obturait le carreau de la porte.

— En roulant tu seras mieux allongée. Juste avant la frontière je taperai à la cloison, tu te mettras accroupie le dos contre la porte, dans l'angle mort, si y en a un qui jette un coup d'œil par la vitre il ne te verra pas.

— Et s'il ouvre la porte ?

Michel haussa les épaules.

— Ils ne l'ont jamais fait, mais je dirai que je t'avais pas vu monter, que t'as dû profiter que j'étais arrêté à une station. Et tu diras la même chose, d'accord ?

— D'accord, fit Tyna en hochant la tête.

Michel sauta au sol.

— Alors on y va !

Il attrapa la portière comme pour la refermer, la laisser seule, sans même l'avoir touchée. Elle n'arrivait pas à le croire. On ne lui avait jamais rien donné pour rien, jamais, sauf des coups. Elle le considéra les yeux ronds.

— Pourquoi tu me regardes avec cet air là ? demanda-t-il en interrompant son geste.

— Je... Je sais pas... Je comprends pas pourquoi tu m'aides.

Michel s'appuya contre la porte et fit la grimace.

— Parce que j'aime pas les flics, mais y a pas que ça. Ma femme s'est barrée avec un mec, ce type m'a rendu un sacré service et j'ai jamais pu le remercier. C'est pas tellement toi que j'aide, c'est plutôt ton chum.

Sur quoi il claqua la portière.

Peu après le camion s'ébranla. Tyna s'allongea sur la couchette.

— Comment me trouves-tu ?

Lionel recula de deux pas et l'examina.

Comme dimanche elle avait usé d'un peu de fond de teint, d'un trait d'eye-liner et d'une touche de fard à paupières. Très léger et plutôt réussi. Sa robe aussi était semblable à celle de dimanche, à croire qu'elle n'en possédait qu'un modèle et variait les couleurs. Pistache aujourd'hui, ce qui lui allait très bien.

— Parfaite, approuva Lionel.

— C'est vrai ?

— Bien sûr que c'est vrai, tu ressembles au portrait que j'ai fait de toi, et au portrait que tu as fait de toi. Je ne vois rien qui serait mieux.

Johanne fit la moue, comme si elle doutait de la véracité du compliment tout en l'appréciant au plus haut point.

— On y va ? demanda Lionel.

La décoration du hall témoignait de la classe de l'immeuble. L'ascenseur desservait l'appartement des Layne et lui seul.

Johanne marqua un imperceptible temps d'arrêt en découvrant son hôtesse. Elle ne ressemblait pas à l'idée qu'elle s'était faite d'une mécène. Stracey expédia les présentations comme on se débarrasse d'une formalité, son mari n'eut que le temps d'une discrète inclination de tête avant qu'elle saisisse Johanne par le coude et l'entraîne dans une pièce au fond de l'appartement. Tellement ravie d'enfin la rencontrer, de pouvoir lui montrer quelque chose.

Une courte lampe à halogène réglée au minimum éclairait la pièce avec parcimonie. Johanne n'en distinguait pas l'extrémité. Stracey l'invita à s'asseoir dans un fauteuil et prit place à ses côtés. Elle manipula une télécommande. L'obscurité devint totale, et presque aussitôt deux tableaux surgirent du néant. Johanne en resta bouche bée.

— Qu'en pensez-vous ? demanda Stracey.

— Je... Vous me faites beaucoup d'honneur madame.

Stracey eu un rire amusé.

— Je vous en prie, appelez-moi Stracey.

— Je vous remercie, mais... je ne sais pas si j'oserai.

Stracey la considéra un instant, puis sourit largement et hocha la tête.

— Vous êtes telle que Lionel vous a décrite, désarmante.

Avant que Johanne ait pu s'interroger sur la signification de sa phrase, Stracey se leva et s'approcha des toiles.

Michel cogna la cloison et sa voix lui parvint amortie.

— On n'y est pas tout de suite, y a des voitures et un camion arrêtés.

Tyna sauta à bas de la couchette pour s'approcher du carreau. L'angle ne lui permettait de distinguer que la plaine, et la nuit qui approchait. Elle s'accroupit, ramena les genoux contre sa poitrine et ferma les yeux.

Le camion ralentit, puis s'arrêta.

Après quelques minutes il avança de nouveau, et stoppa encore. Tyna rouvrit les yeux. La cellule lui parut désespérément exiguë. Que se passerait-il si un flic ouvrait la porte. Jusqu'à présent elle s'était convaincue que tout irait bien, maintenant l'idée que personne ne tourne la poignée lui semblait invraisemblable. Il y aurait du monde à la frontière, ils ne pourraient pas l'abattre devant témoins. Ils l'emmèneraient à l'écart et la tueraient plus tard, tranquillement. Elle aurait mieux fait de tout dire à Michel, peut-être l'aurait-il protégée. Elle aurait surtout mieux fait de passer à pied. Désormais c'était trop tard.

Il faudrait se tenir prête, bousculer le flic dès que la porte s'entrouvrirait, et foncer. Ne pas leur laisser le temps de réagir. Profiter de la surprise. Courir. Pourvu qu'il y ait du monde, ils n'oseraient pas tirer dans la foule tout de même. Quelle idiote de n'avoir pas mis un jean et des baskets. Peut-être avait-elle encore le temps de se changer.

Tyna fixa la couchette sous laquelle se trouvait son sac, le camion redémarra.

Stracey se tenait près des toiles, légèrement déhanchée.

— Vous semblez inquiète, murmura-t-elle.

Johanne secoua la tête.

Stracey avait décortiqué ses tableaux. Interprétant les moindres détails. Posant des questions. Décodant les réponses. Sans jamais se tromper. Johanne avait l'impression d'avoir été mise à nue. D'avoir appris sur elle-même des choses qu'elle ignorait, d'en avoir dit plus encore. Une analyse plus profonde et plus pertinente que celle réalisée par Lionel. Ce n'était pas inquiétant, c'était troublant.

— Je ne suis pas inquiète je suis... troublée. J'avais l'impression de peindre en pleine conscience et là...

— Vous découvrez une autre part de vous-même ?

— C'est ça, et en même temps...

— Vous avez la sensation d'être dépossédée de votre œuvre ?

Johanne sourit.

— C'est encore ça.

Stracey écarta les mains, comme un geste d'excuse.

— C'est normal, dès qu'un tableau est achevé il cesse d'appartenir à son auteur. Il appartient à celui qui le regarde. Mais l'auteur en reste l'auteur, et vous avez beaucoup de chance d'être l'auteur de ces œuvres. D'autres gens verront vos tableaux et en feront d'autres interprétations.

— J'ai du mal à en imaginer de plus pertinentes que les vôtres...

— Attendez et vous verrez ! Mais quelles que soient ces analyses, quelque chose restera toujours qui n'appartiendra qu'à vous.

Johanne se demanda quoi, mais elle approuva. Et se dit que tout ça ressemblait aussi à un interrogatoire, franchit avec succès à en croire les dernières phrases de Stracey.

Qui manipula de nouveau la télécommande. La lumière revint progressivement, effaçant les peintures.

— Je crois qu'il est temps de passer à table, dit Stracey d'une voix enjouée.

Michel cogna la cloison du coude.

— C'est à nous ! dit-il.

« Croise les doigts, petite » ajouta-t-il mentalement.

Il immobilisa le camion devant le flic et baissa la glace. L'agent de la GRC le salua.

— Bonsoir monsieur, nous recherchons cette jeune femme, l'avez-vous aperçue ou prise en stop ? Elle peut ne pas ressembler exactement à la photo.

Le ton montrait que le flic avait prononcé ces paroles cent fois, et que s'il avait cru obtenir une réponse positive il n'y croyait plus. Il tendait la photo sans conviction. Michel la prit en main et l'examina.

— Ç't'une gamine ç'te fille-là ! Qu'est-ce qu'elle a fait ?

Le flic ne paraissait pas zélé, mais un de ses collègues n'en observait pas moins le semi-remorque, de l'autre côté, en partant de l'arrière. Michel le suivait du coin de l'œil dans le rétro droit.

— Nous avons besoin de son témoignage, elle se fait appeler Alizée ou Tyna, est-ce que vous l'avez aperçue ou prise en stop monsieur ?

Michel secoua la tête.

— Non, désolé. Doit être important c'témoignage là pour que vous arrêtiez tout l'monde ?

L'autre flic arrivait à la porte de la cellule. Il grimpa sur le marchepied et braqua sa torche sur la vitre.

— Très important. Si vous l'apercevez de l'autre côté, nous vous serions reconnaissants de prévenir la GRC.

En sautant du marchepied le flic glissa et se rattrapa à la poignée de la porte, qui s'ouvrit en grand.

Michel eut beaucoup de peine à dissimuler sa surprise en le voyant la refermer tranquillement, puis faire signe à son collègue que tout était okay.

— D'accord, si je la vois je vous préviens, parvint-il à dire en rendant la photo.

— Parfait monsieur, vous pouvez y aller.

Il s'y reprit à deux fois pour engager le premier rapport, puis accéléra jusqu'au régulateur.

Merde alors, elle n'avait pas sauté en marche sans qu'il s'en rende compte !

Le douanier US lui fit signe de passer sans même lever les yeux de son écran de télévision.

Plus loin Michel bifurqua à gauche pour rejoindre l'interstate 87, prolongement US de la 15.

Rémi quitta sa voiture et fit quelques pas dans la rue pour se dégourdir les jambes.

Il ne savait pas qui était le type, mais il l'avait déjà vu la veille. La fille était l'enquêtrice du SPCUM. Tous deux semblaient intimes. Et ce beau monde se retrouvait dans l'immeuble abritant l'appartement des Layne.

Rémi n'avait pu vérifier quel ascenseur le couple avait emprunté, mais il le ferait, même si d'ores et déjà sa conviction était acquise.

En attendant il se dirigea vers une cabine téléphonique, introduisit 25 cents dans l'appareil et transmit à son correspondant le numéro de la voiture du type.

Michel obliqua vers la première station qui se présenta et gara le semi-remorque loin des bâtiments.

— Ben merde, soupira-t-il en découvrant la cellule vide.

Il se hissa dans l'habitacle et s'assit sur la couchette.

À la vitesse où il avait roulé, elle avait dû se payer une sacrée gaufre. Seulement si elle n'avait pas sauté, les flics l'auraient arrêtée. Oui... Mais à tout prendre, c'était peut-être mieux que de crever dans un fossé avec un bras cassé, ou une jambe, ou les deux.

Michel l'imagina étendue dans l'herbe, couverte de sang et se demanda s'il ne devait pas téléphoner à la GRC, dire qu'il avait vu une fille ressemblant à la photo en train de marcher le long de la 219 entre Barrington et la frontière. Les flics passeraient le coin au peigne fin. Sauf que si elle s'en était tirée, ce serait un sale coup à lui jouer.

— Criss de marde ! s'exclama-t-il. Qu'est-ce que je fais moi maintenant !

Une plainte étouffée lui répondit. Puis une seconde.

Il sauta de la couchette et releva l'abattant. Bien qu'il sût ce qu'il allait trouver, il ne put retenir un mouvement de surprise en découvrant Tyna tassée en chien de fusil dans le réduit.

— T'as réussi à rentrer là-dedans...

— On est aux US ? murmura-t-elle.

— Oui oui, tu peux sortir.

Il s'écarta pour lui faciliter le passage, elle fut longue à s'extraire, se déplia lentement, avec des grimaces et des petits cris de souffrance. Il dut l'aider. Même avec toute la police canadienne au cul il n'aurait pu tenir là-dedans ; elle était plus petite, mais quand même, fallait avoir envie. Jamais il n'aurait imaginé.

— T'es là depuis longtemps ?

Tyna se massait les mollets, elle avait du mal à garder l'équilibre et s'appuya contre la couchette.

— Depuis que tu as tapé contre la cloison. Je me suis dit que ce serait pas possible qu'ils n'ouvrent pas. J'ai eu raison, non ?

Aucun reproche dans sa voix, ni dans son regard, mais Michel se sentit coupable, tenu de se justifier.

— Le flic avait regardé avec sa lampe, il avait rien vu, pis ce con a ripé sur le cale-pied et s'est raccroché à la poignée, sinon il aurait pas ouvert. Je te jure, ça arrive jamais des trucs pareils, c'est pas de chance...

Tyna hocha la tête.

— Ça me connaît ça, pas de chance. Je peux retourner dans la cabine maintenant ?

— Bien sûr.

— J'ai le temps de faire quelque pas, j'ai les jambes ankylosées ?

— Pas de problème.

Michel regagna son siège et la suivit des yeux. Une démarche un peu gauche au début, qui rapidement s'assura. Elle prenait soin d'éviter la lumière des lampadaires et pliait et dépliait les bras. Drôle d'étudiante quand même.

— Prochaine étape Plattsburgh ! dit-il joyeusement lorsqu'elle prit place près de lui.

Johanne se raccrocha au bras de Lionel en éclatant de rire.

— Hou là là... j'ai abusé du champagne moi...

— Tu devrais en boire plus souvent, je ne t'avais jamais vu rire comme ça. Et ça te va bien.

Johanne s'installa sur le siège et pouffa.

— Mais je peux être très drôle quand je veux !

Lionel s'accouda sur le pavillon.

— Je n'en ai jamais douté.

Il ferma la portière, fit le tour de la voiture et se glissa au volant.

— Moi, dit Johanne comme il engageait la clef dans le barillet, je ne me doutais pas... Enfin... je n'imaginais pas Stracey Layne ainsi... Je voyais une vieille dame, avec poudre de riz et permanente, une tasse de thé à la main...

Lionel rit à son tour.

— Oui... J'aurais dû te la décrire... Une femme superbe, n'est-ce pas ?

— Superbe, intelligente, riche, et comme il n'y a pas de justice, sûrement heureuse...

Il se tourna vers elle et la fixa intensément.

— Et toi Johanne, tu es heureuse ?

Elle appuya la tête contre le dossier, fixa le pavillon, sourit et soupira.

— C'est peu de le dire... Finalement, le bonheur c'est simple... Il suffit de peindre, d'être prise en main par un mécène, et de devenir célèbre...

— Et de rencontrer un homme charmant ?

Elle se mordit la lèvre, prit sa main et l'attira contre sa joue.

— Excuse-moi, j'aurais dû commencer par le principal... Mais plus les choses avancent et moins je réalise... Laisse-moi le temps de tout mettre en ordre.

Lionel se pencha sur elle et l'embrassa, profondément. Elle enserra sa nuque.

Accepterait-elle de se faire baiser là, dans la voiture. Prendrait-elle le risque de se faire piquer par ses petits copains flics cuisses écartées au milieu de l'avenue. Un bon test ça. Un vrai test d'amour.

Il posa la main sur sa cuisse, remonta lentement sous la robe. Il la sentit vibrer, accroître la pression sur sa nuque, retenir sa respiration.

Oui, elle prenait le risque. Et l'effet champagne n'y était pour rien. Lionel retira sa main et se détacha d'elle doucement.

— Excuses acceptées, murmura-t-il. J'ai hâte de t'excuser encore et encore, plus et mieux, chez toi.

Johanne approuva d'un soupir rauque.

Se faire piquer à ça devant son appartement n'était pas le genre de publicité que Stracey aurait apprécié. Et lui non plus. Lionel tourna la clef et quitta le stationnement.

Rémi en profita pour sortir du hall, conviction confirmée. Il rejoignit sa voiture et démarra à son tour.

Le café du steak-house jouxtant le Champlain Lake Motel en bordure de la 87 à hauteur de Plattsburgh était une lavasse pire que le café québécois – c'est possible. Les sachets de lait vidés dans les gobelets lui donnaient à peine une consistance.

Le repas avait été étrangement silencieux, fait de réponses non données à des questions non formulées. Étrange mais agréable. Complice.

Tyna attira la soucoupe à elle.

— Je t'invite, je te dois bien ça.

Michel chipa la note à la volée.

— C'est idiot, mais je ne me laisse jamais inviter par une femme.

— Bon... Chacun sa part alors.

— Okay, chacun sa part.

Comme ils avaient pris la même chose, le calcul fut simple.

— Va falloir que j'y aille, dit Michel après un regard à la pendule du bar, demain j'attaque de bonne heure.

— Tu restes à Plattsburgh ?

— Non, j'habite du côté de Joliette. Ici je gare le Mack devant l'usine et je dors dans la cellule, comme ça je gagne du temps le matin. C'est pas toujours comme ça, tout dépend des tournées.

Tyna hocha la tête et vida son gobelet.

— Tu crois que c'est prudent de faire du pouce ici ? demanda Michel. Les flics m'ont demandé de les prévenir si je te voyais aux US, ils l'ont demandé à d'autres.

— Ils ont le droit de venir me chercher ici ?

— Je sais pas, ça m'étonnerait, mais les flics, pour faire chier y sont champions, ça c'est sûr.

Tyna observa le lait mal dissous au fond de son gobelet.

Pourquoi ne pas appeler un taxi demain matin, et se faire conduire à la gare ou à la station des bus. La réserve d'argent liquide était maigre, mais ça valait peut-être le coup.

— Si ça ne t'ennuie pas de te lever de bonne heure, reprit Michel, y a peut-être un moyen. Des chauffeurs font le sud à l'usine, je peux leur demander de passer te prendre, c'est sur la route.

— Tu crois qu'ils accepteraient ?

— Je peux toujours demander, et je ne vois pas pourquoi ils diraient non. Ils ne vont pas jusqu'à New-York, mais ça te ferait toujours ça de pris.

— Ce serait bien, oui.

— Alors tiens-toi prête à partir de sept heures, tous les camions sont comme le mien. Je ne sais pas qui sera le chauffeur, mais suffira de demander.

— D'accord.

Elle faillit ajouter quelque chose mais se retint. Demander si les chauffeurs étaient sérieux...

— Cette fois faut que j'y aille, dit Michel en repoussant sa chaise.

Tyna sortit avec lui. Parvenu près de l'entrée du motel il lui tendit la main.

— Au revoir Alizée, et bonne chance.

Elle lui serra la main.

— Au revoir Michel, et merci pour tout.

Il eut un claquement de langue agacé.

— Je t'ai déjà dit que c'était ton chum que j'aidais et pas toi !

— Ah oui... alors on dit que c'est mon chum qui te dit merci.

— On dit comme ça. Salut.

Il tourna les talons. Tyna poussa la porte de la réception.

Clef de sa chambre à la main, elle regarda le semi-remorque manœuvrer sur le parking, s'engager sur l'autoroute, et disparaître.

Il la sentit approcher. Elle avait pris une douche, son savon était parfumé à la violette.

— Tu regardes la nuit ? demanda-t-elle en passant un bras autour de ses épaules.

Elle avait enfilé un peignoir. Un tissu imprimé, léger et ample, bouclé à la taille par une ceinture, qui par une échancrure laissait deviner l'extrémité tendue d'un sein. Sans qu'elle l'ait fait exprès, il l'aurait parié.

— Oui, elle est particulièrement belle.

Johanne s'accouda à la fenêtre près de lui. L'échancrure se ferma.

— C'est vrai.

C'était surtout que peu après avoir quitté le domicile des Layne il avait cru être suivi. Quelques manœuvres simples avaient suffi à perdre la voiture qui l'inquiétait. C'était peut être une illusion, ou un très mauvais suiveur. Ou au contraire un très bon. Un flic, un employé de Stracey.

Pourquoi les flics, puisqu'il y en avait une à demeure. Pour protéger leur collègue. Possible. Mais jusqu'à ce soir il n'avait remarqué aucun ange gardien. Et puis il n'arrivait pas à croire qu'elle aurait accepté de se faire sauter dans la bagnole sous l'œil de ses petits copains.

Stracey. C'était son genre. Elle cultivait à loisir une parano qui n'avait pas besoin de ça pour croître et embellir. Oui, bien capable de...

C'était lui qui devenait parano ! Une voiture était passée dans la rue depuis leur arrivée. Une seule. Un voisin, qui après avoir débarqué sa famille avait rangé son van au garage.

Lionel avait hâte que cette affaire se termine. Il aimait le jeu, à condition de savoir pour et contre qui il jouait. Là c'était de moins en moins net.

— Il y aura qui vendredi ? demanda Johanne.

— Des artistes, des critiques, des directeurs de galerie, des qui arrivent à être les trois à la fois.

— Je voulais dire : ce sera des gens que tu connais ?

— Pas tous, dans la profession je ne suis pas un ténor.

— Tu resteras près de moi ?

— Bien sûr ! Je ne vais pas t'abandonner à la concurrence aussi facilement !

Elle posa la main sur sa nuque et glissa les doigts sous ses cheveux.

— Idiot, murmura-t-elle à son oreille.

Avant d'ajouter :

— Tu veux encore boire quelque chose ?

— Oui, s'il te plaît, j'ai la gorge sèche, mais pas d'alcool, un jus de fruit, ou de l'eau minérale.

Elle disparut dans la cuisine. Lionel s'écarta de la fenêtre et se laissa tomber dans un des fauteuils du salon. De la pointe de la chaussure il baissa l'halogène.

Et ça aussi... pourquoi attendre vendredi. Il avait pu parler en privé avec Stracey, elle était convaincue que la fliquette était l'auteur des tableaux. Ce n'est pas ce qui allait changer ses projets, au contraire, alors puisque tout était prêt, pourquoi attendre vendredi, on aurait pu l'embarquer sur-le-champ. Parce que Stracey voulait faire durer le plaisir, le sien, ou vérifier quelque chose encore, sur Dieu sait qui, Dieu sait où. Bien sûr elle avait raison, une fin de semaine laissait deux jours avant qu'on remarque la disparition. Mais Lionel n'était pas certain que le motif soit là.

Johanne revenait, un verre dans chaque main. Elle en posa un sur la table basse et lui tendit le sien.

« Tu claques les doigts et elle tombe sur le dos, alors de quoi tu te plains ? » avait dit Stracey.

Lionel prit le verre et lui retint le poignet. Il déposa le verre à terre, lui saisit l'autre main et l'attira à lui. Elle obéit sans comprendre. Puis quand elle comprit battit des paupières comme étonnée, et lentement plia les jambes. Lionel lui sourit, le peignoir recouvrait sa cuisse. Elle appuya son ventre. Lionel posa les mains sur ses hanches, la fit glisser vers lui, la repoussa, l'attira de nouveau. Johanne se cambra, accompagna le mouvement, et très vite l'anticipa.

Merde ! Elle savait bien de quoi ! Ni assez belle ni assez laide pour rester longtemps excitante, l'aiguillon du danger de sa profession émoussé, il avait envie d'aller jusqu'au bout avec cette fille, de prendre vraiment son pied, au lieu de se contenter de la faire jouir.

Yeux fermés tête basculée en arrière, ses efforts pour contrôler son plaisir étaient risibles, ses lèvres frémissaient pour ne rien dire. D'un seul coup Lionel accru la pression et l'amena contre lui. Le mouvement força ses cuisses. Elle poussa un cri et trempa son pantalon. Puis chercha ses lèvres.

Lionel dénoua la ceinture du peignoir.

Deux jours.

Johanne dormait sur le côté. Il lui caressa l'épaule, le rythme de sa respiration ne changea pas. Lionel se leva, récupéra la disquette dans la poche de sa veste et quitta la chambre.

Il enverrait le message codé à CoolWebeur. Puisqu'il n'y avait pas moyen de savoir qui faisait quoi, l'envoi provoquerait peut-être une réaction. Il devrait être attentif aux moindres détails. Si les flics savaient vraiment, ils ne laisseraient pas faire.

Et tant qu'à envoyer le message, autant l'envoyer de chez la fliquette. C'était du plus haut comique. Lionel alluma l'ordinateur

Il en profita pour vérifier son courrier. Quelques messages de Cool qu'il lut en diagonale. L'autre avait noué un contact et lui proposait pour approbation. Ce qu'il venait d'expédier était une réponse suffisante, Lionel effaça les messages.

Puis retira la disquette, éteignit l'ordinateur et regagna la chambre.

22

— Ah..., fit Ohstrom. Une galerie de peinture ?

Rémi croisa les jambes.

— Oui, j'ai vérifié. Mais un directeur de galerie capable de repérer une filature. Je n'ai pas insisté d'ailleurs, j'ai décroché tout de suite.

— Et la flic et lui avaient l'air intime ?

— Je ne crois pas qu'il lui cherchait une poussière dans l'œil. Et comme je ne connaissais que l'adresse de la fille, j'ai foncé chez elle. Je suis arrivé quelques minutes avant eux, ils sont entrés ensemble et personne n'est ressorti. Selon le gars qui m'a relevé, Spowart a passé la nuit chez elle.

— Bon... Je croyais qu'elle était avec le flic Français.

— Cette femme a sans doute un grand cœur.

Ohstrom prit la photo de Johanne en main, et la reposa.

— Ça te dit quelque chose *Lionel Spowart ?*

— Rien, mais je ne connais pas toutes les crapules du Québec, ni tous les flics.

— Je ne connais pas non plus. Stracey Layne est amatrice d'art, d'artistes et de toutes ces conneries. Dans ce milieu de dégénérés pleins de fric elle doit trouver à placer ses petits films, aussi bien que recruter des employés pour ses tournages.

— C'est possible.

Ohstrom attendit la suite. Qui ne vint pas. Rémi ne donnait son avis que si on le lui demandait. Par vanité plus que par politesse, il aimait qu'on lui demande son avis, une forme de reconnaissance de son talent.

— Ton impression ? demanda enfin Ohstrom d'un ton qui trahissait impatience et incertitude.

Rémi décroisa les jambes.

— En partant de chez Layne la flic n'avait pas l'air de sortir d'un interrogatoire. Ces braves gens s'entendent comme larrons en foire...

— Et tu en déduis ?

Rémi toussota pour s'éclaircir la gorge. Il savait présenter les choses à son employeur ; somme toute, c'était la manière de présenter ses renseignements – au demeurant exacts – qui décidait de son travail, donc de sa rémunération.

— Des choses contradictoires, autrement dit : rien. Sauf que notre équation de départ se vérifie de nouveau : où l'on trouve Stracey Layne on trouve un flic. Qui fait partie de la bande qui nous tourne autour.

Ohstrom crayonna son sous-main quelques secondes.

— Que proposes-tu ? fit-il sans lever les yeux de son bureau.

— Je ne vois qu'une alternative, on liquide tout le monde ou on continue de les surveiller.

— Tout le monde, ça fait beaucoup, et c'est surtout prématuré. Maintenant que les deux petits connards ne sont plus là le risque est moindre. Tant qu'on ne bouge pas ils ne peuvent rien contre nous, et si eux bougent on les verra arriver. Continue ta surveillance.

— Okay Doug, fit Rémi en se levant.

— Mais si à un moment donné tu juges nécessaire d'intervenir directement, n'hésite pas.

Brenner se leva en entendant la porte s'ouvrir. Johanne apparut dans le couloir et se dirigea vers lui.

— Pas brillant, répondit-elle à sa question muette.

— Tu as pu l'interroger ?

— Elle est... comment dire... ailleurs. Je ne sais pas si elle répondait à mes questions ou aux siennes. Enfin... Depuis quelques mois elle trouvait que sa fille prenait un mauvais genre, on peut traduire par lesbienne. Le nom de Tyna Langer n'a réveillé aucun écho. Alizée avait de bons résultats à l'université et menait une vie rangée jusqu'à son changement de genre. Depuis elle sortait de plus en plus souvent et rentrait de plus en plus tard. Mais elle n'a jamais amené personne à la maison, dit-elle ou croit-elle. C'est tout ce que j'en ai tiré, elle répète trois fois les mêmes phrases en regardant le mur.

— Pas brillant, en effet... De quand date le changement ?
— Peut-être six mois, sans doute moins.
— Tu connais ce milieu ?
— Pas tellement, on est libre avec ça ici tu sais, c'est pas un problème. Il y a des quartiers homosexuels, des commerces, des centres.
— Justement, on pourrait y chercher Tyna.

— C'est facile, suffit de demander à la radio.
Le chauffeur avança la main vers la CB.
— Non ! s'exclama Tyna.
Il interrompit son geste et la considéra avec surprise.
— Pourquoi ?
— Je... je suis une femme, alors tu sais... Avec un chauffeur que tu connais ça va, mais un appel à la radio je préfère pas.
Il hocha la tête.
— Oui, je comprends, c'est vrai que les dingues ça manque pas, y pourrait en rappliquer un... On verra à la dernière station si un gars que je connais continue au sud.

— Central à voiture 6.
— Voiture 6 j'écoute, répondit Johanne.
— Salut la belle, c'est pas après toi que j'en ai là, c'est après ton ami Français.
— Salut Nath. Il est à côté il écoute.
— Ulrike Ghesberg a téléphoné, elle voudrait lui transmettre un document, elle m'en n'a pas dit plus, sauf qu'elle était pressée.
— On arrive dans cinq minutes.

L'écran ICK bascula en mode *Chat.*
Tu as du neuf ?
Le Cool a reçu un drôle de texte.
Quel genre ?
Je ne veux pas t'influencer, je te l'envoie.
Okay. Sinon, paraît que tu es pressée, que se passe-t-il ?

Tu ne souviens plus de ces choses appelées « vote d'attribution de budget » ?

Oh misère...

Oui, et devine qui a été désigné pour défendre le steak Europolien ?

Condoléances... Mais c'est vrai que tu parles bien, t'arracherais des larmes à un financier européen.

À un, je dis pas, mais à une pleine Commission...

Ça y est, le message est arrivé, je lis.

Brenner jura en découvrant les lignes de chiffres, puis les parcourut, à plusieurs reprises.

— Qu'est ce que ça veut dire ? demandèrent en chœur Luc et Johanne assis près de lui.

À quoi penses-tu ? écrivit Ulrike

Des séries de trois chiffres... Numéro de la page, numéro de la ligne, place du mot. Classique mais de bon goût, indéchiffrable.

C'est ce que j'ai pensé. Notre programme n'a détecté aucune logique, mais fallait quand même essayer.

Remarque, ce ne serait pas la première fois qu'un petit malin enverrait des messages à la noix pour s'amuser. Comme les chaînes d'amitié, les alertes aux virus, les lettres d'insultes et toutes ces conneries...

J'y ai pensé aussi, mais bon, j'ai préféré t'avertir.

Tu as bien fait. Est-ce qu'il a répondu quelque chose ?

Non. Il a peut-être réduit son activité sur le Net, mais je ne vois pas tout.

Le message vient d'une freemail, mais on a l'adresse IP...

Si le message est parti d'un cyber-café...

Je sais.

:-) pour tout te dire, j'ai déjà rédigé une demande à l'InterNIC. Je l'envoie ?

:-) Un peu mon neveu !

À vraiment tout dire, je l'ai déjà envoyée, bardée d'Urgent, Prioritaire, Capital, mais faut bien compter un ou deux jours avant la réponse. C'est amusant comme les gens qui travaillent pour Internet peuvent être lents...

Ben tiens, faut se méfier, des fois que la police essaierait de piéger le Net !

Elle ferait jamais ça, la police ! Je te tiens au courant, faut que j'aille gagner ton traitement maintenant.

Et mes tickets restaurant !

Ciao !

Ciao !

— Tu ne lâches pas, hein ? ironisa Johanne après qu'il eut coupé le module ICK.

— Tu sais, quand on ne tient rien, on a du mal à lâcher...

— Pirouette... chantonna la jeune femme.

— Si tu veux... D'accord, cette adresse nous mènera probablement nulle part, mais bon... Disons que c'est une enquête hypertexte...

— Et ça marche, les enquêtes hypertexte ?

— C'est le problème, au bout d'un moment on est tellement loin qu'on ne sait plus d'où on est parti.

— Super, ricana Savoie. Bon, moi pendant ce temps j'ai pensé à nos goudous. Je sais pas si c'est hypertexte, mais il y a deux trois endroits dans le Village où l'on pourrait se renseigner.

Il se massa le menton quelques secondes et ajouta.

— Le problème c'est que ce n'est pas le genre de coin où on répond avec bonne humeur aux questions d'un homme qui cherche une femme.

— Eh oh ! fit Johanne en voyant deux paires d'yeux se tourner vers elle.

S'y ajouta une paire de sourires désarmants.

— Et voilà, je vais encore faire le boulot pendant que vous vous taperez des bières en terrasse...

— On te gardera un Coca au frais, assura Savoie.

— Vous savez quoi ? Vous êtes des sexistes primaires !

— Nous ?

— Oui vous ! Pourquoi un Coca et pas une bière ?

Une série de coups à la porte interrompit l'échange. L'enquêteur de Laval entra et agita la sacoche qu'il tenait à la main.

— Des nouvelles du front !

Le chauffeur revint vers elle et écarta les bras d'un air navré.

— Désolé, y a personne que je connais. Le truck vert là-bas avec les grumes descend direct jusqu'à Albany, si ça te dit. Le gars s'appelle Chess, il a l'air correct.

— Je vais voir, en tout cas merci pour tout, c'était sympa.

— Bah, c'est rien, t'étais pas une grosse charge hein ! Allez, salut et bonne route.

Tyna lui serra la main.

— Au revoir. Quand tu verras Michel dis-lui merci aussi.

— J'y manquerai pas.

Il remonta dans la cabine, lui fit signe et lança le moteur.

Tyna s'avança vers le grumier. Penché contre la calandre, le chauffeur soufflait sur les chromes avant de les astiquer avec un chiffon.

— Bonjour, Jerry m'a dit que vous alliez à Albany et que vous pourriez m'emmener.

L'homme se redressa, coinça le chiffon dans la poche arrière de son jean, la regarda et approuva d'un bref coup de tête.

— Sûr.

— À huit heures j'étais chez le juge, et il était là. À huit heures trente j'avais mon mandat, à neuf heures j'étais à la banque, et voilà ! Y a des jours, on se demande pas pourquoi, on se laisse porter...

Il avait étalé le produit de ses recherches sur le bureau.

— Tous les commerçants ne déposent pas leurs titres de paiement le jour même, donc tout n'est pas encore arrivé. Mais à partir d'ici c'est intéressant – de l'ongle il souligna une date.

— Les chèques ont été émis après la mort d'Alizée, constata Savoie.

— Oui, et les renseignements notés au dos correspondent au passeport d'Alizée Morel. Une caissière l'a reconnue sur la photo que j'ai montrée.

— Qu'a-t-elle acheté ?

— Sous-vêtements, articles de toilettes et cosmétiques, chaussures.

— Quel genre de magasin est-ce ? demanda Brenner.

— Comment ça *quel genre ?*

— Ce ne sont pas des boutiques pour lesbiennes, répondit Johanne qui avait compris.

— Ah non, confirma l'enquêteur, ce sont des magasins ordinaires. Situés dans le secteur Sainte-Catherine/Drummond grosso modo.

— On dirait qu'elle reconstitue sa garde robe, fit Brenner comme pour lui-même.

— Ou qu'elle prépare un voyage, dit Johanne qui détaillait les copies des factures et des tickets de caisses.

Elle retira une feuille du paquet et ajouta.

— Moi j'achète ces produits en plus gros conditionnement, sauf quand je veux une trousse de toilette qui ne tient pas de place dans ma valise.

— Elle se cache, objecta Savoie, logique qu'elle s'encombre le moins possible.

— Oui, admit Johanne, mais on doit pouvoir se cacher sans eye-liner. De toute façon, ses achats datent d'avant-hier, alors si elle a voulu filer elle a pu faire du chemin...

— Surtout que nos frontières ne sont pas réputées pour leur imperméabilité, renchérit l'enquêteur de Laval. Avec ou sans contrôle de la GRC.

— Charmant..., soupira Brenner. Vous avez obtenu quelque chose sur les tueurs ?

L'enquêteur de Laval se tourna vers lui.

— L'arme ne figure pas au fichier. Côté indic, c'est le brouillard. La moto était une Kawasaki ZXR 750, probablement récente car équipée de pneu Bridgestone, enveloppe de première monte. À moins que les tueurs soient des imbéciles, on ne la retrouvera jamais. Je ne vois qu'une solution dans l'immédiat, cravater cette fille. Et pour ça, pourquoi ne pas tenter la tournée des hôtels du secteur Ste-Catherine/Drummond ? Faut être idiot pour faire ses courses au pied de son hôtel, mais on a vu plus idiot. La GRC a envoyé des demandes, mais rien ne remplace le contact humain. Vous parliez de lesbiennes tout à l'heure, c'est pas bête, si j'étais pédé je suppose que je me cacherais chez les pédés. Dernière chose, le .44 n'est l'arme de dotation d'aucun service de police québécois, et bien entendu ça ne veut rien dire.

Brenner approuva en silence. Savoie se leva et appuya les deux mains sur son bureau.

— On peut faire comme ça, Johanne et moi au Village, vous deux dans les hôtels.

Chess était du genre taciturne.

— Tu vas à Albany ? avait-il demandé après une heure de route.

— Non à New-York, avait répondu Tyna.

— Okay, avait conclu Chess.

Depuis il n'avait plus prononcé un mot. Sauf à la CB, dans un anglais tellement rocailleux qu'elle avait eu du mal à comprendre.

La chaleur et le balancement de la cabine maintenaient Tyna dans une demi-torpeur. Pas désagréable. Elle étouffait ses craintes.

Si les flics avaient donné ses deux identités, c'est qu'ils avaient compris. S'ils ne savaient pas déjà pour Genève, ils ne tarderaient pas. Elle ferait quoi à New-York avec son billet inutilisable.

Dans la cabine où les fragrances des grumes s'accrochaient, résineuses et entêtantes, ce n'était qu'une éventualité lointaine. Même si chaque tour de roue l'en rapprochait.

Elle redeviendrait Tyna.

Tyna de New-York au lieu de Tyna de Montréal.

Et rien n'aurait changé.

Elle n'avait même pas envie de pleurer. Juste de dormir. Et de rouler.

Sa main gauche étreignit la droite, les petits points bleus.

La barmaid essuya longuement un verre, vérifia son éclat, le glissa dans le support au-dessus du comptoir, puis toujours sans se presser se hissa sur le tabouret qu'elle avait crocheté du pied.

— Et tu viens en tant que flic ou en tant que femme ?

— Pourquoi, c'est antinomique ?

La barmaid écarta d'un coup de tête la mèche qui lui tombait sur la joue.

— Non, c'est ambivalent, et l'ambivalence, c'est pas mon truc.

Johanne ne put s'empêcher de sourire.

— Ni le mien, alors disons en tant que flic.

— Ce n'est pas l'espèce que je préfère. C'est glandulaire, psychologique ou génétique, je sais pas, mais c'est comme ça.

Johanne fit la moue.

— Allergique, peut-être ?

La barmaid sourit à son tour et pointa vers elle une main repliée en forme de revolver.

— Allergique, c'est ça !

— Ça se soigne très bien – elle balaya la salle du regard, s'arrêta une seconde sur un groupe d'adolescentes, et revint à la barmaid. Par exemple en vérifiant l'âge des consommateurs.

— Va chier, grinça l'autre.

Elle se laissa glisser du tabouret fit mine de quitter le comptoir.

— Attends ! ordonna Johanne.

Qui au même instant enregistra un mouvement dans son dos et pivota. Les cheveux en brosse de la fille la dépassaient d'une demie tête, son débardeur ajusté accentuait des épaules et des bras sculptés en pompant de la fonte. Elle la frôlait en ouvrant et fermant les poings. Caricaturale, mais pas rassurante. Malgré de superbes yeux bleus.

— Un problème Genna ? lança-t-elle à la barmaid.

— Laisse, Tat', madame est du SPCUM, de la brigade *moralité*.

— Et après ? répliqua Tat'.

Néanmoins elle cessa de serrer les poings, s'écarta et vint s'accouder au comptoir.

— Après, rien, répondit Johanne, vous n'allez pas me virer de votre bar et je ne vais pas le fermer, alors arrêtons là la plaisanterie.

Elle tira une photo de son sac et leur montra.

— Je veux juste savoir si vous connaissez cette f...

— Jamais vu, répondirent en chœur les deux autres sans même avoir jeté un coup d'œil au cliché.

Johanne eut un soupir agacé.

— Si vous croyez lui rendre service vous vous trompez. D'autres gens que moi la cherchent, et pas pour l'interroger, pour la tuer.

Elles la regardèrent, incrédule, avec le même sourire en coin.

— Vous n'êtes pas obligées de me croire, mais suivez bien le téléjournal, vous finirez par la voir.

Les deux filles hésitèrent puis se penchèrent sur la photo.

— Pourquoi tu la cherches ici ? demanda Genna.

— À ton avis ? Il y a des milliers de bars à Montréal et je viens ici ! Elle est lesbienne, évidemment.

— On dirait pas, grogna Tat'

— Pourquoi, c'est toujours écrit dessus ? répliqua sèchement Johanne qui commençait à en avoir assez des jeux de ping-pong.

Trop sèchement sans doute, Tat' fronça les sourcils, puis la détailla des pieds à la tête. S'attardant sur ses mollets, ses hanches. Sa poitrine.

Non mais elle n'allait quand même pas croire... Johanne serra les dents et pria de ne pas rougir.

— Pas toujours, murmura Tat'

Johanne fouilla son sac pour se donner une contenance. Quand elle releva les yeux Tat' examinait de nouveau la photo.

— Je ne l'ai jamais vue.

— Essayez de l'imaginer coiffée différemment, sans lunettes. Elle s'appelle Alizée Morel. Elle est souvent avec une fille de son âge, Tyna Langer, qui est dans le même pétrin.

Johanne fit une description aussi précise possible de la Tyna qu'elle connaissait. Les deux femmes écoutèrent, regardèrent de nouveau la photo et secouèrent la tête.

— Désolée, ça ne me dit rien.

— À moi non plus.

Genna posa la photo sur le comptoir et la fit glisser vers Johanne.

— Gardez-la, dit-elle en posant une carte du SPCUM par-dessus. Si vous voyez l'une ou l'autre appelez-moi, le numéro est direct. Et si vraiment m'appeler vous rend malade, dites-lui de me contacter. Dites-lui qu'on sait qu'elle n'est pour rien dans tout ça, qu'elle est en danger et que je peux l'aider. Elle comprendra.

— Okay, fit Genna en rangeant carte et photo dans la caisse.

— Je peux montrer cette photo à votre clientèle ?

— Je peux t'en empêcher ? ironisa Genna.

Johanne fit le tour des tables, et ne récolta que des réponses négatives. Elle quitta le bar et traversa la rue pour rejoindre Savoie adossé à un mur.

— Quelque chose ? demanda-t-il.

— Rien, j'ai laissé la commission à tout hasard.

Puis comme Savoie regardait par-dessus son épaule elle ajouta :

— Tu regardes quoi là ?

— Quand un flic entre dans un bar c'est souvent qu'un connard vire par la porte de derrière... Mais là non, dit-il en haussant les épaules. On continue ?

— Dis-moi, les autres sont du même tonneau que Genna ?

— Elle ne t'a pas plu ?

— Si, une femme a-do-rable, juste un peu revêche peut-être.

— Elle est comme ça, faut toujours qu'elle en rajoute. Son grand truc c'est « va chier, encouillé ». C'est pour ça que j'ai préféré que tu y ailles. Et je l'avais mise en tête exprès, les autres vont te paraître charmantes.

L'hôtelier secoua la tête.

— Non, point vu ç'te fille là. J'ai reçu un fax de la GRC, j'allais leur répondre la même chose.

— Elle peut avoir changé de coiffure, de maquillage, abandonné ses lunettes, insista Brenner. Elle a même pu utiliser un autre nom.

L'homme secoua de nouveau la tête.

— Toutes les femmes que j'ai eues étaient plus âgées. Sauf une, mais c'était une touriste Française. Et croyez-moi, elle était Française, l'accent ne trompe pas.

Ils lui laissèrent la photo et leurs coordonnées puis quittèrent l'hôtel.

— On est toujours dans le secteur ? demanda Brenner sur le trottoir.

L'enquêteur de Laval consulta son plan.

— Oui oui.

— C'est pas croyable le nombre d'hôtels qu'il peut y avoir dans ce pays !

— Le Québec est une terre d'accueil...

— Il me semble que j'avais vu un panneau « Auberge de jeunesse » tout à l'heure ?

— Mmm... oui, c'est un peu plus haut.

— On peut essayer, ça changera des hôtels.

— Okay.

Brenner se massa le talon de la pointe de la chaussure en grimaçant.

— Rien à part une ampoule. Et vous ?

— Bide intégral, répondit Johanne. On a fait les cafés, mais aussi des boutiques, vêtements, produits de beauté, bijoux... Elle ne fréquentait sans doute pas le milieu des lesbiennes.

— Ça n'a pas été trop dur pour toi ? Enfin je veux dire tu n'as pas été...

— Quoi ? Si on m'a mis la main aux fesses ? Non. Mais j'ai provoqué quelques réactions perceptibles, oui. Curieuse sensation... Et vous voulez que je vous dise, pas désagréable. Finalement c'est de se sentir désirée qui...

Les trois hommes la regardaient fixement, main posée leur chope de bière.

— Je vous choque ? Alors disons que je préfère entrer seule dans un bar homo que dans un casse-croûte pour routiers, vous comprenez mieux comme ça ?

— On pourrait chercher à l'université, dit Savoie.

Johanne porta son verre à ses lèvres.

— La GRC s'en occupe, répondit l'enquêteur de Laval, mais avec les vacances... Je repasse à la banque demain à la première heure, l'essentiel des transactions informatisées a lieu la nuit. Je vous tiendrai au courant.

Il consulta sa montre et ajouta.

— Là j'y vais, j'habite pas ici moi !

— Moi aussi je vais y aller, dit Savoie en sortant son portefeuille.

Après que les deux hommes eurent quitté la terrasse Brenner dit à Johanne :

— Je ne t'ai même pas demandé comment s'était passé ta soirée hier...

— On ne peut mieux. Une rencontre avec des journalistes et des critiques est prévue demain soir. Mi-vernissage mi-conférence de presse.

— Wao ! Mais c'est génial ça !

— Tellement génial que je n'arrive pas à dire autre chose que... génial. En fait je crève de trouille, ils vont me manger toute crue !

— Bah, tu te débrouilles très bien en interrogatoire, et ce n'est jamais qu'un interrogatoire à l'envers. Et puis dans les conférences et ces trucs-là, l'important est de dire exactement ce qu'on a envie de dire, peu importe la question posée. Regarde manœuvrer les politicards...

— Oui... mais c'est que je n'ai rien à dire moi. Je peins, et pis voilà...

— Eh bien raconte comment tu peins. Tu veux que je t'accompagne ?

— Non, merci, c'est gentil mais il y aura déjà le directeur de la galerie pour me soutenir.

— Et ce soir, tu as quelque chose de prévu ou on peut dîner ensemble ?

— Je vais rentrer, je suis claquée et j'ai beaucoup de choses à préparer. Un de ses soirs d'accord, ça me ferait plaisir.

— Si on ne trouve rien rapidement, je risque de ne plus avoir beaucoup de soirées à Montréal.

— Bon... disons samedi soir. Je te présenterai mon directeur de galerie. Tu verras, c'est quelqu'un d'intéressant.

Chess l'avait laissée au sud d'Albany. Après un sobre « bon voyage » ponctué d'une inclination de tête.

Presque immédiatement elle avait trouvé une voiture. Une femme prénommée Jocelyn qui voyageait seule et se révéla l'opposée de Chess.

Tout y passa, ses gosses, son premier mari, son second, ses parents, les leurs, son boulot... Une logorrhée qui produisit le même effet que le silence de Chess. Un peu moins agréable. Nettement plus abrutissant. Jocelyn avait besoin d'un public. Tyna en fut un bon. Sourire imperturbable, hochement de tête tous les miles et demi. Approbations verbales de temps à autre.

Jocelyn conduisait cruise-control bloqué 15 mph au-dessus de la vitesse légale. Peu avant la nuit elle déposa Tyna dans une station Texaco puis quitta l'autoroute.

À hauteur d'un bled dont Tyna chercha le nom sur la carte affichée dans le hall du motel. Longhorn, une commune de la lointaine banlieue new-yorkaise, au nord.

Elle prit son *livre d'histoire* pour se rendre au Tex-food.

L'effort que demandait la lecture empêchait d'autres activités intellectuelles.

Tyna leva les yeux. La nuit était tombée. Un halo lumineux reflété par les nuages couvrait tout l'horizon. Elle l'observa un instant. Comme un mirage.

Demain matin elle serait à New-York.

Ce soir elle était à Nakhel Embarek.

Enfin, dans une vallée proche. Avec Lawrence.

23

— Il vient d'où ?

Johanne redressa le fax qui se déroulait et en lut l'en-tête.

— D'une agence de voyage...

— Hein ?

— Il y a écrit à la main... *Johanne avait... raison.*

Brenner et Savoie s'approchèrent. Le fax continua de se dérouler. Une ligne de compte apparut.

— Elle a dû acheter un billet..., soupira Savoie.

Puis une nouvelle mention manuscrite : *Je suis à l'agence, je vous appelle.*

Le téléphone sonna dans la foulée. Savoie décrocha et brancha l'amplificateur. Ils reconnurent la voix de l'enquêteur de Laval.

— Vous avez compris... Elle a un billet New-York/Genève, départ demain soir. Et je vous ai gardé le meilleur pour la fin, un paiement carte dans un motel de Plattsburgh avant-hier. Je passe chez vous.

— Okay, fit Savoie en raccrochant.

— Plattsburgh, c'est aux États-Unis je suppose ? demanda Brenner.

L'enquêteur de Laval fit la grimace.

— Je sais, reprit Brenner, on n'a rien d'assez sérieux contre elle pour l'empêcher légalement de prendre l'avion. Sans parler d'extradition. Mais entre collègues on se rend parfois service, non ?

Cette fois ce fut Savoie qui grimaça.

— Avec les Ricains, faut pas y compter. Ils t'aident lorsqu'ils y ont intérêt, et là elle quitte leur territoire, alors tu parles ! Le mieux qu'on puisse espérer, c'est qu'ils la regardent partir et nous confirment son départ.

Brenner n'insista pas. Depuis la réception du fax une idée lui trottait dans la tête. Il se cala dans son fauteuil pour l'exprimer.

— Rien ne m'empêche d'y aller. Vous vous êtes sur une enquête et vous vous feriez taper sur les doigts, mais moi je suis déjà un genre de touriste, alors touriste pour touriste...

Les trois autres le considérèrent avec intérêt.

— Je l'attends à l'enregistrement et je lui parle, ajouta-t-il.

— Si elle fait du foin, tu risques d'avoir des problèmes, objecta Savoie.

— Je ne pense pas qu'elle y ait intérêt. Et puis elle a essayé de me joindre à mon hôtel. Et surtout, on n'a pas grand chose à perdre.

— En effet, conclut l'enquêteur de Laval.

— J'appelle l'agence pour connaître les vols disponibles ? demanda Johanne.

Brenner vérifia l'heure et sortit un calepin de sa poche.

— Oui merci, moi je vais donner un autre coup de fil.

Il attira un téléphone à lui et composa un numéro. Qui répondit rapidement.

— Bonjour, Gilbert Chevallaz s'il vous plaît, de la part d'Éric Brenner. Oui je patiente, merci.

Il ouvrit le haut parleur.

— Éric ? Comment va ? Toujours à La Haye ?

— Salut Gilbert ! Ça va et toi ? Je suis à Montréal, entouré de collègues québécois, j'ai branché le haut-parleur pour qu'ils puissent suivre.

— Au Québec ! Rien que ça ! Alors je suppose que tu n'appelles pas pour qu'on aille se taper une fondue au bord du lac ?

— Pas tout de suite. Plutôt pour un petit service, du genre officieux.

— Ah... Tu renoues avec les vieilles méthodes. J'avais peur qu'Europol te change !

— On ne change pas une technique qui gagne !

— C'est vrai. Qu'y a-t-il pour ton service ?

— Ce serait long à raconter, en bref, on a une cliente qui arrive chez toi dimanche matin par un vol Swissair en provenance de New-York.

— New-York ? Tu me disais que tu étais au Québec.

— C'est compliqué... Elle est Québécoise, et elle part de New-York.

— Bon... Tu lui reproches quoi ?

— Eh bien... Je n'en sais trop rien... Elle est sans doute mêlée à une affaire de snuff-movies, mais j'ignore à quel niveau. Elle a été témoin du meurtre d'une fille ici à Montréal, ça c'est une certitude. Elle a piqué le passeport de la fille en question et utilise son identité.

— C'est vrai que ça n'a pas l'air simple... On peut la coincer sur le passeport, la procédure serait de la renvoyer d'où elle vient, à la rigueur à Montréal, mais si elle refuse de rembarquer on va se perdre dans les formalités et ce n'est peut-être pas ce que tu cherches.

— Non... Je ne sais pas si elle voyage seule, si quelqu'un l'attend à Genève, ni ce qu'elle va foutre en Suisse. M'étonnerait quand même que ce soit du tourisme.

Chevallaz eut un petit rire.

— Tss... tout le monde n'entre pas en Suisse qu'avec des lingots d'or !

— Et tout le monde n'en ressort pas qu'avec du chocolat. Si on pouvait ne pas l'alerter, ce serait bien, et si tu pouvais m'arranger quelque chose disons... comme avec Pilleri, tu te souviens ? Ce serait parfait.

— Mmm... Pilleri avait déjà un passif chez nous... Je ne pourrai pas consacrer autant de temps ni d'hommes à cette fille.

— Fais au mieux.

— Ouais... Tu me faxes les infos utiles ?

— Tu les as dans le quart d'heure qui vient.

— Voilà, fit Brenner après avoir achevé l'expédition du dernier fax. Même si elle me crache à la figure à l'aéroport, on ne la perdra pas. Pas tout de suite.

Johanne lui tendit la feuille où elle avait noté les renseignements donnés par l'agence.

— Les avions ne manquent pas, le problème c'est que beaucoup sont complets.

Brenner parcourut la feuille.

— Mmm... Reste à savoir ce qui est le plus intéressant. Essayer d'en tirer quelque chose aux US ou la surveiller en Suisse. L'idée m'est venue en parlant avec Chevallaz, on part du principe qu'elle a peur et qu'elle cherche à fuir, mais on ne sait pas qui elle est ni ce qu'elle fabrique. Si elle appartient à un réseau, l'intercepter peut nous faire perdre l'occasion de le remonter. Bien sûr, c'est ma vision de ma partie de l'affaire. Pour vous, une fois en Europe Tyna sera perdue. Qu'est-ce que vous en pensez ?

Les trois autres réfléchirent en silence.

— C'est toujours agaçant de laisser filer quelqu'un, même quand c'est nécessaire, résuma l'enquêteur de Laval.

— Et là on sait pas si c'est nécessaire, ajouta Savoie.

— Sauf qu'il ne s'agit pas de l'empêcher de filer, remarqua Johanne, si elle veut prendre son avion elle le prendra. À moins qu'Éric parvienne à la convaincre de rentrer à la maison...

— Si je dois lui promettre n'importe quoi pour qu'elle revienne, je lui promettrai, mais il ne faut pas se faire d'illusions. Cela dit, on peut trouver une côte mal taillée...

Il redonna un coup d'œil à sa feuille et poursuivit.

— Je me pointe à Newark deux heures avant l'enregistrement, si elle est accompagnée, si quelqu'un semble la suivre ou si elle a l'air d'autre chose que d'une fille qui se sauve, je n'interviens pas, sinon j'engage la conversation. Je prendrai un appareil-photo, si quelqu'un la rejoint je vous ramène son portrait.

— Ça me paraît correctement taillé, dit Savoie.

— On est à Brooklyn ! s'exclama Luis en lâchant le volant pour embrasser le paysage des mains.

Il avait la faconde new-yorkaise, sa gestuelle et son accent.

— C'est autre chose que Montréal, pas vrai ?

Tyna hocha la tête.

Pas tant que ça, les bâtiments de briques brunes rappelaient certains quartiers de Montréal, en plus délabrés. Et avec une circulation plus dense.

— C'est pas le meilleur de Brooklyn ici, mais tu verrais du côté des Heights, c'est là que j'habite. New-York c'est Brooklyn, le reste c'est de la merde !

Tyna hocha de nouveau la tête. Pour l'instant tout cela semblait d'une tristesse infinie.

— Tu crois que je pourrais trouver du travail ici ?

Luis exagéra un mouvement de surprise.

— Eh Alizée ? Tu me dis quoi maintenant ? Tu prends l'avion pour l'Europe ou tu restes à New-York ?

— Je ne sais pas, répondit-elle après quelques secondes.

Il se tourna vers elle, la dévisagea de profil et se gratta la tête.

— C'est quoi ton problème ?

— J'ai pas de problèmes.

— Ouais... Bon enfin... Travailler... Tu sais faire quoi à part étudiante ?

— Un peu tout.

— Génial ! s'esclaffa Luis. Tu vas trouver alors ! *Un peu tout,* c'est justement ce qu'on demande à New-York, et *n'importe quoi* aussi.

Tyna ne répliqua pas, il haussa les épaules. À l'approche de l'East River la circulation devint plus dense encore. Luis conduisit en silence quelques minutes, puis demanda comme si soudain une idée avait fait son chemin :

— Remarque, t'es Française ?

— Québécoise.

— Ouais enfin, je veux dire tu parles français ?

— Bien sûr.

— Alors t'as qu'à essayer les magasins de frusques. Y a souvent des vendeuses Françaises dans ces trucs-là. Je sais pas pourquoi, ça fait mieux, en tout cas y en a.

— J'ai déjà fait ça, mentit Tyna. Tu sais où je peux demander ?

— Si j'étais toi j'irais voir sur la Cinquième, y a de tout comme boutique, des classes et des moins classes.

— C'est dans Manhattan ?

Luis montra l'East River qui venait d'apparaître droit devant.

— Ouais, de l'autre côté.

Il tourna à gauche, et lâcha un long sifflement exaspéré.

— Merde, c'est tout bloqué...

Des files de voitures immobiles couvraient les ponts de Brooklyn et de Manhattan.

— Bon, soupira-t-il en manœuvrant au klaxon pour enfiler une traverse, le mieux c'est que je te laisse à Hight Street station au pied du Brooklyn Bridge. Tu veux toujours aller à Manhattan ?

Tyna hocha la tête.

— Ce sera plus pratique, surtout pour du travail.

Luis eut un sourire en coin.

— C'est toi qui vois... Mais un hôtel à New-York, sans avoir réservé...

— Je me débrouillerai, fit-elle un peu sèchement.

— Okay Alizée okay, c'est ta vie, moi ce que j'en dis, hein...

Il écrasa l'avertisseur pour décider la voiture précédente à démarrer.

Dix minutes et autant de coups de klaxon plus tard il stoppa en double file près d'un carrefour et lui montra la voie de gauche.

— C'est juste là, Hight Street. Tu prends uptown et le prochain arrêt t'es de l'autre côté, sur Brodway.

Tyna lui tendit la main.

— Merci Luis.

— Ouais... Bonne chance, dit-il en la serrant.

Tyna sortit et récupéra son sac sur la banquette arrière.

En la voyant s'éloigner pliée sous la charge, Luis grogna quelque chose à propos des filles, des dingues, et des filles un peu dingues.

— Départ cet après-midi et retour dans la nuit de samedi à dimanche ?

— En effet monsieur, les vols de fin de semaine sont toujours surchargés. Je vous prends ces places ?

— Allez-y.

— Voilà monsieur. Vous pouvez retirer les billets et le bon d'hôtel à notre comptoir de Dorval.

— Parfait, je vous remercie.

— Bienvenue.

Brenner raccrocha et jeta un coup d'œil à sa montre.

— Juste le temps de préparer mes affaires et de casser la croûte. Tu m'emmèneras à l'aéroport Johanne ?

— Pas de problème.

Tyna était trempée de sueur, le visage rougi, les cheveux collés ; l'épaule, les reins et les pieds douloureux. Elle avait rapidement abandonné les avenues. Soit les hôtels étaient complets, soit une nuit aurait avalé la presque totalité d'argent liquide qui lui restait. Complètement dingue...

Elle s'était rabattue sur les rues, où le scénario n'avait guère changé. Jusqu'à s'enfoncer dans des traverses de plus en plus sordides, encombrées d'escaliers de secours rouillés et de poubelles puantes.

Le type derrière le comptoir du Tiara Hotel la soupesa du regard.

— Ouais, fit-il enfin. Mais c'est deux nuits minimum payables d'avance. Quarante-sept dollars. La nuit. Sans le breakfast.

C'était mille fois le prix que valait le bouge, mais Tyna en avait marre.

— D'accord, soupira-t-elle.

Le type avança la fiche d'hôtel et se réintéressa à son écran de télé.

D'où il émergea à regret après qu'elle eut rempli la feuille et sorti une coupure de cent. Cette fois il avança la clef, en gardant la main dessus. De l'autre il montra l'escalier.

— La 87. L'ascenseur est en panne. Pas de bouffe dans les piaules et on n'y amène personne, okay ?

— Okay.

Il ôta sa main de la clef.

— Merci pour le pourboire, ajouta-t-il comme Tyna semblait attendre sa monnaie.

Le taxi déposa Brenner devant l'entrée du Pensylvania, à une portée de lance-pierres du Madison Square Garden.

Parmi la dizaine d'employés qui officiaient derrière le comptoir de la salle de réception, il chercha celle qui selon le bon d'hôtel devait d'occuper de son cas. Une seule plaque poitrine affichait *Sharon*, il la salua et lui remit le document.

Debout au milieu de la chambre, il s'en fallait de peu que bras écartés ses doigts touchent les murs. La moquette rongée par les mégots crachait sa poussière à chaque pas. Le climatiseur était en panne. Et la fenêtre n'ouvrait pas, ça aurait fatigué le climatiseur.

Tyna se laissa tomber sur le lit.

Et se releva presque aussitôt.

S'allonger, c'était un coup à penser. Elle ouvrit la porte du réduit toilette et tourna le robinet du lavabo. Au moins il y avait de l'eau. Elle s'en aspergea le visage. Puis se déshabilla et entra dans la douche.

La cuvette était fendue et le rideau moisi, mais ce fut tout de même très bon.

S'être lavée l'avait rassérénée. Avoir changé de vêtements aussi. Restait à se repérer. Elle avait tellement marché, tourné et viré qu'elle ignorait l'adresse du Tiara, et même le nom du quartier. Tyna prit le plan acheté dans le métro, puis jeta un coup d'œil à l'affichette placardée sur la porte au-dessus des consignes d'incendie. Pour constater que le type de la réception l'avait vue venir, il avait compté le double du tarif. Elle pourrait protester, ça l'intéresserait sûrement. Et quand il l'aurait jetée dehors, elle pourrait aller se plaindre, sûr qu'on lui trouverait un autre hôtel.

Tyna se jura que cet enfoiré paierait ce coup-là, et se plongea dans le plan.

51ème rue à l'ouest de la 9ème avenue, quartier de Clinton, Midtown, conclut-elle, ce qui ne lui apprit pas grand chose. Sinon que la plus proche station de métro demanderait une sérieuse marche. Tyna attrapa son sac à main et le suspendit à son épaule, marcher avec ça serait de la rigolade.

Sur quelques blocks ce ne fut que façades noircies et boutiques minables, puis une alternance de cinés porno et de peep-shows. Elle louvoya entre les dealers, les putes et les clients avec le même visage fermé qu'elle adoptait sur la Saint-Denis. Et brusquement se retrouva sur Brodway, devant un théâtre aux affiches démesurées.

Brenner feuilleta la pile de prospectus posée sur sa table de chevet. La plupart proposaient du matériel informatique, à des tarifs défiant toute concurrence. Le reste vantait cabarets, restaurants et spectacles. Il reposa les brochures et se dirigea vers la fenêtre.

Il disposait d'une journée presque et demi, autant en profiter. Depuis le temps qu'il avait envie de visiter le Guggenheim.

— Taxi monsieur ? proposa le portier du Pennsylvania lorsqu'il franchit le seuil.

Assise sur un banc, Tyna alluma une cigarette et aspira de toute la force de ses poumons.

— Oui j'aurais une place de vendeuse pour quelques mois. Je suppose que vous avez votre carte d'étudiante, votre permis, tout ça ?

— Bien sûr, enfin pas sur moi mais je suis en règle.

— Parfait, ramenez-moi vos papiers et nous reparlerons de ce job.

Et sur un grand sourire le type avait tourné les talons.

C'était la moins négative des réponses reçues.

Elle avait arpenté des trottoirs, sur des miles, parmi une foule compacte qui l'avait bousculée sans la voir. Sauf un type qui lui avait postillonné au visage en hurlant :

— Le Rédempteur arrive ! Repens-toi misérable !

Il avait continué de hurler en la poursuivant.

— Le Rédempteur t'écrasera !

Elle avait dû courir pour s'en débarrasser.

Oui les buildings étaient plus grands et plus nombreux qu'à Montréal. Oui il y avait plus de monde dans les rues. Oui la ville grouillait, pulsait, criait, et semblait sans fin. Et alors ?

Tyna se demandait ce qu'elle y foutait.

Et il lui faudrait retourner au Tiara, retraverser ces quartiers merdeux. Si elle continuait à ne pas se décider, il faudrait même qu'elle les traverse de nuit. Ce n'était pas tant la faune et les façades pourries de Clinton qui la gênaient qu'une sensation d'impuissance. Elle n'était pas tombée dans ce quartier par hasard. Clinton lui crachait à la figure ce qu'elle était. Bientôt elle se posterait sur un trottoir, une fille lui demanderait ce qu'elle venait y foutre, et après sa réponse, ou même avant, lui flanquerait une correction. Puis un type arriverait, lui collerait une autre dérouillée sans même poser de questions, la jetterait dans une bagnole et la refilerait à un autre bout de trottoir. Dans le meilleur des cas. Et voilà.

Son mégot lui brûla les doigts, elle le laissa tomber.

— Toi, t'as besoin d'un parapluie !

Un type, jeune, l'air rigolard, lui tendait un parapluie. Il en portait une dizaine réunis par une corde accrochée à son épaule.

Tyna leva les yeux au ciel.

— T'as besoin d'un parapluie, j't'assure, c'est obligé, c'est Creps qui te l'dit. Creps c'est moi.

— Fous-moi la paix, soupira Tyna.

— Oh, t'es pas d'ici toi, c'est pour ça ! Tu te dis, y fait beau, j'ai pas besoin de parapluie. Mais c'est des conneries ça, on est à New-York, les nuages y se planquent derrière les gratte-ciel, pis y voient une nana sans parapluie, et crac ! y lui chient dessus, c'est comme ça que ça se passe ! Et je sais de quoi j'cause, 'Mbrella Creps on m'appelle ! T'es d'où toi ?

— Québec.

— Ah ouais, y pleut de la glace là-bas, alors c'est normal, vous avez des parapluies en fonte. Mais ici non, que de l'eau, regarde – il fit tourner son parapluie entre ses doigts – c'est léger, ça mange pas de pain, ça se range partout, y pleut, crac ! tu l'ouvres, un mec te gonfle, crac ! t'y en mets un coup sur la tronche. C'est une condition de survie un parapluie à New-York, tout le monde en a un d'ailleurs. Des fois deux, on sait jamais. Parce que c'est toi je te le fais trois dollars. Trois dollars, merde, t'as plus rien avec ça, alors qu'avec un parapluie, t'imagines tout ce qu...

— Fous-moi la paix ! hurla Tyna.

Son cri s'acheva en sanglot, elle se cacha le visage dans les mains. Creps accrocha son parapluie à la corde et hocha la tête.

— Toi, t'as un problème. Et tu veux le garder. Tu vas en faire quoi, hein ? C'est pas bon ça. Faut en parler. Ça tombe bien, je suis là pour ça. Les mecs qu'ont un problème, y me le racontent, et crac ! plus de problème. No trouble Creps on m'appelle. J'suis comme qui dirait un parapluie à problème. T'as un problème au-dessus de la tête, j'arrive, j'ouvre le parapluie, et crac ! le problème y tombe à côté, juste sur le mec qu'a pas le pot de connaître Creps. Allez, raconte ton problème, et Creps y t'en fait un paquet cadeau avec un ruban autour, pis tiens, un parapluie dessus en prime.

Tyna oscillait entre rire et larmes.

— Tu vois, tu rigoles déjà ! Allez, la maison ne recule devant aucun sacrifice, Creps te paye un coup au Sbarro en face et en échange tu lui racontes tes misères. On marche comme ça ?

— Okay, fit Tyna en se demandant si ça suffirait à le faire taire et si elle avait envie qu'il se taise.

Creps hissa le collier de parapluie sur son épaule.

— 'Tain les Québécoises, z'êtes vraiment les plus fortes ! T'imagines que Creps était en train de fourguer un parapluie, tranquille, et qu'y se retrouve à te payer le coup ? C'est limite concurrence déloyale ça ! P'têtre même menée antilibérale ! Et ton nom c'est quoi ?

— Alizée.

— Bon alors, Alizée Québec, on y va ou on attend la pluie ?

Creps prit une gorgée de Coors à même le goulot et se sécha les lèvres.

— T'es quand même mieux là qu'assise sur ton banc, non ?

Le Sbarro avait un décor douteux mais des banquettes confortables. Tyna hocha la tête.

— Alors laisse-toi aller, raconte tout à Creps. C'est quoi ton problème, Alizée Québec ?

Brusquement Tyna eut envie de parler, d'être écoutée. Un type qui vendait des parapluies sur le trottoir pouvait écouter, comprendre, savoir.

— J'ai besoin de travailler.

— T'appelles ça un problème ? Y a au moins deux milliards de jobs à New-York, et j'en connais la moitié ! Tu veux faire quoi ?

— Je n'ai pas les papiers pour.

— Ah ouais... là évidemment y en a tout de suite moins. Ou alors c'est pas les mêmes.

— J'ai envie de prendre l'avion aussi, pour l'Europe.

— Wow, c'est cool ça !... Ben tu peux faire hôtesse de l'air, comme ça tu travailles pis tu prends l'avion. Remarque, j'y connais rien en hôtesse de l'air, mais faut sûrement un permis pour ça aussi...

— Sûrement.

— Ouais... alors ton problème c'est juste un job pour te payer le billet ?

Tyna regarda le fond de son verre, les bulles qui remontaient, éclataient.

— Non, le billet je l'ai déjà.

Creps se massa le menton, puis écarta les mains.

— Si t'as peur en avion, je peux t'arranger le coup, un petit joint et tu planes avant le décollage !

— Je n'ai pas peur de l'avion. J'ai peur... des flics, qu'ils m'arrêtent.

Creps se pencha vers elle et baissa le ton.

— Pas pareil, là. T'as fait quoi ?

— Rien.

Il ricana en sourdine.

— T'as raison ! Y sont cons les flics, hein ? Y font rien qu'arrêter les mecs qu'ont rien fait ! C'est peut-être pour ça que ceux qui font quelque chose sont tranquilles...

— Je voulais dire que j'ai rien fait aux US. C'était chez moi, au Québec, j'ai volé une carte de crédit, c'est pour ça que je suis partie.

Creps éclata de rire.

— Excuse-moi, fit-il une fois son sérieux retrouvé et en se penchant un peu plus vers elle. Mais merde, si j'avais dû me barrer au Canada chaque fois que j'ai tiré une American Express... putain, je sais pas... je serais encore dans un igloo !

— Je l'ai volée à une morte.

— Ah c'est pas joli joli, mais si tu veux mon avis, c'est moins grave que de l'avoir piquée à un vivant. Sauf si tu crains les fantômes.

— Je crains juste que les flics m'arrêtent à l'aéroport.

— Bah je m'y connais plus en flic qu'en hôtesse de l'air, et ça m'étonnerait que les flics d'ici s'en secouent pour une carte de crédit canadienne.

Il réfléchit un instant et ajouta :

— Mais si tu veux je peux me renseigner.

— Hein ?

— J'ai un pote qu'est flic dans le coin, on bosse un peu ensemble, enfin tu vois le genre, je peux lui demander ce qu'il en pense.

— Je... je ne sais pas... Tu crois que ça ne risque rien ?

— No trouble Creps j'te dis ! Mon pote n'a rien à me refuser. J'en ai juste pour une petite heure. À toi de voir.

— Bon... oui, okay.

Creps se leva, posa une main sur son épaule et la pressa amicalement.

— T'inquiètes pas : No trouble Creps ! À tout de suite.

Tyna attendait depuis près d'une heure. Les employés du Sbarro remplissaient les bacs d'œufs brouillés, de bacon grillé, de tas de chose. Elle eut soudain très faim et se pencha vers son sac à main. Et comprit qu'elle pouvait attendre Creps longtemps. La glissière du sac était ouverte, son porte-monnaie avait disparu, sa carte de crédit aussi.

Les lignes vertes, blanches et rouges des murs de la cafétéria se troublèrent et Tyna se mordit la lèvre pour s'empêcher de hurler.

— Café monsieur ?

La question sortit Brenner de sa rêverie.

— Volontiers. Expresso s'il vous plaît.

— Bien sûr monsieur, fit le garçon avec une inclination de tête entendue.

Brenner se félicita d'avoir écouté le chauffeur de taxi. Ce restaurant s'était révélé rien de moins qu'excellent. Il alluma une cigarette et se replongea dans ses pensées.

La dernière salle au sommet du colimaçon du Guggenheim l'avait laissée perplexe. Certes, les panneaux de moquette bleue exposés là étaient très proprement lacérés au cutter, et les chutes joliment enroulées. Mais l'ensemble l'avait laissé... perplexe. C'était peut-être le but de la manœuvre, après tout. Heureusement, les salles inférieures l'avaient nettement plus convaincu.

Penser peinture le ramena à Johanne. Il donna un coup d'œil à sa montre. Le vernissage avait dû commencer. Un petit sentiment de déception l'envahit, il n'y assistait pas. Un petit sentiment de jalousie aussi, un type intéressant y assistait.

Le garçon déposa le café devant lui.

Johanne s'attendait à trouver un appartement grouillant de monde. Stracey ne lui laissa pas le temps de poser une question, elle les accueillit tout sourire et pivota pour leur désigner les fauteuils du salon.

— Installez-vous, je vous en prie.

Elle modifia le réglage d'une lampe et se laissa tomber sur le canapé près de son mari.

— Quelle journée... mon Dieu ! Parvenir à mettre tous ces gens d'accord, c'était une gageure. Tu les connais Lionel, ils sont im-po-ssibles ! Entre celui qui ne pouvait pas venir ce soir, celui qui n'aurait pas pu rester... Enfin, j'ai réussi à trouver un terrain d'entente. Notre rencontre est remise à demain, dans mon chalet.

Elle s'adressa plus particulièrement à Johanne pour ajouter

— J'aurais dû vous prévenir, mais je suis désolée, je n'ai pas eu une seconde, c'est une telle organisation... J'espère que vous êtes disponible demain ?

— Heu... oui oui, fit Johanne, je suis libre.

— Vous verrez, c'est un endroit magnifique, au bord d'un lac. Nos amis critiques et journalistes adorent qu'on les dorlote ! Nous pourrions nous y rendre ce soir, je n'aime rien tant que me réveiller à Obédjiwan.

— Obédjiwan ? s'exclama Johanne.

— Rassurez-vous, en avion. Enfin, en hydravion. Thomas est un pilote hors pair. Si vous le souhaitez, nous pouvons y passer le week-end, il suffit d'un crochet chez vous pour prendre vos affaires. Qu'en dites-vous ?

Johanne se remettait de sa surprise.

— Je ne voudrais pas abuser de...

— Vous n'abuseriez pas, au contraire, c'est votre absence qui m'affecterait.

— Eh bien... je vous remercie.

— Parfait ! s'exclama Stracey d'un ton joyeux

Puis elle s'adressa à son mari.

— Va avec eux, tu sais où se trouve l'avion, j'ai encore quelques coups de fils à donner, je vous rejoindrai à l'embarcadère.

Tyna s'appuya le front au carreau. Elle n'avait pas allumé la lumière. Deux filles discutaient sur le trottoir d'en face. Leur maquillage luisait, presque phosphorescent. Une voiture freina à leur hauteur, les filles se penchèrent, une monta à bord et la voiture redémarra. L'autre se mit à faire les cent pas.

Tyna recula jusqu'à son lit et s'y assit. Il n'avait pas fouillé la poche intérieure du sac. Là où elle avait glissé le passeport, le billet et un peu de liquide. C'était tout ce qui lui restait. Même pas de quoi se payer deux nuits au Tiara. Peut-être de quoi se payer un taxi jusqu'à Newark.

Tyna s'étendit en chien de fusil sur le lit, et serra ses mains entre ses genoux. Jusqu'à en avoir mal.

Peut-être que ce salaud avait raison, que les flics d'ici se foutaient des histoires canadiennes.

C'était ça ou le trottoir en dessous. Et pas dans huit jours. Dans deux. Et encore, à condition de ne rien manger.

— Monsieur Brenner ?

— Oui, répondit-il en s'approchant du comptoir où Sharon brandissait deux feuilles.

— Vous avez un message téléphonique et un fax.

Brenner déplia les feuilles.

Le message émanait de Savoie, qui l'avertissait que Frébault de l'OCRTEH avait essayé de le joindre à Montréal et qu'il lui avait transmis ses coordonnées au Pennsylvania.

Le fax provenait de Frébault : *J'ai quelque chose, c'est peut-être important, rappelle-moi.*

— Il y a un autre téléphone dans la maison ? demanda Thomas Layne du bout des lèvres pendant que Johanne s'affairait dans sa chambre.

— Non, répondit Lionel.

— Prenez un maillot de bains, mademoiselle ! cria Layne. La météo annonce moins de vingt pour cent de risque de pluie !

— D'accord ! répondit Johanne.

Layne posa son mouchoir sur le combiné, le porta à son oreille, et le reposa.

C'est pour ça qu'il est venu, pensa Lionel, pour le téléphone, être sûr qu'elle ne prévienne personne du changement de programme. Sa parole ne leur suffisait pas. Complètement idiot, s'il avait voulu avertir la fliquette il aurait eu le temps de le faire avant. Non, c'était pour s'assurer qu'en cas de problème la fuite ne viendrait que de lui.

Ces tordus l'inquiétaient de plus en plus. Il se demanda si l'envoi du mail à CoolWebeur avait été une bonne idée. Quoi que depuis le comportement de Johanne n'avait pas varié.

— Je suis prête ! dit-elle en apparaissant dans le couloir, sac de voyage à la main.

Plus qu'à croiser les doigts, pensa Spowart.

— Madame Layne ! Quelle surprise ! s'exclama Doug Ohstrom en branchant le haut parleur et en faisant signe à Rémi d'approcher.

— Ce téléphone est sûr, j'imagine ? répliqua Stracey

— Autant que le vôtre !

— Fort bien, alors voilà, nous allons connaître le fin mot de l'histoire, et je pense que vous apprécieriez de l'apprendre en ma compagnie.

— Ah bon, et comment ?

— De manière la plus simple qui soit, en demandant à l'intéressée, notre amie commune. Je vous propose d'assister à la demande.

— Amie commune ?

— Oui, cette jeune personne dont vous m'avez montré la photo, auriez-vous oublié ?

— Non, mais c'est une...

— Je sais ce que vous allez objecter, coupa Stracey, ma réponse sera : et alors ?

— Je ne suis pas sûr que ça me plaise.

— Tiens donc ! Auriez-vous peur de ce que je vais découvrir ?

— Ne dites pas de connerie !

— Alors pourquoi ?

Rémi hocha la tête.

— Okay, répondit Oshtrom, je marche.

— Bien. Le trajet risque d'être long, je vous propose de rejoindre mon mari à...

— Eh ! C'est quoi cette salade ?

— Une précaution.

Rémi lui fit signe de l'index : *ensemble.*

— Moi aussi je prends une précaution, je viens avec un ami.

— Oh... un grand garçon comme vous aurait peur d'une femme...

— On vient à deux où on ne vient pas, trancha Ohstrom.

— D'accord.

Elle donna une adresse et ajouta.

— Attendez mon mari là-bas. Il vous expliquera.

— Brenner... fit une voix embrumée. À une heure pareille ça ne peut être que toi...

— Il y a écrit important sur ton fax.

— Ouais... il y a aussi écrit *peut-être*... C'est pas grave... Deux secondes et je suis à toi.

Il y eut une succession de bruits et de froissements non identifiables, puis de nouveau la voix de Frébault. Claire.

— Voilà, on a gratté sur CoolWebeur. En fait de disponibilité, c'est plutôt de mise au placard qu'il s'agit. Tu connais les rectorats, leur linge sale ils préfèrent le coller sous le tapis. Ce monsieur a eu quelques problèmes avec une de ses élèves.

— Graves ?

— Assez pour une ouverture d'info, pas assez pour qu'elle aboutisse à mieux qu'un non-lieu. Il se tapait une gamine et la famille est venue porter le pet. Seulement la gamine était majeure, de peu mais majeure, et elle a dit qu'elle était consentante. Le juge a creusé, il n'a trouvé aucune trace de contrainte, physique, psychologique, scolaire.

— Donc non-lieu, normal.

— Oui. Mais tu sais qu'on peut lire un dossier d'instruction à plusieurs niveaux. Je mettrais ma main à couper que cette gamine n'était pas la première. Si l'instruction n'avait pas conclu au non-lieu, je suis persuadé que d'autres plaintes auraient suivi, mais là les familles n'ont pas eu envie d'aller au casse-pipe.

— Ce n'est pas la publicité dont on rêve pour ses enfants...

— D'autant que les déclarations d'ados aussi se lisent à plusieurs niveaux. Je dirais que non seulement cette fille n'était pas la première, mais qu'elle n'était pas la seule, au même moment dans la même pièce.

— Genre partouze ?

— Genre comme ça, mais en comité restreint, deux filles et lui. Mais peut-être que j'interprète à cause de la suite.

— Parce qu'il y a une suite ?

— Pas judiciaire, et pas vraiment suite... Tu sais pourquoi sa femme a demandé le divorce, je veux dire réellement ?

— À cause de cette histoire ?

— Non, le divorce est antérieur.

— Elle l'a surpris en plein cours particulier ?

— Non, je ne crois pas. Il avait des maîtresses, elle le savait et l'acceptait. Mais un jour il lui a proposé une partie carrée, elle a refusé. Un autre jour il a amené un ami à la maison et lui a demandé de coucher avec pendant qu'il regarderait, elle a refusé, mais a commencé à angoisser et à se poser des questions. C'est là qu'elle a découvert qu'il était abonné à la revue *Barabas*. Tu connais ?

— Vaguement, mon truc c'est les stup.

— C'est une revue homo et échangiste, officiellement du moins. Elle n'est pas plus interdite que l'homosexualité ou l'échangisme, alors on ne peut pas dire qu'elle soit vendue sous le manteau, mais tu ne la trouves pas en kiosque. *Barabas* fait partie des revues qu'on tient à l'œil. On y trouve toutes sortes d'informations, notamment touristiques, avec des balises, des codes. YC, tu vois ce que ça peut signifier ?

— Vu le contexte, sûrement pas Yacht Club.

— Ça pourrait, mais c'est plutôt young children, avec une, deux, trois, ou quatre étoiles. Un genre de *Guide Michelin*.

— Il est toujours abonné ?

— Difficile à dire, tu penses bien qu'ils ne publient pas la liste des membres. Et comme ils se savent surveillés, ils redoublent de prudence. Les codes sont de plus en plus hermétiques. Depuis que l'on peut poursuivre chez nous des infractions sexuelles commises à l'étranger, ça devient même carrément obscur. Par contre, on constate une légère diminution des destinations exotiques et une augmentation des occidentales.

— Tant qu'à risquer vingt ans pareil, autant s'économiser un voyage.

— Ça doit être ça... Son ex-femme dit qu'il a juré avoir laissé tombé *Barabas* et qu'elle n'en a plus trouvé. Mais vu qu'elle a divorcé peu après... Divorce exemplaire d'ailleurs, monsieur n'a fait aucune difficulté.

— On la trouve sur Internet cette revue ?

— Non, *Barabas* donne parfois des sites, mais pas ceux qui balancent des photos de gamins à poil dans des positions suggestives, ils ne sont pas idiots. D'autant qu'il n'est interdit à personne de faire profiter le Web de sa joie devant la photo de son neveu en premier communiant ou de sa nièce en petit-rat. Tout est question d'interprétation... Et de braves gens présentent de bonne foi les photos de leur famille sur leurs pages perso.

— Suffisait d'y penser... Est-ce que vous avez établi une corrélation *Barabas*/snuff-movie ?

— Non, je t'en aurais parlé. Je pense que si la revue balisait les snuff on aurait décodé les balises. Mais les tuyaux que les membres échangent en privé nous échappent. Cela dit, pas mal d'abonnés sont des homos adultes qui cherchent à se rencontrer entre homos adultes et consentants, ni plus ni moins.

— Okay, et vous faites quoi des abonnés identifiés ?

— Rien. On garde leurs coordonnées dans un coin. Parfois ça sert. Maintenant on en a un de plus...

— Tu pourrais m'obtenir la liste des abonnés Canadiens ? Remarque je suis sur place... je peux demander directement.

— Tu peux, mais les Canadiens n'ont pas la culture de la fiche, surtout dans ce domaine, ils ont de beaux outils et pas grand-chose à l'intérieur, alors leurs renseignements et rien... Nous, nous avons moins d'états d'âmes, le *gai Paris* et des Dom et des Tom où l'on vient du monde entier passer des vacances de rêve. Je te sortirai les Canas en stock, quatre ou cinq personnes, dix au plus, et je ne te garantis pas la fraîcheur des infos.

— On fera avec.

— Je l'aurai demain, je faxe à Montréal ?

— Oui, ici je n'en ferais rien. Dis-moi, CoolWebeur, vous l'avez en observation ?

— Oui, mais on ne pourra pas le surveiller longtemps. Et pour lui rentrer dedans franchement on n'a rien, à moins que tu aies une idée.

— Non non, c'était pour savoir. Faut que je digère tout ça. Si je pense à quelque chose je t'appelle.

— Je te fais confiance !

Johanne lui tendit son sac de voyage et son sac à main, Lionel les rangea dans le fuselage, derrière les sièges. Au passage il préleva les clefs du pavillon de Johanne et les glissa dans sa poche.

— Ah ! fit-il en sautant sur le cat-way, voilà Stracey !

Johanne se tourna dans la direction indiquée, Lionel remit les clefs à Thomas Layne.

Stracey se dirigeait vers eux d'un bon pas, éclairée par les réverbères qui bordaient le quai. Elle paraissait soucieuse et s'adressa à son mari.

— Mmm... j'ai eu Douglas, finalement il peut peut-être venir ce soir avec un ami, mais il n'est pas sûr...

Lionel la dévisagea.

— Le journaliste dont je t'ai parlé, tu te souviens ? lui dit-elle. Ces gens abusent de leur pouvoir, il faut toujours être à leur service... enfin...

— Oui je sais, mais notre avion est un quatre places, objecta Lionel d'une voix neutre.

Elle lui sourit et s'adressa de nouveau à son mari.

— Je leur ai donné rendez-vous à l'appartement. Lionel sait piloter, tu nous rejoindras avec l'autre appareil.

De la main elle désigna un des hydravions amarrés au quai voisin.

— Mais ne les attends pas plus d'une heure, ajouta-t-elle, il ne faut pas exagérer tout de même !

— D'accord, je vais y aller. À plus tard.

— Tu sais piloter ? demanda Johanne à Lionel comme Thomas s'éloignait

— Bien sûr, je ne te l'avais pas dit ? Tiens, détache l'amarre de queue.

Johanne s'approcha du cordage et s'accroupit. Lui se dirigea vers l'amarre de pointe.

— Aide-moi Stracey, c'est coincé.

Elle se pencha vers lui.

— C'est quoi cette histoire ? murmura-t-il. C'était pas prévu.

— Mon ami Doug Oshtrom avait des doutes à mon sujet, et moi au sien, on va les lever, c'est tout. Tu n'as pas de doutes, toi, j'espère ? Ni de craintes ?

Lionel détacha le nœud de chaise d'un geste brusque.

Conjuguer faits et préjugés.

Allongé sur le lit, une main derrière la tête, une cigarette dans l'autre, Brenner regardait la fumée s'élever.

Craquer pour une gamine de dix-huit ans... Plus d'une gamine interrogées dans son bureau des stup étaient des femmes. De dix-huit ans ou moins mais véritables. Attirantes comme peut l'être une femme qui consciemment ou non joue de sa séduction. Plus d'une fois il avait dû se concentrer sur la date de naissance pour ne pas se faire avoir. Se faire avoir...

amusant... comme d'avance se poser en victime. Ailleurs et dans d'autres circonstances aurait-il cédé à cette attirance ? Bien sur que oui. Mais *ailleurs et autres circonstances*, il n'avait pas, ou peut-être qu'il évitait. Un prof a du mal à éviter ses élèves.

Bien sûr il y avait le reste. Qui hormis l'aspect YC ne relevait pas non plus du code pénal. Juste de ce que son code moral l'empêchait de pratiquer. Et qui mis bout à bout cataloguait CoolWebeur à la rubrique saloperie de pervers vicieux.

Non-lieu moral, des nèfles !

C'était à ce taré que Johanne avait écrit, envoyé sa photo, son portrait... Ce malade qu'elle avait remercié de ses conseils...

Si ça trouve il était en train de se branler sur la photo !

À vomir.

Brenner se leva d'un bond, la bouche amère, et prit un flacon de cognac dans le mini-bar. Il en avala une gorgée au goulot et versa le reste dans un verre.

Si ça se trouve il avait envoyé la photo à ses petits copains et tous ces tarés se branlaient en rond.

Et soudain même le cognac eut un sale goût. Brenner jura entre ses dents.

C'était ça... Ces enfoirés se refilaient leurs coups. Et un plus givré que les autres y trouvait de quoi se fournir. Il...

Pire que ça, c'était organisé. Cool obtenait les renseignements d'un côté de l'Atlantique et les refilait à son pote de l'autre. Il disposait des photos, connaissait leurs goûts, leurs envies, leurs passions, leurs habitudes. Du gâteau. Elles ne voyaient rien venir. Il pouvait même choisir la taille, l'âge et la couleur, tranquillement.

Sophie aime le cinéma. Il lui conseille un film. Elle va le voir. Rencontre un type et disparaît.

Johanne parle de ses peintures. Il la pousse à solliciter les galeries. Deux jours après un type s'extasie sur son talent et lui propose...

Non, ça n'avait rien à voir, il fallait que ce ne soit qu'un hasard, une vraie coïncidence. Et puis Johanne n'était pas une gamine. Au pire elle saurait réagir.

Brenner se rua sur le téléphone et tourna les pages de son calepin à la volée.

Répondeur...

Il prit une inspiration, puis raccrocha. Dire quoi au répondeur.

Un vernissage dure des heures, toute la nuit, c'était normal Elle devait boire du champagne en riant, être un peu grise, parler peinture.

Brenner composa un nouveau numéro.

— Madame Savoie ? Bonsoir, Éric Brenner à l'appareil, pourrais-je parler à Luc s'il vous plaît ?

— Bonsoir Éric, je suis désolée il est ressorti, mais je pense qu'il sera bientôt de retour.

— Dites-lui qu'il me rappelle, à n'importe quelle heure, c'est très important, je vous donne le numéro.

Il en composa un autre immédiatement après avoir raccroché.

— Service de police de la com...

— Oui bonsoir, Éric Brenner, pouvez-vous me passer Nath au Central s'il vous plaît ?

— Je n'ai pas bien compris votre nom monsieur.

— Éric Brenner, je travaille avec Luc Savoie.

— Ah oui je vois, ne quittez pas. ... Elle est en ligne, vous pouvez rappeler dans un...

— Non, c'est très urgent, vous devez avoir un signal d'appel ou quelque chose comme ça, essayez s'il vous plaît.

Il eut un silence brouillé, puis une série de déclics, et enfin la voix de Nath.

— Le commissaire français ! Comment tu vas-tu à New-York ?

— Pas très bien, ce serait long de t'expliquer pourquoi mais j'aimerais que tu envoies quelqu'un chez Johanne. Elle est à une soirée, je ne sais pas quand elle rentrera ni si elle va rentrer, alors que le gars l'attende, et s'il la trouve qu'il la ramène au SPCUM. Si elle n'est pas seule, il faudra être prudent. Encore une chose, j'ai essayé de la joindre et je suis tombé sur son répondeur. Essaye de lui téléphoner aussi, si tu as le répondeur ne laisse pas de message, si tu tombes sur quelqu'un d'autre que Johanne présente-toi comme une amie et demande à lui parler, si tu l'as elle dis-lui de venir tout de suite au SPCUM. Voilà... je crois que c'est tout. Je crois que Johanne est en danger, physiquement.

— C'est à ce point là ?

— J'espère que je me trompe, mais fais ce que je te demande, je t'en prie.

— Okay, je m'en occupe.

Brenner reposa le combiné.

S'il se trompait il aurait l'air d'un parfait crétin. Mais de ça on s'en remet.

Il fit les cent pas la chambre, revint vers le mini-bar et cette fois déboucha un quart de Perrier. Puis de nouveau s'empara du téléphone.

— ... Brenner... j'étais sûr que tu rappellerais... Qu'est-ce qu'il y a ?

— Faut que tu me cravates CoolWebeur et que tu me le passes à la question.

— Mais je t'ai dit qu...

— Attends ! Je t'explique pourquoi.

Après qu'il eut expliqué Frébault garda le silence une minute pleine. Brenner l'entendait respirer.

— T'es toujours là ?

— Oui oui... Tout ce que tu dis se tient mais...

— Putain me dis pas que t'as rien, t'as une commission rogatoire ! Avec ça on fait ce qu'on veut ! On arrête n'importe qui !

— D'accord mais le juge...

— On s'en branle de Carpita ! J'assume tout !

— Tu parles ! T'assumes quoi en Amérique ?

— Tu agis en fonction des informations que je te donne, s'il y a une merde c'est que mes informations étaient fausses, mes raisonnements erronés, tout ce qu'on veut. Tout ce qu'on voudra que je prenne je prendrai, okay ? Merde ! Johanne est une collègue, je l'ai...

« tenue dans mes bras » lui parut ridicule.

— ...j'ai...

« couché avec elle » peut-être plus encore.

— ...je l'ai flanquée dans ce merdier, c'est moi qui l'ai branchée sur ces tordus. Si t'as oublié ce qu'ils font aux filles repasse-toi le film ! Si tu ne veux pas te bouger dis-le tout de suite, je prends le premier avion et je lui arrache les yeux moi-même à cet enfoiré !

— Okay Brenner, ça va, calme toi. On attend l'heure légale et on le cravate.
— Ça va pas tarder à être l'heure.
— T'as raison, ça va pas tarder...
— Tu as lu les rapports que j'ai envoyés ?
— Oui, tous.
— Tu as le message chiffré qu'a reçu CoolWebeur ?
— Bien sûr.
— Trouve-toi un type qui maîtrise l'informatique et Internet, saisissez son ordinateur et dépouillez-le. Et contacte Ulrike, elle a tout suivi. Sa demande pour connaître l'origine du message chiffré devrait bientôt aboutir. Oublie pas ma liste des abonnés.
— D'accord. Tu vois quelque chose d'intéressant que j'ignorerais ?
— Non... Je cherche, mais non... Si un truc me revient je t'appelle.
— Moi aussi. Toujours à New-York ?
— Je vais rentrer au Québec. La fille d'ici c'est sûrement une autre histoire, et puis on l'attend à Genève. Et puis de toute façon je ne pourrai rien faire en pensant que Johanne est en train d...
— Brenner ?
— Oui ?
— Je suis sûr que tu te plantes complètement. Ton raisonnement se tient assez pour qu'on le vérifie, mais tu te plantes, okay ?
— Ouais... Merci. Fais-lui quand même cracher le nom et l'adresse de son copain.

— C'est Luc, tu voulais que je te rappelle, qu'est-ce qu'il y a ?
— Un problème.
Qu'il exposa.
Savoie aussi observa un long silence, avant de soupirer.
— Pourquoi elle ne m'a pas parlé de cette histoire de peinture...
— Parce que c'est son truc à elle et qu'elle a le droit d'avoir des secrets. Tu lui parles de tout toi ?

— Non... Mais là j'aurais su où aller. Tu ne te souviens vraiment pas du nom ?

Le ton était froid, presque hostile.

— Elle m'a juste dit « une galerie », je crois qu'elle n'avait pas envie que j'y aille, ni au vernissage d'ailleurs.

— Putain Brenner ! explosa Savoie. Tu te rends compte que c'est t...

— Ne me dis pas que c'est ma faute ! Je le sais ! Alors ne me le dis pas. S'il te plaît.

Savoie ne dit rien.

— Je vais rentrer à Montréal, ajouta Brenner.

— Et Tyna ?

— Je m'en tape de Tyna, c'est Johanne qui m'intéresse !

— Fais comme tu veux. Je vais aller chez elle maintenant.

— Elle m'a parlé d'un contrat ou quelque chose comme ça, le nom de la galerie doit y figurer.

— Je le chercherai.

— Tu recevras un fax de Frébault avec le nom des abonnés à *Barabas* et il t'appellera dès qu'il aura quelque chose de CoolWebeur.

— Tu me l'as déjà dit.

— Frébault dit que mon raisonnement se tient mais que je me plante complètement. Tu en penses quoi toi ?

— Je penserai mieux quand je parlerai à Johanne.

Un homme attendait en bout de ponton. Il tourna une amarre sur le taquet de queue et fit un signe en direction de la cabine de pilotage. Lionel coupa le moteur.

— Nous y sommes ! lança Stracey en ouvrant la porte.

Elle sauta sur le quai, puis aida Johanne à descendre et lui montra la maison illuminée.

— C'est joli n'est-ce pas ?

— Superbe...

— Vous verrez, c'est encore plus beau le jour. On a l'impression d'être au bout du monde. Sur des miles et des miles que de l'eau et des sapins.

L'homme qui avait amarré l'avion s'approcha et après une brève inclination du buste demanda :

— Bonsoir madame, monsieur n'est pas avec vous ?

— Bonsoir Roger, non il nous rejoindra dans une heure, avec deux invités peut-être. Mais on ne va pas les attendre pour dîner, j'ai trop faim.

— Tout est prêt madame.

Stracey prit Johanne par le coude.

— Dépêchons-nous, les moustiques aussi sont affamés !

Compte tenu de l'heure Newark-airport était animé. Mais la plupart des comptoirs des compagnies aérienne étaient fermés.

Brenner avisa un bureau bardé de sigles et de publicités qui avait l'air d'une agence de voyage. Une femme en uniforme prune semblait attendre le chaland. Il s'y précipita. *Florinda*, indiquait un petit écriteau posé près d'elle devant l'ordinateur.

— Bonjour, j'ai besoin d'un aller simple pour Montréal, sur n'importe quelle compagnie, à n'importe quel prix, dans n'importe quelle classe, départ le plus vite possible.

Florinda ouvrit de grands yeux.

— Le week-end à cette heure... En plus les compagnies font du surbooking...

Brenner essaya un sourire charmeur. Et au même instant s'aperçut dans un miroir à l'effigie de TWA. Yeux cernés, traits tirés, teint gris, il faudrait plus qu'un sourire pour charmer.

— Essayez, je vous en prie, c'est très important.

Il sortit le billet qu'il avait en poche et lui montra.

— J'ai déjà une place pour la nuit prochaine, mais je dois absolument rentrer. Quelque chose de grave vient d'arriver.

Florinda hocha la tête.

— Je vais faire mon possible.

Elle baissa les yeux et pitonna un clavier, l'air concentré. Elle pianota un long moment, entrecoupant ses recherches de petits soupirs agacés. Puis releva les yeux.

— J'ai un passager des premières qui s'est désisté sur le vol American de 14 heures.

— Vous n'avez rien avant ?

— Les listes d'attente, il y a toujours des désistements de dernière minute, mais vous n'êtes pas en tête de liste.

— Et une opération de votre ordinateur ne pourrait pas me glisser en tête ?

Florinda secoua la tête.

— Je ne peux pas faire ça monsieur.

— Même si j'insistais ?

Peut-être que les cernes, les rides, le teint formaient un tableau touchant. Florinda pinça les lèvres, comme vaincue.

— Vous alors hein... Je ne vous promets rien...

Elle décrocha un téléphone et parla à voix basse et très vite. Trop vite pour que Brenner comprenne, mais elle avait l'air de défendre son steak.

— Bon, fit-elle après avoir raccroché, j'ai pu vous mettre sur deux listes, pas en première position mais en seconde. Un vol dans une heure l'autre dans trois.

Thomas Layne était entré et avait lancé d'un ton désabusé.

— Ils ne sont pas venus, bien sûr.

Stracey avait éclaté de rire puis avait levé son verre.

— Aux journalistes, et à ceux qui les croient !

Et tous avaient levé leur verre.

Le repas achevé Johanne et Lionel avaient fait quelques pas au bord du lac. Sans les moustiques ils seraient restés plus longtemps. L'air avait une odeur de résine.

Johanne s'appuya contre le dossier du canapé et s'étira en soupirant d'aise.

— Mmm... C'est drôle, je suis à la fois épuisée et persuadée d'être incapable de m'endormir.

— Qui te parle de dormir ? répliqua Lionel debout derrière elle.

Elle eut un petit rire.

— Personne en effet ! Où sont les autres ?

— À côté je pense. Stracey doit mettre la dernière touche à l'exposition. Elle ne veut rien montrer, mais je suis sûr que ce sera réussi. La pièce voisine est extraordinaire.

— J'ai hâte de visiter cette maison, elle doit être pleine de coins et de recoins, j'adore ça !

Lionel vit un signal lumineux clignoter sur le mur d'en face, invisible pour celui qui ne le cherchait pas. Il se pencha et posa les mains sur les épaules de Johanne.

— Tu connais ce film où Burt Lancaster dit « un château dont on connaît toutes les pièces n'est pas digne d'être habité » ?

— Non, répondit-elle après une seconde de réflexion.

— C'est un très beau film.

24

— En fait, c'est Alain Delon qui cite son oncle Burt Lancaster, le prince Salina.

Il caressa ses épaules. Puis glissa deux doigts sous ses aisselles et devina qu'elle fermait les yeux.

Ses paumes approchèrent sa poitrine. Elle frémit et soupira sans conviction.

— Arrête.

— Je t'aime Johanne

Avant d'ajouter sans cesser d'effleurer sa peau.

— Ou plutôt, je t'aime enquêtrice Johanne Desjardin.

Johanne ouvrit les yeux et inclina la tête en arrière, il la regardait en souriant.

— Tu le savais ?

— Bien sûr.

— Comment l'as-tu appris ? Et quand ?

Lionel contourna le canapé et fit quelques pas dans la pièce.

— Ce n'est pas très important, si ?

Elle fixa un point vague, au-delà de lui.

— Pas tellement... J'aurais dû te le dire, mais... Je te l'aurais dit de toute façon. Je...

— Tu as honte d'être flic ?

Elle fit le point sur lui.

— Bien sûr que non ! J'ai honte de te l'avoir caché, oui, mais...

— Eh bien si tu n'as pas honte...

Il traversa le salon, saisit un sac qu'avait ramené Thomas Layne et le lança dans sa direction.

— Enfile ça !

Le changement de ton la surprit autant que le sac qui s'écrasa à ses pieds. Elle dévisagea Spowart.

— Qu'est-ce qui se passe Lionel ?

— Regarde plutôt ce qu'il y a dedans !

Elle se pencha, ramena le sac sur ses genoux et tira les poignées.

Son uniforme...

— Qu'est ce que ça veut dire ? Explique-moi s'il te plaît !

Elle aussi avait changé de ton.

— Enfile-le je te dis !

Johanne se leva d'un bond.

— Non mais dis ! Qu'est-ce qui te prend ? Ça va pas bien ?

Lionel alluma posément une cigarette et en tira une longue bouffée.

— Enfile ce putain d'uniforme, grinça-t-il en détachant les syllabes.

Johanne secoua la tête et s'approcha.

— Dis-moi que je rêve, c'est p... – elle respira la fumée – Mais tu fumes quoi là ? Tu es fou ?

Une gifle l'expédia de côté, elle heurta une chaise, manqua tomber et se redressa, la joue en feu. Lionel la regardait en continuant de fumer posément. Du PCP... Elle ne savait que penser. Trop déconcertée pour avoir peur. Trop en colère pour réfléchir.

— Là mon petit tu en as trop fait ! Je vais me coucher, tu trouveras tes affaires dans le couloir. Salut !

Elle tourna les talons et se dirigea vers la porte de l'escalier. Fermée. Elle essaya les autres. Fermées.

Lionel fumait toujours, immobile au milieu de la pièce.

— Arrête ça ! cria-t-elle en tapant du pied. C'est pas drôle ! Et puis qui t'a donné l'autorisation de toucher mon uniforme ? Hein ?

Il écrasa son mégot dans un cendrier et s'avança.

— N'approche pas !

Elle chercha quelque chose qui aurait pu servir d'arme, et n'eut pas le temps de trouver. Un coup de pied lui faucha les chevilles. Elle tomba à la renverse. Sa tête cogna le parquet. Une gerbe d'étincelles explosa devant ses yeux. Il l'empoigna par les cheveux et la releva.

— Mais si ça va être drôle.

Il lui tordit le bras dans le dos et la traîna au centre de la pièce.

— Arrête ! Tu vas me casser le bras !

Il augmenta la torsion. Elle poussa un cri et des larmes coulèrent sur ses joues.

— Arrête, supplia-t-elle, arrête...

Il poussa vers le bas. Johanne tomba à genoux. La douleur la déchirait du poignet à l'épaule.

— Tu vas l'enfiler ton uniforme ?

Elle gémit un oui pitoyable.

Il la lâcha. Elle ramena son bras en se mordant la lèvre, courbée en avant. Lionel récupéra le sac et le laissa tomber près d'elle.

Johanne fixait le sac en se massant le bras, toujours à genoux.

— Tu te décides ou faut que je recommence ?

Elle se leva lentement, le regarda dans les yeux, et fit glisser une bretelle de sa robe.

Johanne boucla le ceinturon. Instinctivement sa main effleura l'étui.

— Cherche pas ton pistolet, il est là.

Lionel le faisait tourner autour de l'index. Elle serra les dents.

— On a oublié les collants, dommage... Mais t'es quand même jolie comme un cœur là-dedans.

— Tu peux m'expliquer à quoi ça rime ? fit-elle d'une voix sourde.

— C'est toi qui va m'expliquer, tout.

— Moi ? Mais je n'ai rien à te dire moi ! Sauf que ce que tu es en train de faire est très grav...

En trois enjambés il fut sur elle, lui cramponna l'oreille d'une main et tira comme on le fait avec un mauvais élève. L'autre tenait le pistolet braqué sur son ventre.

— Tu vas chercher une chaise, tu la ramènes ici et tu t'assoies.

Lorsqu'elle eut obéi il passa derrière elle.

— Donne tes mains !

— Lionel, tu...

Un coup sur le crâne du canon du pistolet coupa sa phrase. Elle tendit ses mains, et sentit des bracelets métalliques se refermer sur ses poignets. Ses menottes.

— N'essaye pas de te lever, la chaîne passe entre les barreaux.

Elle l'entendit se déplacer, puis il posa une chaise à côté d'elle et s'y installa.

— Voilà, ma petite chatte, on va pouvoir causer.

Johanne le fusilla du regard. Il éclata de rire.

— Mais c'est qu'elle serait méchante ! Tu ne m'as pas toujours regardé comme ça pourtant.

Il braqua une télécommande sur le poste de télé. Une image apparut, que Johanne mit quelques secondes à identifier.

— C'est pas vrai, murmura-t-elle.

Son salon, son canapé, elle...

Johanne ferma les yeux.

— Je vais monter le son.

Ses gémissements, ses cris de plaisir...

— Arrête ça ! hurla-t-elle.

Il coupa le son. Johanne rouvrit les yeux. Les images défilaient toujours sur l'écran. Son cœur cognait, elle avait la nausée. Lionel posa une main sur sa cuisse et la caressa. Sa peau se couvrit de chair de poule.

— Tu gueules aussi fort quand le flic français te baise ?

Elle hoqueta et brusquement essaya de se lever. Il la bloqua sans peine, les menottes se refermèrent d'un cran autour de ses poignets, elle gémit, cessa de lutter et dit entre ses dents.

— Tu es un fou Lionel, un fou...

Il recommença à caresser sa cuisse.

— Oui ma petite chatte, mais tu vois, je sais beaucoup de choses. Alors tu vas gentiment raconter ton histoire, qui est ce flic français, comment vous êtes arrivés jusqu'à nous, tout, depuis le début. Parler, ça soulage.

Sa main fila sous sa jupe et tâta son slip.

— Peut-être même que ça te fera mouiller.

De nouveau Johanne essaya de se dégager. Les menottes gagnèrent un cran. Elle respirait avec difficulté, la peur prenait le pas sur la colère. Elle parvint tout de même à répondre :

— Je n'ai pas le droit de parler d'une enquête en cours.

Lionel se leva et disparut de son champ de vision, elle l'entendit fouiller dans un tiroir, puis revenir. Un sécateur surgit devant ses yeux. Qui tailla les boutons de sa chemise et sectionna son soutien-gorge. Puis l'outil fermé écrasa son sein et s'ouvrit d'un coup, le mamelon jaillit entre les lames, qui se refermèrent, sans serrer. Le sécateur oscilla, comme s'il cherchait le meilleur angle. Johanne fut prise de tremblements nerveux, éclata en sanglots, et supplia.

— Tu me raconteras tout ?

Johanne hocha la tête. Le sécateur libéra sa poitrine, une goutte de sang perla, quelle regarda rouler, que le tissu de sa chemise absorba.

Elle releva les yeux. Lionel brandissait quelque chose en direction du mur. Sa plaque du SPCUM. On la filmait. Il rempocha l'insigne et lui fit face.

— Je t'écoute.

Johanne ouvrit et ferma la bouche. Sans produire le moindre son. Comme dans les cauchemars.

— Commence par le début : *je m'appelle Johanne Desjardin, je suis agente enquêtrice à la brigade moralité du SPCUM.*

Johanne reprit d'une voix hésitante.

— Je m'appelle...

— Plus fort !

— L'instant de vérité ! s'exclama Stracey de l'autre côté de la cloison. Pas trop inquiet Doug ?

— Je n'ai pas de raisons ! répliqua Ohstrom avec humeur.

Rémi ne répondit rien. On ne lui avait rien demandé. Il observait la fille à travers la glace sans tain. Menottée sur sa chaise, les yeux agrandis par la peur, livide, qu'est-ce qui pouvait lui passer par la tête ? Avait-elle compris où elle était tombée ? Sûrement, elle paraissait sous le choc. Pour la première fois de sa vie il eut un sentiment de compassion pour un flic. La voix de la fille arrivait par un haut-parleur.

« ... brigade moralité du SPCUM... »

À moins que tout ça ne soit qu'un bidonnage.

Rémi quitta la fille des yeux. Dans le réduit Roger tournait autour de la caméra, en râlant chaque fois qu'il devait régler ceci ou cela.

La maison était truffée de pièces identique, reliées par des couloirs, avec des caméras, des passages dérobés. Une vraie maison de fous. De fous furieux. Le pire était peut-être l'autre là-bas, qui maintenant massait le sein de la fille comme s'il n'avait jamais menacé de le trancher au sécateur.

« Continue Johanne, ça va venir tout seul maintenant. »

Elle eut un hoquet de dégoût et toussa.

Non, ce n'était pas bidonné. La flic ne s'en tirerait pas. Et avec des givrés pareils ce ne serait pas une simple balle dans la tête.

« Calme-toi ma petite chatte, tout va bien. »

Le poids du .44 sous sa veste rassura Rémi. Curieux qu'ils ne lui aient pas demandé de poser son arme. À leur place il l'aurait exigé.Trop fous pour être vraiment prudents ?

Pas sûr.

Deuxième, c'est jamais que premier des derniers. Un seul passager en liste d'attente avait pu embarquer. La fille du comptoir d'enregistrement eut un petit geste navré. Brenner fila au bar tuer le temps.

— Nous voici tous rassurés, conclut Stracey.

— Oui, répliqua Ohstrom, dire qu'on aurait pu s'entretuer pour une méprise.

— N'empêche que j'avais raison, dit Layne à sa femme, expédier des images par Internet n'est pas sécuritaire.

Stracey haussa les épaules.

— Mais si, les serveurs que j'utilise ne permettent pas de remonter sur nous. Si l'autre idiote ne s'était pas prise pour Gauguin, nous n'en aurions jamais entendu parler !

L'idiote était allongée sur la table, bras tendus et bloqués en arrière. Elle n'avait pas bronché quand Spowart l'avait violée, consciencieusement, avec méthode. Seuls ses doigts crispés à se rompre sur la chaîne des menottes avaient trahi sa souffrance. Elle paraissait comme anesthésiée.

Spowart ouvrit les menottes. Elle poussa un petit cri. L'acier avait entamé ses poignets profondément. Elle demeura immobilc. Spowart la fit rouler, elle tomba comme une masse, et lentement se plia en position fœtale. Elle respirait très vite, comme un chien.

« Lève-toi ! » ordonna-t-il en lui flanquant un coup de pied dans le genou.

— Par contre, fit remarquer Rémi, le système de votre ami a montré ses limites. Ce que cette fille a réussi par hasard, d'autres peuvent le réussir en toute connaissance de cause.

Stracey se tourna vers lui.

— On ne peut pas dire que cela lui ait réussi, répliqua-t-elle avec un petit rire. Mais vous avez raison, Spowart a montré ses limites.

Rémi ne releva ni le ton ni la formulation. Il donna un coup d'œil à travers la vitre sans tain.

Lionel redressait la fille. Elle avait de la peine à tenir debout. Il rajusta sommairement sa jupe et sa chemise, lui flatta la joue et la poussa devant lui. Il déverrouilla une porte, la propulsa dans l'ouverture et reverrouilla.

Stracey claqua des mains, très maîtresse d'école.

— Nous reparlerons de tout ça demain ! Un peu de sommeil ne fera pas de mal avant la suite.

— Je n'ai pas très envie de voir la suite, dit Oshtrom.

Stracey secoua la tête.

— Allons Doug, si vous n'y assistez pas, vous ne serez jamais convaincu que tout ça n'était pas un coup monté. Mais vous n'êtes pas tenu de regarder jusqu'au bout. Vous pouvez même fermer les yeux.

Oshtrom haussa les épaules.

La pièce était aveugle et obscure. Une ampoule s'alluma, encastrée dans le plafond et protégée par une grille. La lumière brûla les yeux de Johanne tassée dans un angle. Elle se laissa glisser au sol, ramena ses genoux contre sa poitrine et y appuya le front.

La caméra filmait.

Doug Oshtrom déboucla la ceinture de son pantalon, et interrompit son geste. Il récupéra une serviette dans la salle de bains, la noua autour de ses reins et acheva de se déshabiller.

Il prit une douche sans quitter la serviette. Avec des tordus pareils fallait s'attendre à tout.

Qu'on le filme à poil ne gênait pas Rémi. Il se trouvait plutôt beau garçon, et commença d'ôter sa veste avec une lenteur calculée. Mettre en évidence le pistolet planté dans son holster, même si tout le monde en connaissait l'existence, pouvait retenir l'attention. Au moins la détourner de la grenade qu'il portait agrafée dans le creux des reins et qu'il comptait récupérer sans que personne la remarque.

On ne sait jamais ce que demain réserve.

Sa douche achevée, Rémi eut à peine le temps d'enfiler un peignoir qu'on frappait à la porte.

— Oui, fit-il après avoir empoigné son holster, dégagé le pistolet et fait monter une balle.

— Pourrais-je vous parler une minute ? demanda la voix de Stracey.

Rémi se plaqua contre le mur et déverrouilla la porte.

— C'est ouvert.

Elle entra et referma la porte derrière elle.

— Je ne suis pas armée, dit-elle en montrant le pistolet.

Sa robe ajustée n'aurait pas dissimulé une lime à ongle Rémi approuva d'un hochement de tête et ajouta :

— Mais moi je le suis.

Stracey sourit, puis se cala contre une commode, se mordilla la lèvre comme si elle cherchait ses mots, et les trouva.

— Vous êtes un homme prudent, et je suis persuadée que vous êtes également un homme intelligent tout autant que raisonnable. Un homme d'avenir.

— Je vous remercie, répliqua Rémi d'un ton neutre.

— Voyez-vous... Le récit de mademoiselle Desjardin me pose un problème, comment dire... sécuritaire.

Rémi ne répliqua pas. Du coin de l'œil, il vérifia tout de même que le cran de sécurité du .44 était dégagé. Simple réflexe, il ne l'engageait jamais. Stracey poursuivit.

— Il était certes nécessaire d'éliminer ce couple de toxicomanes, mais ne pensez-vous pas que leur mort soit pour la police une porte ouverte sur les Rock Machine ?

— C'est un problème qui concerne les Rock Machine. Et les Rock Machine, c'est l'affaire de Doug Ohstrom. Peut-être vaudrait-il mieux en parler avec lui.

Stracey fit quelques pas dans la chambre.

— Une porte ouverte sur les Rock Machine, c'est à terme une porte ouverte sur mon mari et moi. Et c'est votre avis que j'aimerais connaître.

— Je n'ai pas d'avis sur la question.

— D'accord. Je peux la formuler différemment : à votre avis, peut-on dire que Doug Ohstrom est un homme d'avenir ?

« Nous y voilà », pensa Rémi.

La fille du comptoir d'enregistrement demeura encore quelques minutes bras croisés, puis ouvrit son micro et annonça qu'elle allait appeler les passagers en liste d'attente.

S'il n'était pas du lot, il ne partirait pas avant l'après-midi.

Un couple qui lui avait écrasé vingt fois les pieds fut le premier appelé. Et enfin la fille prononça son nom.

Brenner eut le temps de laisser un message au SPCUM avant d'entrer en salle d'embarquement.

25

— En forme, CoolWebeur ?

— Tiens, vous êtes aussi un adepte d'Internet... Si vous n'aviez pas frappé à ma porte tout à l'heure, la journée aurait mieux commencé, mais à part ça, la forme ça va, merci.

D'une pichenette Frébault fit voltiger une feuille vers lui.

— Tu as reçu ça récemment.

Cool jeta un bref regard au texte et hocha la tête.

— Après les écoutes téléphoniques, le détournement de courrier électronique... C'est le progrès...

— Que signifie ce message ?

Cool haussa les épaules.

— Comment voulez-vous que je le sache ? Des trucs comme ça on en reçoit des wagons sur le Net. Des lettres d'insultes aussi, parfois des textes pseudo-mystiques... Ce message, je l'ai effacé juste après l'avoir reçu.

— Rien d'autre à préciser à son propos ?

— Rien. Enfin si, il provient d'une *freemail*, mais je suppose que vous l'avez remarqué.

Frébault récupéra la feuille.

— Johanne Desjardin, ça te dit quelque chose ?

Cool fronça les sourcils.

— Oui, c'est une Canadienne que je croise de temps en temps sur Virtuel Chat. Sympa, un peu nunuche, un peu fille à problèmes, mais sympa.

— Comment ça, « à problèmes » ?

— Une fille mal dans sa peau, qui vient chercher un peu de chaleur humaine sur le Net. Il y en a beaucoup comme ça sur les chat'.

— Et toi tu les consoles ?

— Si je peux, oui.

— Quelle grandeur d'âme...

Il faisait jour quand Brenner débarqua à Dorval. Savoie l'attendait.

Les deux hommes s'examinèrent, mêmes yeux rougis, mêmes joues bleues. Savoie avança la main.

— Salut, excuse-moi pour tout à l'heure, j'ai été... Enfin j'étais sous le choc.

Brenner haussa les épaules.

— C'est pas grave, j'aurais eu la même réaction.

— Ouais... Tu as dormi un peu ?

— Somnolé, dans l'avion. Tu as du nouveau ?

Savoie fit non de la tête.

— J'ai du café dans la voiture, je te raconte en route.

Ils se dirigèrent vers la sortie.

— Johanne n'est toujours pas rentrée, sa voiture est garée devant chez elle. J'ai fouillé la maison, je ne connais pas sa garde-robe en détail, mais j'ai remarqué des cintres vides dans la penderie de sa chambre. Et j'ai l'impression qu'il manque un sac. Comme sur l'étagère de la salle de bains, on dirait qu'il manque des produits.

— Elle serait partie en voyage pour le week-end ?

— Ça y ressemble. Sauf que je n'ai trouvé ni son uniforme, ni sa plaque de police, ni son arme de service. L'uniforme, c'est juste pour les cérémonies, elle l'a peut-être emmené au pressing ou rangé dans un coin pas possible. Mais j'imagine mal Johanne partir la fin de semaine avec sa plaque et son arme, ce n'est pas son genre.

— À moins qu'elle ait pensé que ça puisse être utile.

— À moins... Mais je ne l'imagine pas non plus se lancer dans une affaire sans m'en parler.

Une voiture du SPCUM attendait à cheval sur le terre-plein, moteur en route, le chauffeur accéléra dès qu'ils eurent fermé les portières.

— Le thermos de café est dans la boîte-à-gants.

— Merci. Tu as trouvé le contrat ?

— Dans un tiroir de son bureau. La galerie appartient à un certain Lionel Spowart, elle est enregistrée et n'emploie pas de personnel. J'ai reçu la liste des abonnés à *Barabas*, Spowart n'y figure pas. Il ne figure dans aucun fichier. Il n'est ni à la galerie ni à son domicile, j'ai fait diffuser le numéro de sa voiture, pour l'instant rien.

— Des connaissances à toi sur la liste *Barabas* ?

— Juste un vieux pédé que j'avais agrafé pour exhibitionnisme et qui est mort du sida il y a un an. J'ai passé les autres au fichier sans résultat.

La voiture s'engageait sur la voie d'accès à l'autoroute.

— On a reçu les renseignements d'Ulrike. Le message est parti de chez Johanne.

— De chez Johanne ?

— Oui, Nath t'expliquera mieux que moi. Elle m'a parlé d'adresse IP... J'ai compris que le serveur du SPCUM a été utilisé, les membres du SPCUM y ont accès pour leur usage privé. Grâce à l'heure d'expédition et je ne sais quoi d'autre, Nath a déterminé que la connexion venait de chez Johanne.

— Pourquoi aurait-elle envoyé un message codé, et avec une freemail en plus...

— Nath a opéré son ordinateur, elle a trouvé sur le... *cache du navigateur*, c'est ça ?

Brenner approuva d'un battement de paupières.

— Elle a trouvé la trace d'une connexion à la freemail. Et quelque chose qui lui fait dire que le fichier provenait d'une disquette. Sauf qu'il y avait peu de disquettes chez Johanne et qu'aucune ne contient ce fichier-là.

Brenner observa un instant de silence. Au-dessus de leurs voies un panneau annonça *Autoroute 20 Est Congestion à 3 km*. Le chauffeur jura.

— Essaie de sortir, lui dit Savoie.

Le chauffeur enclencha la sirène pour rejoindre la file de droite, puis bifurqua en direction de la bretelle.

— Ce n'est peut-être pas elle qui a utilisé son ordinateur ! hurla Brenner pour couvrir la sirène.

— C'est ce que j'ai pensé, mais la connexion a eu lieu en pleine nuit ! répondit Savoie sur le même mode.

— En pleine nuit mercredi soir... après le rendez-vous organisé par ce type *si intéressant*... dit Brenner sans élever la voix.

— Quoi ? cria Savoie.

Le chauffeur coupa la sirène. Brenner répéta, Savoie se contenta de hocher la tête.

— Tu as eu des nouvelles de Frébault ? demanda Brenner.
— Il est en train d'interroger CoolWebeur.
— Je crois qu'il faut remettre la sirène, intervint le chauffeur, sinon on ne passera pas.

— Tu viens chercher quoi, toi, sur les chat' ? ajouta Frébault.
— La même chose que tout le monde, des correspondants. Pour discuter, échanger des idées, communiquer, quoi.
— Et tu aimes bien communiquer, surtout avec les filles, hein ?
— Je communique avec qui accepte de me parler. C'est ce qu'il y a de bien avec le Net, quand quelqu'un vous emmerde, on n'est pas obligé de lui répondre, c'est pas comme dans la vie.
— Tu n'es pas obligé de me répondre.
— Non, mais je n'ai pas envie de rester vingt-quatre heures en votre compagnie, et d'autre part, je vous l'ai déjà dit, je n'ai rien à cacher.
— Quarante-huit heures, Cool, quarante-huit heures. Tu as oublié la durée légale de la garde-à-vue ?
— Je ne comptais pas les prolongations, le match m'ennuie assez comme ça.
— Surtout que ce n'est pas ton premier.
Cool se carra dans sa chaise.
— J'ai l'impression que vous faites allusion à une affaire jugée... Vous n'avez jamais entendu parler de l'autorité de la chose jugée ?
— Tu confonds jugement et non-lieu. Mais rassure-toi, ce n'est pas pour cette affaire-là que tu seras jugé. Les non-lieu, ça ne marche pas à tous les coups.
— Ça marche chaque fois que l'on inquiète un citoyen innocent.
— C'est bien ce que je dis... Sophie alias Malika, ça te rappelle quelqu'un ?
Cool eut l'air de chercher plus longuement dans sa mémoire.
— Oui, c'est aussi une fille que j'ai rencontrée sur Virtuel Chat. Une Guadeloupéenne qui fait ses études à Montréal. Il

y a un moment que je ne l'ai pas vue, elle doit être en vacances. J'ai rencontré des centaines de personnes sur le Net, vous allez toutes les énumérer ?

— La revue *Barabas*, tu es toujours adepte ?

Cool eut un claquement de langue agacé.

— J'ai été abonné quelques mois à cette revue, il y a de ça plusieurs années. À ma connaissance ce n'était pas un délit.

— Sophie et Johanne ont disparu. Sophie a été violée, torturée, assassinée. Sa mise à mort a été filmée, le film commercialisé. C'est plus qu'un délit, c'est un crime.

Cool eut l'air abasourdi. Il secoua la tête de gauche à droite.

— C'est... c'est atroce...

Frébault ne répliqua pas. Il le regarda comme on regarde quelque chose de répugnant. Cool paru se ressaisir.

— C'est atroce... Mais pourquoi m'interroger moi ? Parce que j'ai eu des relations avec une de mes élèves ? Oui, c'est vrai, elle avait dix-huit ans, et nous étions très épris l'un de l'autre. Si vous ne pouvez pas comprendre, je ne peux pas vous l'expliquer. Mais ça ne fait pas de moi un criminel. Johanne et Sophie ont parlé avec des centaines d'autres personnes sur le Web. Et puis moi je vis à Mantes la Jolie et elles à Montréal !

Frébault avança de nouveau la copie du courrier chiffré.

— Ce message a été expédié par l'ordinateur de Johanne Desjardin.

De nouveau Cool eut l'air surpris.

— Si vous le dites, je vous crois. Mais elle ne l'a pas signé. Et je ne comprends pas pourquoi elle me l'a envoyé ni ce qu'il veut dire.

— Il est parti de son ordinateur, ça ne signifie pas que c'est elle qui l'a envoyé.

— Et vous pensez que je sais qui utilise l'ordinateur d'une fille de Montréal que j'ai rencontrée trois fois sur Internet ?

— Ton ami Lionel Spowart, par exemple.

— Lionel Spowart ?... Mais je ne connais personne de ce nom-là !

— Cherche bien, celui à qui tu envoies les renseignements sur les filles que tu rencontres sur le Web.

— Vous dites n'importe quoi, je n'ai jamais rien envoyé à qui que ce soit ! Et puis ça suffit ! Vous cherchez à me mettre des trucs trop graves sur le dos ! Je ne répondrai plus à aucune question tant que je n'aurai pas vu un avocat !

Frébault grimaça.

— Ça risque d'être long...

— J'ai le temps.

Frébault hocha la tête et fit un signe à l'inspecteur assis au fond de la pièce.

— Remets-lui les menottes.

Il attendit que Cool soit entravé pour se lever.

— Je dois contacter le Canada. En attendant, médite ça : Johanne Desjardin ne travaille pas à la Générale du Québec ni dans une quelconque assurance, elle est enquêtrice à la brigade moralité de la police de Montréal.

Avant de sortir il ajouta :

— Inutile d'essayer de te jeter par la fenêtre, le polycarbonate est à l'épreuve des balles.

La circulation devenait plus fluide, le chauffeur coupa la sirène.

— On va où ? demanda Brenner.

— Chez Spowart.

— Tu as obtenu un mandat ?

Savoie se racla la gorge.

— En passant devant la galerie, une patrouilleuse nous a signalé une effraction. On est allé voir, et puis on a voulu prévenir le propriétaire, et là je te le donne en mille...

— La porte de son domicile était fracturée, proposa Brenner.

— C'est fou hein ? En l'absence du propriétaire, la police se doit d'assurer la protection des biens...

— Vous avez trouvé quelque chose ?

— Dans la galerie non, tout semble okay. Mais s'il y a du bizarre dans la comptabilité, ça ne se verra pas en cinq minutes. Dans l'appartement je ne sais pas encore.

Tyna avait dormi en pointillé. Elle émergea de la même façon. Ouvrant les yeux sur sa chambre miteuse et les fermant sur sa nuit.

Pour la première fois de sa vie, l'idée du suicide l'avait traversée. C'était idiot. Mais l'idée l'avait bel et bien traversée. En demi-rêve quasi éveillé. Elle avançait vers le portique, son passeport à la main, un policier lui faisait face et sortait son arme, elle continuait d'avancer, il pressait la détente. Les impacts la faisaient tourner, tourner, tourner. Puis elle s'effondrait, et fermait les yeux. Elle s'était vu avancer, elle se voyait allongée. Ce n'était pas douloureux, au contraire. C'était un vrai bonheur.

Ce n'était pas un rêve, juste une hypothèse, pas même effrayante. Avoir déjà été morte l'aidait à la supporter. La rue, ses bruits, ses cris, avait haché son sommeil. Finir vite ou à petit feu. Ou bien ne pas finir, ou plus loin, beaucoup plus loin.

Tyna tâtonna la table de chevet. Son livre était toujours là. Elle se réveilla pour de bon.

La chaleur aussi avait été pénible, les draps étaient trempés, l'oreiller à tordre. L'odeur de son corps lui donna la nausée, elle se leva et entra dans le réduit toilette.

Brenner jeta un coup d'œil panoramique à l'appartement.

— Joliment meublé.

Quatre ou cinq policiers du SPCUM officiaient déjà. Ils se dirigèrent vers un jeune assis devant l'ordinateur.

— Quelque chose ? demanda Savoie.

Le policier secoua la tête.

— Rien qui me parle. Sauf un détail.

Il posa la main sur un boîtier bleu relié à l'unité centrale.

— Un lecteur Zip, constata Brenner.

— Oui, de un giga. La plupart des fichiers du disque dur ont été utilisés soit très récemment soit il y a longtemps.

— Il doit se servir du Zip comme disque dur.

— Sans doute, mais.. – il posa un emballage sur la table – ces disques sont conditionnés par deux. Celui qui reste n'a jamais servi, et on n'a trouvé l'autre nulle part.

— Vous avez cherché à la galerie ?

— Même cas de figure, un lecteur, un disque vierge, l'autre introuvable.

— S'il a un ordinateur portable, il emmène les disques avec lui.

Le jeune flic eut l'air agacé.

— C'est possible, il doit avoir les moyens de se payer trois lecteurs, mais c'est pas logique, puisque les lecteurs sont portables... Peut-être que les disques sont ici, l'appartement est grand.

— On va chercher, je suis d'accord avec vous, c'est curieux.

Le policier sourit et ajouta.

— D'autant que la mode en ce moment, c'est la double compta sur disque Zip. Plus facile à planquer que des livres.

Au mot livre Brenner pensa regarder dans la bibliothèque, mais il se ravisa et montra le téléphone.

— Quelqu'un s'en est servi ?

— Non.

Brenner décrocha et pressa la touche bis, il n'obtint que *bip bip bip*.

— J'ai essayé chez Johanne, dit Savoie.

— Ça marche parfois, soupira Brenner en se dirigeant vers la bibliothèque.

Presque aussitôt le téléphone sonna. Savoie hésita, puis décrocha, fit « oui, oui, okay je lui dis » et reposa l'appareil.

— C'était Nath, Frébault vient d'appeler. T'as qu'à le rappeler d'ici.

— Mon impression..., soupira Frébault. C'est une raclure, et je lui mettrais bien ma main sur la gueule. Mais c'est une impression. Ce type est intelligent et a déjà eu affaire à la police. Il nous la joue citoyen sans tache et reconnaît ce qui est incontestable et ne l'engage pas, point barre. Enfin, reconnaissait, vu qu'il a décidé de se taire jusqu'à l'arrivée d'un avocat. Je lui ai balancé que Johanne est un policier et je le laisse mijoter, ça va faire trois quarts d'heure.

— Monte le gaz !

— Avec quoi ? Il n'a rien lâché que je puisse reprendre. Sûr que ta version explique tout, mais ce n'est pas avec elle que j'obtiendrai une prolongation de garde à vue.

— On a encore plus d'une journée devant nous.
— Après, sans autre élément, faudra que je le relâche.
— Quelqu'un s'est occupé de son ordinateur ?
— Un gars de mon équipe. Il n'a rien remarqué de suspect.
— Demande-lui de vérifier s'il y a un lecteur Zip et si un disque manque à l'appel.
Frébault marqua une seconde de silence.
— On a trouvé un disque Zip carbonisé dans la poubelle. Cool dit qu'il était défectueux.
— Et bien voilà ! Même chose ici ! Deux disques ont disparu !
— Brenner, ça prouve quoi ? Cool prétend qu'il l'a détruit parc...
— Ça fait que deux types qui soi-disant ne se connaissent pas agissent de la même manière. Ça fait *un faisceau d'indices convergents*. Ça fait ce que tu veux en faire. En tout cas, ça renforce mon *intime conviction*, on va retourner l'appartement de Spowart, je te rappelle dès que j'ai mieux. Repasse-toi le film, Frébault, repasse-toi le film. Ou plutôt, passe-lui à cette raclure.

Le type derrière le comptoir examinait Tyna qui descendait les dernières marches en traînant son sac.
Elle le posa enfin et souffla un bon coup. Le type pointa l'index sur elle.
— Eh ! Si tu te barres, c'est pas pour autant que je rembourse la chambre.
— J'avais compris, répliqua Tyna entre deux inspirations. Mais j'ai trouvé du boulot plus vite que prévu, alors je m'en vais.
— C'est bien, les filles comme toi il leur faut du boulot ; sinon elles tournent mal. Mais t'attends deux secondes, faut que j'aille voir si t'as rien piqué dans la chambre.
Tyna haussa les épaules.
— C'est comme ça ma petite, et pas autrement.
Il coupa sa télé en prenant soin d'embarquer le prolongateur électrique, surtout qu'on ne lui use pas, puis entama l'ascension de l'escalier. Tyna remarqua qu'un câble d'acier verrouillait le téléviseur au mur.

Le type était dans la chambre, il avait fait claquer la porte. Elle tira un gobelet d'eau tiède au distributeur. Peu après, elle entendit grincer les lames du palier et passa la tête dans la cage d'escalier pour crier :

— C'est bon ? Je peux y aller ?

— Ouais ! Tu peux te barrer !

Tyna se pencha sur le comptoir et vida le gobelet dans la grille d'aération du téléviseur.

Beaucoup de taxis empruntaient la rue. Mais la plupart était en course et les autres n'avaient pas envie de s'arrêter. Tyna poursuivit jusqu'à un théâtre porno ouvert vingt-quatre heures sur vingt-quatre, elle laissa tomber son sac sur le trottoir à proximité de l'entrée et attendit. Trente seconde après, une fille en skaï léopard s'approcha, l'examina de la tête aux pieds et lui demanda d'un ton hargneux :

— T'attends quoi là ?

— Ben, un taxi.

La fille hocha la tête, grogna *okay,* mais ne s'éloigna pas. Un taxi déchargea un type en face. Tyna fit signe au chauffeur, qui l'invita à traverser la rue.

— Tu vas où ?

— Newark airport.

— Eh ! C'est pas à côté ! T'as assez de blé pour la course ?

— Oui.

— Fais voir.

— Pas dans la rue.

Le chauffeur hésita, puis sortit, ouvrit le coffre et chargea le sac. Tyna se glissa sur la banquette arrière. Le chauffeur reprit place au volant et claqua sa portière.

— Tu montres maintenant ?

Elle présenta sa pochette ouverte en priant qu'il y ait assez.

— Ouais, y aura le compte.

Johanne avait entendu des rires, des bribes de phrases, des bruits de vaisselle, rien d'intelligible. Elle était restée prostrée contre le mur, la lumière ne s'était jamais éteinte.

Johanne se raccrochait à une idée. Elle n'avait pas tout dit. Elle n'avait pas dit qu'elle savait que la fille assassinée n'était pas Tyna. Elle avait gardé quelque chose pour elle, qu'il ne lui prendrait pas, elle avait été la plus forte.

La porte s'ouvrit. Lionel entra, cigarette au PCP entre les lèvres.

— Debout ! fit-il en la poussant du pied.

Au moment où il allait l'attraper par les cheveux elle se leva et fixa ses yeux. Ils riaient, ses lèvres riaient, son visage entier riait. Un rire immobile, figé.

— Pourquoi fais-tu des choses pareilles ?

— Parce que ça me plaît. Enfile ça !

Il lui jeta un carré de tissu à la figure. Un sac de toile fermé par un lacet, une cagoule aveugle.

— Ce sont mes yeux qui te gênent ?

— Des gens ont des questions à te poser, ils ne veulent pas que tu les reconnaisses.

Johanne enfila la cagoule, pour masquer son espoir. Les reconnaître, ça voulait dire qu'elle n'allait pas mourir. Elle fit taire ce qui en elle hurlait que c'était impossible. Lionel serra le lacet autour de son cou, presque avec douceur.

— Avance.

Il la guida. Elle passa une porte, et une autre. Il la fit pivoter à droite, puis à gauche et après quelques pas l'immobilisa.

— Bouge plus.

La pièce était fraîche. Avec une odeur étrange. Âcre.

Lionel lui prit le poignet droit, elle retint une plainte lorsque l'acier d'une menotte mordit sa chair. Puis ce fut le tour du poignet gauche. Elle gardait les bras le long du corps, ce n'était pas ses menottes.

Un cliquetis métallique lui parvint, et ses bras furent lentement tirés vers le haut. Ses mains se rejoignirent, il continua de la hisser. Les menottes rouvrirent ses blessures, elle gémit et agrippa les chaînes pour soulager la pression. La pointe de ses chaussures effleuraient le sol. Il la hissa encore d'un centimètre. Puis elle sentit qu'il détachait le lacet.

« Mon dieu, s'il l'enlève... »

— Et voilà ! fit Lionel en arrachant la cagoule.

Elle ne vit que Stracey Layne, debout à quelques mètres, qui la regardait en souriant.

« Ils vont me tuer. »

Johanne se mit à pleurer, sans pouvoir se retenir. Stracey s'avança, et lui caressa la joue.

— Pauvre petite fille triste...

Johanne lui décocha un coup de pied. Faute d'appui elle ne réussit qu'à gigoter. Les menottes l'entaillèrent plus profondément. Du sang coula le long de ses bras. Stracey lui tapota la joue.

— Je voulais juste te dire une chose : ta peinture, c'est vraiment de la merde.

— Espèce de folle ! hurla Johanne.

Elle continua de l'insulter tandis qu'elle reculait jusqu'au mur. Stracey lui adressa un au revoir amical de la main et disparut derrière une porte.

Lionel la saisit aux hanches et donna une impulsion qui la fit tournoyer. Elle perdit une chaussure. Lionel enfilait une combinaison de travail. Elle vit un long établi aux panneaux chargés d'outils.

Progressivement, le mouvement de rotation cessa.

Lionel était derrière elle. Il posa une main sur son épaule comme pour l'empêcher de tourner.

— Détache-moi, je t'en supplie, implora Johanne d'une voix qu'elle ne reconnut pas.

Il dégagea sa chemise et la releva. Elle sentit le contact de sa paume sur son dos, puis celui de ses doigts qui suivaient sa colonne, comme s'il en comptait les vertèbres.

Elle ressentit une piqûre dans le creux des reins, puis une brûlure froide, et une sorte de craquement.

La douleur explosa. Muscles tendus à se rompre, bouche grande ouverte, elle n'arrivait pas à hurler. Lionel arracha le poinçon. Elle put hurler à pleins poumons.

CoolWebeur haussa les épaules.

— Là, c'est tellement stupide que je n'ai pas besoin d'avocat pour répondre. Je vous dis que ce Zip avait un défaut de surface, chaque fois que je m'en servais ça buggait. Je l'ai brûlé parce que sinon, je me connais, j'aurais été tenté de m'en resservir.

— Et comme par hasard ton copain Spowart détruit les siens au même moment ?

— Je ne connais pas ce Spowart, ses disques avaient peut-être des problèmes, les séries défectueuses, ça existe.

— Ils ne sont pas de la même marque, on a vérifié.

Cool eut un mouvement d'impuissance et n'ajouta rien. Frébault se leva, se dirigea vers lui, attrapa sa chaise par le dossier et la fit pivoter vers la télé.

— Regarde bien ce qui va suivre.

Un inspecteur engagea une cassette dans le magnétoscope et pressa un bouton. Le visage d'une fille Noire apparut à l'écran. Sur un signe de Frébault l'inspecteur arrêta l'image.

— Tu la reconnais ?

Cool réfléchit quelques secondes.

— On dirait Malika, enfin Sophie, mais sur la photo qu'elle m'a envoyée elle n'est pas coiffée comme ça.

— C'est elle.

L'image s'anima. La fille semblait en pleine extase. Puis, imperceptiblement, quelque chose changea.

— Je ne veux pas voir ça, dit Cool en baissant la tête.

Frébault lui saisit les oreilles et tira pour la relever.

— Tu vas regarder !

— Vous n'avez pas le droit de m'obliger à voir ça !

Il ferma les yeux. Frébault tira plus fort.

— Tu vas regarder jusqu'au bout !

— Je me plaindrai...

Frébault tordit les lobes. Au fur et à mesure que défilaient les images, il sentait la colère monter. L'écran devint neigeux juste avant que les oreilles lui restent dans les doigts. Cool poussa un petit cri lorsqu'il les lâcha.

— Vous êtes fou, crut-il bon d'ajouter.

Frébault contourna la chaise, l'attrapa par le col, le souleva et d'un même mouvement l'écrasa contre le mur.

— Tu le savais, ordure ! hurla-t-il. Tu savais déjà ce que tu allais voir ! C'est pour ça que tu ne voulais pas regarder !

Cool parut paniquer.

— Je... Je...

Puis il se reprit.
— C'est vous ! C'est vous qui m'avez dit qu'elle avait été torturée et filmée !
Frébault tordit sa chemise à l'étrangler.
— Écoute ordure, ton pote a enlevé Johanne. C'est une collègue. On t'arrachera les couilles s'il le faut, mais tu parleras.
Il le renvoya sur la chaise. Cool rajusta son col et toussa. Puis secoua la tête.
— Vous vous trompez, je n'ai rien à voir là-dedans, rien.
— Rattache-moi ce tas de merde, dit Frébault à l'inspecteur.

Brenner secoua un énième volume d'où rien ne tomba, il en piocha un autre.
— Sergent ? fit une voix en provenance de la chambre. Venez voir !
Brenner et Savoie se précipitèrent.
— Ce ne serait pas ça dont vous nous avez parlé ?
Le policier tenait une revue à la main, il la tendit à Savoie.
— C'est ça, Barabas. Il y en a d'autres ?
L'agent montra une pile de magazines étalée au sol.
— Trois ou quatre, j'ai failli pas les voir, elles étaient au milieu de revues de pêche et de chasse.
Brenner les ramassa.
— Elles ne sont pas récentes.
— Quelques années, confirma Savoie qui feuilletait la revue. Regarde ça !
À la page *recommandations touristiques* figurait l'adresse d'un hôtel d'Haïti, encadrée au stylo bille.
— Y C, lut Brenner.
Ils parcoururent les revues, aucune autre n'était annotée.
— On dirait que ce connard s'est payé un voyage, grinça Savoie.

— J'allais t'appeler, dit Frébault.

— Est-ce que Cool est allé en Haïti ? demanda Brenner.
— Je n'ai rien qui l'indique, pourquoi ?
— On vient de trouver quatre exemplaires de *Barabas* chez Spowart. L'adresse d'un hôtel haïtien est soulignée, un hôtel avec YC. Ils ont pu se rencontrer là-bas.
— YC... Ce sont d'anciennes revues. Ça ne va pas être simple à vérifier, les compagnies aériennes ne conservent pas les listes de passagers très longtemps. Et puis il ne s'est pas forcément embarqué de France.
— Demande à sa femme. S'ils étaient encore mariés, elle se souviendra du voyage.
— Je m'en occupe.
Brenner entendit sa voix assourdie donner des ordres, puis de nouveau claire dans l'écouteur.
— Tu sais, je voulais te dire... j'ai montré le film à Cool-Webeur et je l'ai un peu secoué...
Il raconta l'épisode.
— Je suis persuadé qu'il savait ce qu'il allait voir et qu'une seconde il a perdu les pédales. Je crois que tu as raison. Je suis désolé, pour Johanne, pour toi, mais je crois que ces enfoirés opèrent comme tu l'as imaginé. Je...
— Laisse tomber. Fais-lui cracher le morceau. Qu'on sache où il... Putain, j'arrive pas à le dire...
— Je ne suis pas sûr d'y arriver. Ce salaud sait ce qu'il risque. Il a l'expérience des interrogatoires.
— Merde, tu me dis qu'il a perdu les pédales une seconde !
— Je crains que ça lui serve de leçon. Il faudrait que je tape dessus pour en tirer quelque chose rapidement.
Brenner étreignit le combiné à le briser.
— Si j'étais à ta place...
Frébault soupira.
— Tu es à Montréal... Je te comprends Éric, mais comprends-moi, Johanne n'est p...
— Attends ! coupa Brenner. Attends... On peut essayer... Oui... Si tu obtiens une réponse positive pour Haïti on essaye un truc.
Qu'il commença d'exposer.

Un dollar et demi. C'était tout ce qui lui restait. Un billet et deux pièces.

Tyna avait guetté les bancs, pour se précipiter dès qu'une place s'était libérée. De là elle avait observé le hall. Cherché dans la foule un flic en civil. Elle avait fini par abandonner, trop de monde. Arriverait ce qui arriverait. Le couple de policiers en uniforme qui arpentait l'aérogare avec une régularité militaire ne lui faisait plus cogner le cœur, elle s'y était habituée, et ils ne lui avaient jamais prêté la moindre attention.

Par contre elle avait faim. La cafétéria proposait des bricoles à $ 0,99. Mais elle n'avait pu se résoudre à brûler son dernier billet. Il y aurait à manger dans l'avion ; ce soir...

À côté d'elle un gamin aux bras plus larges que ses cuisses aspirait le milk-shake d'un gobelet de la taille d'un seau. Sa mère plus grasse encore bâfrait des doughnuts à la file. Le sucre collait en plaque à ses lèvres. Tyna se concentra sur le livre ouvert sur ses genoux, coudes écrasant son estomac pour en calmer les gargouillis.

La grosse avisa le panneau *Départ*, poussa une exclamation surprise et attrapa son môme par la main. Tout deux se tortillèrent jusqu'à une porte d'embarquement.

Le gamin avait oublié le milk-shake. Tyna prit le gobelet. À moitié plein ! Elle le posa au sol de son côté, le petit monstre était capable de revenir le chercher.

Dès qu'ils eurent franchi le contrôle, Tyna aspira le milk-shake à longues goulées.

L'ex-épouse de CoolWebeur avait confirmé, son mari s'était rendu deux fois en Haïti. Elle ignorait où exactement, elle ne l'avait pas accompagné. Il ne lui avait pas proposé, leur couple n'était plus au mieux de sa forme.

Son mari avait-il changé d'attitude en rentrant d'Haïti ? Pas vraiment, il était aussi bizarre avant qu'après.

Frébault avait informé Brenner. Il entra dans la pièce où se trouvait CoolWebeur et s'installa derrière son bureau.

— C'est beau Haïti ?

Cool qui regardait ses chaussures releva la tête.

— C'est un pays superbe.

— Il le serait plus sans des crapules comme toi et Spowart.

Cool allait pour répondre quelque chose mais Frébault lui fit signe de se taire.

— Trop tard, je viens d'avoir le Canada, les choses ne s'arrangent pas là-bas, donc elles ne s'arrangent pas pour toi. Alors regarde bien.

Du plat de la main il fit pivoter le clavier du téléphone dans sa direction. Cool suivit le cheminement de son index sur les touches.

— Tu connais le numéro que je compose ?

Cool l'avait reconnu. C'était celui de Spowart.

— Je te le passe, dit Frébault dans le micro.

Il tendit le combiné à Cool qui fit non de la tête.

— Écoute ce qu'on a à te dire !

Cool prit le combiné comme s'il le répugnait.

— À qui ai-je l'honn...

— Ta gueule connard ! Ton copain Spowart a enlevé une enquêtrice du SPCUM, tu imagines l'humeur de ses collègues ? Ils sont impatients de te connaître, alors on va te faire une petite piqûre, on va te mettre dans le premier avion, et ensuite je te promets bien du plaisir. J'ajoute pour ma part que Johanne est une collègue et une amie.

De la voix émanait une haine plus que perceptible, Cool avala sa salive.

— Vous n'avez pas le droit !

— Le droit ! Quand on touche un flic ça n'existe plus ! T'as signé un registre de garde-à-vue ?

Non...

— Un médecin t'as examiné ?

Non...

— Est-ce que tu sais seulement où tu es ?

Les flics avaient donné leurs noms, puis l'avaient embarqué dans une voiture sans vitre, et la pièce avait des rideaux aux fenêtres...

— Alors ? Tu crois qu'on ne peut pas faire pour toi ce qu'on a fait pour Carlos ? Les saloperies de ton espèce, quand on les lâche dans la rue la foule leur jette des pierres.

— Je... je me plaindrai...

— Faudra trouver quelqu'un pour t'écouter. Il n'y a que deux solutions, on retrouve Johanne tout de suite grâce à toi, ou alors...

Cool entendit le grincement de dents du type de l'autre côté. Il réfléchit à toute vitesse.

— Décide-toi ! Le voyage dure sept heures et on est pressés !

Cool continuait de réfléchir. Une goutte de sueur perla sur sa tempe. Puis une autre. *Barabas*, Haïti, Spowart... Des parties de rigolade... Une combine imparable...

— Bon, repasse-moi le commissaire Frébault.

Cool étreignit le combiné à deux mains.

— Attendez !

Il en faut parfois peu pour que les choses basculent. Cool se racla la gorge.

— Je veux des garanties.

— Ta seule garantie c'est qu'on retrouve Johanne.

Cool se dressa et hurla dans l'appareil.

— Je veux des garanties ! Je sais pas tout alors je veux des garanties !

— Tant pis pour toi, fit Brenner.

Et il raccrocha.

Savoie le regardait, livide.

— Jusqu'à présent, murmura-t-il, j'avais l'espoir qu'on se trompe.

Brenner ouvrit la bouche, et la referma, puis pressa l'épaule de Savoie.

— Frébault va lui faire dire ce qu'il sait, on la retrouvera bientôt, vivante.

Savoie hocha la tête.

Les Layne prenaient leur pied. Ça se voyait. Ils se tenaient par la main, leurs doigts se mêlaient, s'emmêlaient, tandis qu'ils gardaient les yeux rivés sur la vitre.

Doug n'était pas à l'aise. Il détournait la tête et transpirait. Mais chaque hurlement de la fille le ramenait à la vitre. Comme un aimant.

Des hurlements qui vrillaient les tympans de Rémi autant que ses nerfs, dont il ne parvenait pas à faire totalement abstraction, même s'il avait l'esprit ailleurs. Plusieurs fois elle avait perdu connaissance, et le cinglé l'avait ranimée.

Cette fois le silence se prolongeait.

— Je vais faire un tour, annonça Thomas Layne. Avec les ours on ne sait jamais, précisa-t-il en récupérant la carabine qu'il avait posée à l'entrée et que Rémi n'avait cessé d'examiner.

Une carabine de grande chasse, .375 H&H Magnum à vue d'œil, munie d'un télescope. Plutôt destinée à l'éléphant qu'à l'ours.

Layne actionna le levier d'armement et quitta la pièce.

Frébault frappa du poing sur son bureau.

— Arrête de me prendre pour un con ! Si un avocat ou un juge te vois, on ne pourra plus t'expédier au Québec ! Tu parles, et ensuite tu vois un avocat, et même douze si tu veux. Avant, tu ne verras rien ni personne.

— Et si je parle qu'est-ce qui vous empêchera d...

— Rien ! Mais si Johanne meurt avant que tu parles, je te jure que je t'emmène moi-même à Montréal.

— Je veux une déposition, tapée à la machine, signée de vous, avec deux exemplaires pour moi !

C'était absurde, mais il avait besoin de se donner l'illusion de maîtriser la situation. Frébault eut un claquement de langue agacée.

— Si tu veux. Mais fais vite.

L'inspecteur s'installa devant le clavier de son ordinateur.

— J'ai rencontré Spowart en Haïti, commença Cool. On était dans le même hôtel, on a sympathisé.

Rémi tourna la tête en direction de la vitre. Lionel écrasa son mégot de la pointe de sa chaussure puis se dirigea vers la commande du volet roulant. Il pressa un bouton, le volet commença de se lever. Lorsqu'il fut totalement ouvert Lionel fit un pas en avant.

Une gerbe rougeâtre jaillit de son dos et le corps fut projeté en arrière. La détonation de la carabine arriva avant qu'il retombe.

Rémi qui s'y attendait avait sursauté, autant qu'Ohstrom qui ne s'y attendait pas.

Roger filma encore un instant, puis coupa.

— Merde..., fit Doug en contemplant le cadavre.

Stracey hocha la tête.

— Cet imbécile a failli nous causer des ennuis. Il aurait pu nous en causer encore. À vous comme à moi.

— Vous auriez pu me prévenir.

— C'est vrai, admit Stracey. Disons que je voulais vous faire la surprise autant que vous convaincre de ma bonne foi.

— Vous avez réussi, sur les deux tableaux. Mais je ne tiens plus à travailler avec vous – il montra la vitre – tout ça ne me plaît pas. Ce n'est pas mon rayon.

— Rassurez-vous, je n'ai pas l'intention de poursuivre mes activités dans votre beau pays. *Tout ça* risque de provoquer un certain remue-ménage que je préfère suivre de loin. Mais si un jour je devais faire appel à vos services, vous saurez que vous pouvez me faire confiance.

Elle lui tendit la main.

Après une seconde d'hésitation Doug la serra.

— Oui madame Layne, pour autant que cela concerne d'autres activités.

Thomas entra dans la pièce, sans arme.

— Maintenant faut nettoyer, dit-il. Nos empreintes sont partout dans la maison, le mieux est d'y mettre le feu.

Un transpalette s'engagea dans l'atelier, un fût posé sur ses griffes. Simon manœuvra pour le placer sous le corps de Johanne.

Ohstrom fronça les sourcils.

— Si on flanque le feu, pourquoi perdre du temps avec elle ?

— Un petit plaisir personnel, répondit Stracey.

— Allons-y, reprit Thomas, je n'ai pas envie de traîner ici.

— C'était un jeu, on échangeait les photos des filles qu'on rencontrait sur le Net. Et on plaisantait de leurs histoires. Je ne savais pas qu'il utilisait ce que je lui envoyais, je ne pouvais pas savoir, c'était juste un jeu pour moi.

L'inspecteur tapait les déclarations. Frébault lança un regard mauvais à CoolWebeur.

— Ce n'est pas la vérité.

— C'est ma déposition ! Je n'en changerai pas ! Et je la veux signée par vous !

Le transpalette portait le fût suspendu par une chaîne à ses griffes. Il stoppa avant l'embarcadère, Simon sauta à terre et se dirigea vers eux. Roger était occupé à démarrer les moteurs du Bertram.

Rémi avait noté que les deux employés s'arrangeaient pour ne jamais se trouver groupés. Et que l'un comme l'autre portait glissé dans la ceinture un revolver dont la crosse dépassait ostensiblement. L'atmosphère s'était nettement tendue.

Stracey disposait les films dans une valise étanche.

— Madame Layne ? fit Simon qui s'était arrêté près d'elle.

Stracey verrouilla la valise et releva la tête.

— Oui ?

— Voilà... Roger et moi on s'est dit qu'on aimerait bien être payés maintenant.

— Aucun problème.

Elle prit une mallette à ses pieds et lui tendit.

— Vérifiez vous-même.

Simon ouvrit la mallette, souleva les billets, compta rapidement et hocha la tête.

— Parfait madame Layne, je vous remercie.

— De rien, vous avez fait votre travail, c'est normal. Mais il reste à évacuer le fût.

— Justement, à ce propos, Roger et moi n'aimerions pas être tous les deux sur le bateau en même temps.

— Je comprends... Mais il faut être deux pour la manœuvre...

— Je pensais que monsieur Rémi pouvait accompagner Roger. Moi j'attendrai ici que Roger revienne, et on craquera l'allumette ensemble après que vous serez parti. Il va y avoir de la fumée, la fumée attire l'attention de loin et on pourrait faire le rapprochement avec un avion dans le ciel au même moment. Nous on file par la forêt, personne ne nous verra.

— Si Rémi est d'accord...

Rémi fit signe qu'il était d'accord et se dirigea vers le Bertram. Simon repartit en direction du pick-up garé près de la maison.

Stracey rangea sa valise dans l'habitacle de l'hydravion, puis s'adressa à Doug et à son mari.

— On a le temps de boire quelque chose, vous n'avez pas soif vous ?

Frébault récupéra les feuilles dans le bac de l'imprimante, les tamponna, les signa et les remit à CoolWebeur. Qui les lut, les signa et en garda deux exemplaires.

— La suite maintenant ! ordonna Frébault d'une voix excédée.

Cool soupira.

— Je ne sais pas où Spowart emmène les filles, il ne m'a jamais parlé de ça. Mais quand on était en Haïti, il me parlait souvent des parties de rigolade qu'il organisait dans sa propriété au bord d'un lac. Le lac Obédjiwan. Je n'en sais pas plus. J'ai juste retenu le nom parce que je le trouvais amusant.

Frébault sauta sur son téléphone.

26

Roger pilotait une main sur la barre l'autre sur la crosse de son revolver. Un œil sur le compas, un œil sur Rémi.

— Tu n'as pas confiance ? demanda ce dernier.

— Bah, je sais pas dans quel camp te mettre, à vrai dire je m'en fous, mais je me méfie.

— Normal... Je pose mon arme si tu veux.

La main de Roger se crispa sur la crosse.

— Doucement ! Je suis sûr que tu te débrouilles avec cet engin.

— Okay, okay, j'enlève juste le chargeur.

Il écarta sa veste d'une main, approcha prudemment deux doigts du holster et éjecta le chargeur.

— Voilà.

— Vire les balles, tant qu'à faire.

Rémi s'exécuta, il rangea le chargeur dans une poche et les munitions dans l'autre. Roger parut se détendre. Restait tout de même une balle dans la chambre.

— Toi non plus, on ne sait pas trop dans quel camp tu es, remarqua Rémi.

L'autre fit la moue.

— Lionel était un bon patron. Mais ses trucs, ça pouvait pas durer. Madame Layne nous a fait une proposition sérieuse, pourquoi l'aurions-nous refusée ?

— Présentée comme ça...

— Ouais... Ce soir on prend l'avion pour le Mexique, belles plages, filles superbes et de quoi se les offrir en attendant que les Layne nous proposent un job. C'est un avenir qui me plaît. Et toi, tu en es content de ton patron ?

Rémi fit la grimace.

— Pas pire qu'un autre. Mais patron, c'est un boulot difficile et incertain. C'est pour ça qu'il ne m'a jamais fait envie.

Roger ricana.

— On dirait qu'il va y avoir du changement...

— Qui sait... L'avenir décide... Dis, c'est encore loin ton coin ?

— Pas mal oui.

— Et on est obligé de le balancer là-bas le fût ? Je ne sais pas toi, mais moi j'aimerais bien me tirer d'ici vite fait.

Roger ramena les gaz et passa au point mort.

— Ma foi, j'y allais par habitude, parce que c'est profond, mais finalement...

Il pressa le bouton du sondeur.

— On n'est pas à quinze pieds d'eau près. Ici ça ira.

Il saisit la télécommande du bras de chargement.

— Arrime bien la chaîne et guide le fût, sinon ça coince.

Frébault écarta le combiné.

— Sois plus précis, ce lac est immense !

— Mais je ne peux pas ! Je n'y suis jamais allé ! Je ne suis même jamais allé au Québec ! Il m'a juste parlé d'une propriété au bord du lac Obédjiwan, c'est tout. Je vous jure.

— Tu as entendu ? dit Frébault dans le micro. Okay, moi aussi.

Et il raccrocha.

— Putain de merde ! s'exclama Savoie en frappant du poing sur la carte.

Les bras du réservoir Obédjiwan formaient un labyrinthe démesuré. Des centaines et des centaines de kilomètres d'eau, entourés de dizaines de milliers de kilomètres carrés de forêt, desservis par quelques pistes dont la moitié ne figurait sur aucune carte.

— On ne peut pas chercher au pif là-dedans ! Quant à boucler le secteur... Je vais appeler la GRC, ils doivent bien avoir un poste pas trop loin, enfin, pas trop loin... Quelqu'un qui pourra vérifier si une propriété est enregistrée au nom de Spowart. Et puis je vais demander qu'on nous prépare un hydravion.

Le bateau approchait du débarcadère. Rémi examina les environs.

Stracey et son mari discutaient près de leur hydravion, bras croisés, rien dans les mains. Plus loin, Simon adossé au pick-up garé à l'ombre de la maison n'avait qu'une cigarette entre les doigts. Sur la terrasse, Rémi aperçu une paire de chaussures qui dépassait de l'entrée, pointes tournées vers le ciel ; le reste du corps disparaissait à l'intérieur.

Rémi ne s'était pas réellement prononcé sur l'avenir d'Ohstrom. Il s'était plutôt préoccupé du sien. Quand on se met dans un mauvais pas, il importe d'en sortir. C'est ce que lui avait expliqué Stracey, et il avait admis qu'elle avait raison. Elle avait aussi promis que quoi qu'il advienne il n'aurait pas à y participer.

Une femme de parole, Stracey.

— Ouais, y a eu du changement, remarqua Roger comme le Bertram accostait.

Rémi monta sur le plat-bord sans commenter.

— Bonne chance ! s'exclama Roger.

— Bonne chance à vous aussi.

Thomas grimpait dans l'avion, Stracey lui faisait signe de se dépêcher.

Rémi sauta sur le quai.

S'il devait recevoir une balle, ce serait maintenant.

Savoie crayonna la carte dépliée sur le pavillon de sa voiture.

— Okay, fit-il dans le cellulaire, j'ai noté. Oui. ... Bon parfait, mais faites attention, vous connaissez la situation. ... Oui d'accord. Merci.

Il coupa la communication et se tourna vers Brenner.

— La propriété de Spowart est ici. Une équipe de la GRC se rend sur place, leur appareil est à une heure. Nous il nous faudra le double. J'espère qu'ils ne feront pas de conneries... Allons-y.

Ils foncèrent vers l'hydravion du SPCUM amarré en bout de quai.

Rémi prit appui sur le flotteur et se hissa dans la cabine. Le moteur tournait déjà. Stracey rabattit la portière et la verrouilla. L'hydravion s'éloigna lentement du quai, puis Thomas fit demi-tour et poussa les gaz.

Tandis que l'appareil prenait de la vitesse, Rémi eut le temps de voir Roger qui d'un coup de pied renversait un jerricane d'essence dans le cockpit du Bertram. Et Simon qui transportait des bidons dans la maison.

L'hydravion s'arracha, prit de l'altitude, et immédiatement piqua à l'ouest au-dessus de la forêt.

Avant toute chose, Rémi entreprit de regarnir le chargeur de son arme.

— Faites attention avec cet engin, lui dit Stracey en riant.

— Jusqu'à présent, il ne m'a jamais déçu.

— Je vous crois sans peine...

Rémi engagea le chargeur dans la crosse.

— Pas trop de regrets, Rémi ? ajouta-t-elle.

— En tout cas pas encore, madame Layne. Et je ne vois pas pourquoi j'en aurais à l'avenir.

— Moi non plus. Quand quittez-vous Montréal ?

— Rien ne me retient, alors dès demain. Et vous ?

— Mmm... Il y a de bonnes chances que la police nous interroge à propos de Johanne Desjardin, je préfère être là pour répondre. Une absence pourrait s'interpréter comme une fuite. Je pense que dans quinze jours nous aurons quitté le Québec. C'était notre programme, autant nous y conformer.

Ils avaient repéré de loin la colonne de fumée et foncé droit dessus. Le cap correspondait à la propriété de Spowart.

Des uniformes s'agitaient à bonne distance d'une maison en flamme, des hommes en civil aussi. Deux petits bateaux-pompes stationnaient près de la berge, tuyaux déroulés au maximum. Les superstructures noircies d'une vedette émergeaient à proximité d'un avion dont seule la queue au métal déformé par la chaleur dépassait encore la surface.

Le pilote du SPCUM dut manœuvrer pour aborder le quai. Brenner et Savoie coururent en direction d'un officier de la GRC qui les salua.

— Tout brûlait quand on est arrivé. Heureusement qu'un camp de pêche avait des bateaux-pompes disponibles.

J'espère qu'on pourra empêcher l'incendie de gagner la forêt, sinon ça va être une catastrophe. Un Canadair doit arriver en renfort. Faudra évacuer quand il sera là.

Une des lances aspergeait l'arrière de la maison, l'autre la forêt.

— On ne peut rien faire pour la maison, conclut l'officier.

— Vous n'avez trouvé personne ? demanda Savoie.

— Pas âme qui vive. Mais l'odeur... je suis presque sûr qu'il y avait des gens à l'intérieur.

En voyant Savoie et Brenner se décomposer il ajouta.

— Excusez-moi... mais... c'est la vérité.

— Si je pouvais avoir un hublot fumeur...

— Bien sûr mademoiselle. Vous n'avez que ce bagage ?

— Oui, je garde mon sac à main avec moi.

L'employée du comptoir Swissair inscrivit encore quelque chose sur la carte d'embarquement et lui tendit glissée dans son passeport.

— Vous embarquez dans trois quarts d'heure porte A 8. Bon voyage mademoiselle.

Tyna la remercia et s'écarta du comptoir.

La fille n'avait pas fait de difficulté. Personne ne lui avait posé la main sur l'épaule.

Elle regarda autour d'elle.

Tout le monde semblait se foutre de son existence.

Elle avança lentement vers le contrôle. Puis accéléra le pas. Maintenant ou plus tard...

Le portique n'était pas exactement celui de son rêve, mais il lui ressemblait. Elle avait mal au ventre, ce n'était pas que la faim. Le policier jeta un coup d'œil à sa carte, à son passeport et à son visage, dans la même fraction de seconde. Puis lui rendit le tout en lui faisant signe d'avancer.

Tyna posa son sac sur le tapis et franchit les panneaux détecteurs. De l'autre côté une femme en uniforme la stoppa et promena lentement sur elle une sorte de bâtonnet. Tyna sentit son cœur s'emballer. La femme s'effaça sans un mot. Tyna récupéra son sac. Personne ne parut remarquer qu'elle tremblait comme une feuille. Dans la salle d'embarquement elle se précipita sur le premier siège libre et serra son sac contre elle en se mordant la joue.

« C'est pas possible que ce soit vrai, c'est pas possible... »

Elle se souvenait d'un film, le type assis dans l'avion se croyait sauvé, et la police arrivait et encerclait l'avion.

Tyna s'écrasait le nez contre le hublot, une main crispée sur l'accoudoir. Des lumières bleues trouaient la nuit. Des lumières rouges aussi. Et des oranges. Mais ce n'était pas la police. C'était des voitures de service, des citernes, des chariots.

L'avion commença de rouler. Il y eut d'autres lumières, pointillés à l'infini.

L'hôtesse vint lui demander de redresser sa tablette et d'attacher sa ceinture.

Tyna regardait droit devant elle et respirait très vite. Dans un autre film l'avion était immobilisé en bout de piste.

— N'ayez pas peur, lui dit son voisin, l'avion est le moyen de transport le plus sûr.

Tyna avala sa salive et hocha la tête. Le poids qui lui comprimait la poitrine augmentait comme augmentait le hurlement des réacteurs.

L'avion s'élança, accéléra, la plaquant au siège. Elle ferma les yeux, et au moment où l'avion décolla, éclata en sanglots.

— Voulez-vous que j'appelle l'hôtesse ? proposa son voisin.

— Mais j'ai pas peur, parvint à dire Tyna entre deux spasmes, je suis heureuse.

Les lumières de New-York et du New-Jersey disparurent, le sol devint noir d'encre. L'avion survolait l'Atlantique.

Son voisin lui toucha l'épaule. Tyna sursauta.

— Voulez-vous boire quelque chose ? demanda-il en montrant l'hôtesse qui approchait.

— Heu, oui, oui je veux bien.

L'hôtesse énuméra une longue liste.

— Un scotch, décida Tyna.

— Je crois que vous en avez besoin, commenta son voisin, la même chose pour moi s'il vous plaît.

Après qu'ils furent servis l'homme montra le hublot.

— Vous êtes bien placée, vous pourrez voir le lac Léman lorsque nous arriverons. Et si vous avez de la chance, vous verrez le jet se mettre en route. On dit que ça porte bonheur de le voir à ce moment-là.

— Alors j'espère que je le verrai.

Tyna but une gorgée de scotch. L'homme inclina la tête de côté.

— C'est un tatouage que vous avez là. Que signifie-t-il ?

Tyna posa son verre et étendit la main.

— C'est un porte-bonheur aussi.

27

L'incendie était mort à la tombée de la nuit. Au petit matin la GRC avait reçu des renforts en homme et matériel. Les équipes avaient fouillé les décombres, trié, étiqueté, photographié.

Les tonnes d'eau déversées par le Canadair avaient transformé la zone en marécage noir, gras et nauséabond, que les hommes piétinaient de leurs bottes en caoutchouc. Une nappe huileuse clapotait le long de la berge. Le vent poussait des flaques irisées au large.

Brenner et Savoie avaient dû s'enfoncer loin dans le bois pour trouver les traces d'un véhicule sur la piste. Un 4x4 selon toute vraisemblance, dans la région il n'était pas imaginable de circuler autrement, hormis à motoneige. 4x4 qui avait quitté la propriété à toute allure, en dérapant dans les virages.

Visage et vêtements couverts de suie, odeur de l'incendie imprégnée dans chaque pore de la peau, Brenner et Savoie regardaient deux formes vaguement humaines couvertes d'une bâche.

Un officier de la GRC lui aussi maculé de traces noires désigna la plus petite des formes.

— C'est Spowart, on l'a identifié grâce aux radios dentaires transmises par vos services. L'autre... Peut-être que les empreintes génétiques nous permettront de l'identifier, sinon, tant que nous ne saurons pas à qui le comparer...

— Vous êtes certain qu'il n'y a pas d'autres corps ? demanda Brenner.

L'officier secoua la tête.

— Vous avez vu comme moi... On a épluché la maison mètre par mètre. Notre intervention a freiné l'incendie, je ne pense pas que la chaleur a été telle qu'un corps disparaisse. Nous avons cherché sur un rayon d'un mile dans le bois, faire plus est impossible. Et puis la région grouille d'ours noirs, et les ours... Enfin, vous savez ça sergent.

Savoie confirma d'un battement de paupières. Le gendarme poursuivit.

— Nous avons sondé le lac aux alentours, mais vous l'avez survolé, on ne peut pas explorer chaque pied-carré d'une superficie pareille.

Brenner essaya d'établir une échelle, le lac du Bourget où il pêchait le lavaret était infiniment plus profond, mais question surface, à côté du réservoir d'Obédjiwan le plus grand lac naturel de France faisait figure de mare à canards.

Il tourna et retourna le pistolet à la crosse fracassée par l'explosion des cartouches.

— Pourtant Johanne était ici...

L'officier fit la moue.

— C'est son arme, les numéros correspondent, et on l'a retrouvée sur Spowart, mais ça ne signifie par que mademoiselle Desjardin était présente.

Brenner considéra les débris de caméras, les moniteurs vidéo pulvérisés, les appareils électroniques fondus, tout le matériel soigneusement aligné près des cadavres, chaque pièce portant une étiquette situant sa position sur le plan.

Il se demanda s'il aurait vraiment préféré voir son corps.

Savoie raclait le talon de ses bottes contre le quai. À cinquante mètres un poisson déchira la surface d'un coup de nageoire.

— C'était quoi ? demanda Brenner debout près de lui.

— Une perche-noire, je pense.

— Une perche-noire ? Un black-bass ?

— C'est ça, ou bien encore achigan.

Il avait les larmes aux yeux. Brenner posa une main sur son épaule.

— Tant qu'on ne l'a pas retrouvée morte, on peut dire qu'elle est vivante.

— Oui, on peut dire ça. On le doit, même.

Savoie tritura ce qu'il avait décollé de ses bottes, en fit une boule et la jeta dans le lac.

28

Penchée sur son écran, Ulrike pousse un profond soupir.

— Qu'est-ce qu'il y a ? demande Brenner installé derrière le bureau voisin.

— J'en ai marre de ces conférences à la noix. Ce sont toujours les mêmes ordres du jour, les mêmes questions... Soit nous sommes particulièrement mauvais et ces politicards ne comprennent rien, soit ils se foutent de nous.

— Rassure-toi, ils se foutent de nous.

— Ça me rassure... Et toi, quoi de passionnant dans le courrier du jour ?

Brenner montre la corbeille à papier.

— De la pub.

— Génial, ricane Ulrike en revenant à son écran.

Elle met un paragraphe en surbrillance, le déplace quelques pages plus loin, lit pour elle-même, secoue la tête et recommence.

Brenner décachette une enveloppe épaisse où au-dessus de son nom figure la mention *personnelle*. Une cassette vidéo et une feuille de présentation à en-tête d'une société.

Monsieur le Commissaire,

Fort des technologies les plus récentes, notre laboratoire offre désormais aux services de police des méthodes d'investigations nouvelles et performantes dans le domaine informatique.

Plutôt que de longues explications écrites, nous vous proposons de découvrir sur la vidéo jointe une présentation de nos produits et services.

Espérant que cette démonstration sera à même de vous convaincre, et comptant sur un contact prochain, nous vous prions de croire, Monsieur le Commissaire, à toute notre considération.

De nombreux laboratoires proposent leurs services, de qualité variable. Ni l'en-tête ni le nom du signataire ne dit quelque chose à Brenner. Il se lève et introduit la cassette dans le magnétoscope.

Ulrike sursaute et se retourne en entendant un hurlement.

— Qu'est-ce qu...

Elle voit son collègue planté devant la télé et le rejoint comme éclate un nouveau cri.

Ulrike fixe l'écran, puis son regard va sur le portrait accroché au mur.

— Mon dieu...

Elle se jette sur le fil électrique, l'arrache et se tourne vers Brenner. Il est immobile, comme statufié. Ulrike le saisit aux épaules et le secoue.

— Éric !

Il ne réagit pas. Elle le serre contre lui.

— On les aura ces salauds, je te le jure ! On y passera notre vie, mais on les aura !

Enfin il réagit. Ses bras l'entourent, l'étreignent, et elle devine le premier spasme d'un sanglot silencieux et long.

Une dizaine de gamins aux vêtements déchirés, les yeux agrandis par la peur, grelottent derrière la grille.

Malgré son manteau de fourrure, sa toque et ses bottes, Stracey sent le froid la gagner. Elle échange un bref regard avec son mari et se tourne vers leur hôte.

— D'accord Vojslav, mais je m'attendais à mieux.

Vojslav éclate de rire, rajuste son chapeau et écarte les mains.

— Madame Layne, nous n'allons pas discuter du prix avant le déjeuner ! s'exclame-t-il d'un ton de maquignon débonnaire.

— C'est juste, gâcher un bon repas serait une faute de goût.

Vojslav rit de nouveau, puis les invite à sortir.

Côte à côte près de la Mercedes six portes de leur hôte, Rémi et le chauffeur n'ont échangé que des cigarettes. Problème de langue.

Rémi n'a pas quitté de l'œil les deux hommes assis fusil d'assaut entre les jambes devant l'entrée du bâtiment. La garde de Vojslav, des amis, donc, mais Rémi est payé pour être méfiant.

Autour de la ferme, il n'y a qu'une colline à l'herbe rase et jaune. Et un camion.

Cet ouvrage a été réalisé par la
SOCIÉTÉ NOUVELLE FIRMIN-DIDOT
Mesnil-sur-l'Estrée
pour le compte de France Loisirs
en juillet 2000

Cet ouvrage est imprimé
sur du papier sans bois et sans acide.

Imprimé en France
Dépôt légal : juillet 2000
N° d'édition : 33694 – N° d'impression : 51826